NCAA
and College Sports
in the United States

アメリカの大学スポーツとNCAA

大学間の競争・協調・共謀

宮田由紀夫［著］

玉川大学出版部

はじめに

本書の目的は、アメリカの大学スポーツを、大学によって一九〇六年に設立されたスポーツのための自治組織である、NCAA（National Collegiate Athletic Association）との関係で考察することにある。そのプロセスを通して、副題にあるように、大学間の競争、協調、共謀の事例研究を行うこととしたい。

大学は教育、研究だけでなく、特許、起業など様々な分野で競争しているが、スポーツもそうである。その目的はチケット販売・テレビ放映料などで直接収益を上げたいという面もあるし、知名度をあげ、志願者の質と量を向上させスポーツに感動した卒業生や地元住民からの寄付を増やしたいという間接的な面もある。しかし、自校さえ勝てばよいという勝利至上主義は不正を招き大学スポーツ、大学コミュニティ全体の評価を下げることになるので、大学間の節度ある競争のための協調が必要である。NCAAは元々はアメリカンフットボールの安全性を向上するルール作りのために結成され、それが大学スポーツ全体を統括するようになった。一九世紀末のアメリカンフットボールではラフプレーによる死者も出て、アメリカンフットボール廃止論も主張されていた。それを避けるためにNCAAは作られた。大学コミュニティは政府からの介入を招かないよう、しばしば付け焼刃的な対応ながら、自助努力をするのである。しかし、NCAAにはスポーツからの収益性を高めるためのカルテル（共謀）という面もある。テレビ局との放送権交渉の窓口になり、放送料をつり上げたり、選手はアマチュアだからと奨学金以外のプレーに対する報酬は払わない取り決めを大学に課してきたりした。

二〇一九年にアメリカ四大プロスポーツの収入は、アメリカンフットボール（National Football League: NFL）が一五三億ドル、野球（Major League Baseball: MLB）が一〇四億ドル、バスケットボール（National Basketball

Association: NBA）が八八億ドル、アイスホッケー（National Hockey League: NHL）がカナダのチームも多いが五一億ドルであった。大学スポーツ全体（主にアメリカンフットボールと男子バスケットボール）では一八九億ドルである。しかし、本書で明らかにするが、この中には大学本体や州立大学の場合は州政府からの補助が含まれている。それを差し引くと一二〇億ドルである（Statista 2023）。これも本書で明らかにするが、アメリカンフットボールとバスケットボールで、大きな収入をあげているのはDivision I-Aというグループで、これら約一三〇大学の強豪校の収入が九八億ドルである。したがって、大学スポーツはプロの野球とバスケットボールとほぼ同じ市場規模であるといえる。

日本では二〇二〇年開催予定だった（コロナ禍によって実際の開催は二〇二一年）東京オリンピックを契機に、政府主導でスポーツ産業の振興が謳われた。その中で、スポーツを大学の新たな収入源にすべく強化の必要性が主張された。その際にモデルとなったのが、超満員のスタジアムやアリーナで行われ、テレビ視聴率も稼げるアメリカンフットボールやバスケットボールに象徴される、アメリカの大学スポーツであった。大学スポーツ全般を統括するNCAAの貢献が大きいと考えられ、日本版NCAAというべき、UNIVAS（大学スポーツ協会）が二〇一九年三月に設立された。しかし本書は、大学スポーツがプロ並みの市場規模を持っていても、各大学の財務状況は厳しいこと、NCAAそのものが様々な批判を内外から受けていることを明らかにする。

本書の構成は次のとおりである。第1章の序論では本書の議論の背景として、アメリカの大学、反トラスト法（独占禁止法）、大学スポーツについて概説する。第2章では、NCAAの成立の経緯と、NCAAの目的であったアメリカンフットボールの安全性向上への試みを紹介する。これは、大学のエゴのぶつかりあいの事例紹介でもある。第3章では大学スポーツとテレビ放送の関係について論じて、テレビ中継の回数を制限していたNCAAの売手カルテルとしての行動が、連邦最高裁において、一九八四年に反トラスト法違反と判断された経緯を論じる。第4章では、テレビ局との放送契約がコンファレンス（リーグ）単位で行われるようになり、多くの視聴者を獲得するため、有力コンファレンスが地理的に拡大し、コンファレンスの間での格差が生じていること、また、有力コンファレンスのNCAAの統治への影響力を論じる。

第5章ではNCAAはスポーツからの収益を高めるために、アマチュア主義を強調し、選手には奨学金以外の報酬を与えてこなかったが、この買手カルテルの行動が選手から訴えられ、変更を迫られていることを示す。第6章では、大学スポーツの金儲け主義の中で、選手の学び、健康・安全が軽視されてきたこと、また、黒人・女性が差別されてきたことについて考察する。第7章では、スポーツが大学の期待通りの直接的な金銭利益を生み、また志願者の質と量を向上させ、感動した卒業生からの寄付金を集めるという間接的な利益に貢献しているのか、という点を検証する。第8章では、NCAAへの批判の高まりを紹介する。NCAA規定違反の処分が不公平だと不満を持つ大学が地元の議員に働きかけている。一方、黒人選手がスポーツの収入の分配を受けられず搾取されていることに同情する議員もいる。NCAAは政府の介入を避ける大学スポーツのための自治組織だったが、自由にさせておくには大きすぎる存在になってきたのである。それらに対するNCAAの自己改革についても論じる。最後に「あとがき」として、関西学院大学アメリカンフットボール部ディレクターの小野宏氏にインタビューを行い、日本の大学スポーツの現状を語って頂いた。

筆者は経済学者としてアメリカの産学連携や反トラスト法とイノベーションの関係について研究してきた。そこから産学関係を研究するようになり、大学の金儲け主義としての大学スポーツ産業に関心を持った。調べてみると、大学スポーツは筆者の専門である反トラスト法訴訟の事例の宝庫であった。NCAAはルールを決めて大学間で遵守を申し合わせる。それは収益を上げるためのものもあるし、学生の教育をおろそかにしないためのものもあるが、何らかの不利益を被る学生や大学がそのルールを大学間の共謀、カルテル、であり反トラスト法違反だとして訴えるのである。本書ではNCAAを巡る反トラスト訴訟だけでなく、改革がなぜ行われないかというNCAAの統治の問題もカバーする。

なお本書では、一九九九年以前の名目ドル金額は、アメリカ労働省の Inflation Calculator（https://www.in2013dollars.com）を使って二〇二〇年実質ドルに換算した値も併記したが、あくまでも目安とご理解頂きたい。また、コンファレンス（リーグ）の名称表記は、Big Ten や Big 8 のように英字だったり、数字だったりするが、コンファレンスごとに決めているので、ホームページでの表記に倣った。黒人はアフリカ系アメリカ人とするのが適切であるが、「黒人」と記載した。チームのトップである、ヘッドコーチのことを日本流に「監督」と記載し、その下のアシスタントコーチを「コーチ」と表記した。

アメリカの大学は秋に新学期を迎える、学年暦での年度は学校によって違いがあるが、二〇二二年度という場合は、二〇二一年七月一日または九月一日に始まり、二〇二二年の六月三〇日または八月三一日に終わる（なお、連邦政府の会計年度は前年一〇月一日に始まり、その年の九月三〇日までである）。アメリカンフットボールの二〇二二年シーズンは、二〇二二年秋からレギュラーシーズンが始まり、二〇二三年一月のボウルゲーム（プレーオフ）でチャンピオンが決まる。バスケットボールの二〇二二年チャンピオンは二〇二一年の秋からレギュラーシーズンが行われ、二〇二二年三月に始まるポストシーズン・トーナメントの決勝で決まる。

玉川大学出版部の山下泰輔氏には企画段階からお世話になった。筆者は小学部・中学部を玉川学園で学んでいたので、単著を上梓できてうれしく思う。関西学院大学国際学部事務室の岸菜々子さんには入力や作図のお手伝いをして頂いた。アメリカンフットボール部ディレクターの小野宏氏は関西学院（学校法人全体）の計画・評価部の部長でもある。ご多忙の中、インタビューを受けて頂いた。筆者が定年近くまで好きなテーマで研究できるのは、最初の就職先をお世話頂いた、故高橋哲雄先生（甲南大学・大阪商業大学名誉教授）と山下博先生（大阪大学名誉教授）のおかげである。これらの方々に心より感謝申し上げる。

二〇二四年一一月

宮田由紀夫

アメリカの大学スポーツとNCAA―大学間の競争・協調・共謀―

第6章　選手の厚生と大学の不正……139

第7章　大学の戦略としてのスポーツ……203

アメリカの大学スポーツとＮＣＡＡ——大学間の競争・協調・共謀——

第1章　序論

本章では本書全体のバックグラウンドとして、アメリカの高等教育の特徴、反トラスト法の経済学、さらに大学スポーツについて概説する。

1　アメリカの大学

アメリカの大学は植民地時代にプロテスタント教会によって設立された。ハーバード大学（組合派、一六三六年）、ウィリアム・アンド・メアリー大学（監督派、一六九三年）、エール大学（組合派、一七〇一年）、ペンシルベニア大学（無宗派、一七四〇年）、プリンストン大学（長老派、一七四六年）、コロンビア大学（監督派、一七五四年）、ブラウン大学（洗礼派、一七六四年）、ラトガース大学（オランダ改革派、一七六六年）、ダートマス大学（組合派、一七六九年）が独立前に設立されていた。これら九大学のうち、ウィリアム・アンド・メアリー大学とラトガース大学を除いたものに一八六五年設立のコーネル大学を加えた八大学は、今日、アイビーリーグ校と呼ばれ、名門私立大学の象徴である。

アメリカでは一七九一年の憲法修正第一〇条によって、合衆国憲法に規定されていることが連邦政府の職務であり、それ以外はすべて州政府の職務である。教育は植民地時代から州政府によって行われていたので、連邦憲法に規定されていない。したがって、建国後も州政府の職務となった。大学も国立大学はなく、「プライベート」に対峙する「パブリック」な大学とは州立大学（一部は市立大学）である（陸海空軍の士官学校が国立の高等教育機関に相当する。これらは大学アメフトにも積極的で、特に陸軍士官学校対海軍士官学校の試合は注目を集める）。

州立大学はジョージア大学やノースカロライナ大学を嚆矢として一九世紀前半から設立されるようになっていたが、一八六二年の「モリル法」によって拡充された。同法は国有地を各州に払い下げ、その土地の売却で得た資金で、州が農学と工学を教える大学を作ることを求めた。既存の州立大学や私立大学に農学部と工学部を加えた州もあるが、多くは州立大学を新設した。モリル法によってできた大学をランドグラント（土地付与）大学と呼ぶ。「モリル法」では農学と工学さえ教えていればそれ以外の科目は何を教えてもよかった。ランドグラント大学は当初は農工大学（Agricultural and Mechanical University: A&M）と呼ばれていたが、次第に総合大学化し「XX州立大学」（たとえば、Washington State University）という名称になった。モリル法以前に設立されていた州立大学は農学部は持たなかったが、工学部は持つようになった。そのような州立大学はその州の州立大学のリーダーとして、旗艦州立大学（Flagship State University）として、University of XX（University of Washington）のような名称になった。University of XX といってもキャンパスが複数あることがあり、University of XX 機構（System）と呼ばれるが、その中に旗艦州立大学がある。ミシガン大学はいくつもキャンパスがあるが、旗艦州立大学は University of Michigan, Ann Arbor である。

日本の大学も複数のキャンパスを持つことはあるが、キャンパスごとに異なる学部を持つようにして重複を避けている。しかし、アメリカの場合は州が広いこともあり、学部は重複している。カリフォルニア大学機構に至っては、バークレー校が旗艦州立大学だが、一〇のキャンパスがありそれぞれが総合大学である。特にロサンゼルス校（UCLA）やサンディエゴ校は、それ自体が教員からノーベル賞受賞者を輩出する超一流大学である。なおバークレー校には医学部はなく、近隣のサンフランシスコ校が医学部だけを持つ。

旗艦州立大学が工学部を持つようになり、ランドグラント大学が総合大学化すると、同質化し競争するようになった。このライバル関係はスポーツにも反映し、スポーツの過熱につながる。とくに後発のランドグラント大学は知名度では劣っていたので旗艦州立大学に勝とうとアメリカンフットボール（以下アメフト）やバスケットボールに積極的になった。アメフトの場合、旗艦州立大学対ランドグラント大学はレギュラーシーズンの最終戦に組まれることが多く（ワシントン州では「アップルカップ」と呼ばれる）、盛り上がる。私立大学の間でも、エール大学はハーバード大学と同じ宗派なのにハーバード大学に不満を持った教員が分離独立してできた大学である。後発のイメージを払拭するためボートやアメフトにおいてエール大学はハーバード大学に対抗意識を持ち、両校の対戦が過熱することになった。

一九世紀末においてハーバード大学、エール大学、プリンストン大学は教育・研究だけでなく、スポーツでもリーダーであった。伝統校は規模も大きく、学生も裕福な家庭出身だったので栄養状態もよくスポーツも強かった。一九二〇年代初めでも一番学生数が多いのがコロンビア大学の一万六〇〇〇人で、州立大学ではカリフォルニア大学バークレー校が一万一〇〇〇人であった。中西部のミシガン大学やウィスコンシン大学は六〇〇〇人から八〇〇〇人であった（Watterson 2000, p.143）。

第二次大戦後に復員兵に連邦政府から奨学金が出るようになった。これは大学側が望んだわけではない。一九三〇年代の大恐慌の時代は、ルーズベルト（Franklyn Roosevelt）政権のさまざまな試みにもかかわらず、失業率は高止まりで、結局第二次大戦の軍需生産と兵役によって失業問題は解消された。議会は復員兵が再び失業者になることを恐れたので、彼らには大学に行ってほしいということで大学進学への補助金が出された。この一九四四年の復員兵援護法（Servicemen's Readjustment Act、通称 "G.I. Bill"[1]）によって、高等教育の大衆化が進んだ。奨学金は自分で上乗せして私立大学進学のために使ってもよいことになったが、授業料の安い州立大学に行く学生が増えた。州立大学は短大も含めて数も増やしたが、旗艦州立大学やランドグラント大学が規模を拡大した。こうしてアメリカでは高等教育の大衆化の受け皿は州立大学になった。日本では私立大学であったのと対照的である。二〇二一年秋の時点で、学生生数（大学院生含む）が四万人以上の大学は五九校ある。そのうち、二年制、営利大学、オンライン受講生が半数を超える大学を除くと四三大学あるが、ほとんどが州立大学で、私立大学はニューヨーク大学（NYU）、南カリフォルニア大学（USC）、ブリガムヤング大学（BYU）だけである（NCES 2022, Table 317-10）。規模の大きくなった州立大学はアメフトに力をいれた。一方で、私立大学の中には、州立大学の規模の拡大についていけず、アメフトを諦めてバスケットボールに専念する大学も現れた。

2 反トラスト法の経済学

アメリカでは大学スポーツの強化が行われたのと同じ一九世紀後半に、資本主義が発展して大企業が誕生した。南北戦争後、アメリカでは生産力が増大したので、不況によるデフレではなく、経済成長を伴いつつも価格水準が安定していた。農民の購入する財の価格も安定していたので、農民の実質生活水準は悪化していなかったのだが、農民は農産物価格が上がらないことに不満を募らせた。一方、農民は、穀物を運ぶ鉄道会社や出荷までの間、穀物を保管する倉庫会社からは高い料金を求められ、大企業に搾取されているとも考えた。

農民の不満は反トラスト運動につながった。合併によって巨大化した企業は企業合同（トラスト）と呼ばれた。これは買収する側が、される側に対して「トラスト証券」と引き換えに経営権を受託される形で合併が行われていったことに由来する。しだいに、合併でなく自力で成長したものも含めた大企業全般をトラストと呼ぶようになり、大企業の規制する法律が反トラスト法（日本での独占禁止法に相当）である。一八九〇年に、最初の反トラスト法であるシャーマン法が成立した。シャーマン法は取引制限の禁止と独占・独占化の試みの禁止から成っていた。取引制限の禁止とは企業が共謀して価格をつり上げるカルテルを禁止することである。本書で扱う大学スポーツをめぐる裁判の多くは、大学間での様々な申し合わせが、反トラスト法違反のカルテルとして訴えられたものである。大学スポーツや選手にとって良かれと思った申し合わせも、金儲けのための申し合わせも対象となった。

反トラスト法の執行には二つのタイプがある。一つが「当然違法（per se illegal）」であり、その行為を見つけたら被告の言い分を聞かずに違法と判断するものである。もう一つが「合理の原則（rule of reason）」である。当該行為のプラス面とマイナス面を比較衡量してプラス面が大きければ認めるが、マイナス面が大きければ認めないということである。独占企業は市場を支配しているので、価格をコストよりも大きくつり上げる。しかし、大量生産によってコストそのものが低下しているかもしれない。価格つり上げとコスト低下の結果、消費者の払う価格が上がっていればマイナス面が大きく、下がっていればプラス面が大きいと判断される。

本来、すべての反トラスト訴訟は「合理の原則」で裁かれるべきであるが、詳細な経済効果の調査には時間とコストがかかるので、社会にとっての恩恵がほとんど期待できない行為については、「当然違法」の原則が用いられる。一般にアメリカでは共謀して価格をつり上げる価格カルテル、価格つり上げのために生産量を調整する数量カルテルは、反トラスト法（独占禁止法）違反として厳しく取り締まられてきた。価格・数量カルテルは消費者に高い価格を支払わせ企業の利益を高めるだけなので「当然違法」で裁かれる[2]。大学間の取り決めをカルテルとして、「当然違法」と「合理の原則」のどちらで判断すべきかの議論を、本書では展開する。

「合理の原則」は三つのステップから成る。ステップ一では、原告が被告の行為は市場の競争を阻害していることを証明する。市場を明確に定義し被告が市場支配力があることが示されれば、当該行為が競争阻害性を持つことになる[3]。実際は、原告がこれをできなかったために、裁判所はそれ以上の審理を行わないことがよく起こる。

ステップ二では被告が当該行為には競争促進性があり、それは競争阻害性を上回ることを主張する。すなわち行為の純便益がプラスであることを示す。裁判所がそれを認めれば第三ステップに進むが、認めなければ被告の敗訴である。

ステップ三では、再び原告側にボールが渡り、原告は被告が主張するのと同じ競争促進効果は、当該行為よりも競争阻害性が小さい代替案で達成できることを主張する。裁判所が原告の主張を認めれば当該行為は変更を求められ、原告の主張は不充分と認められれば被告の行為は継続できる。

３　大学スポーツ

アメリカでの大学スポーツの統括組織は、一九〇六年にその前身となる組織が設立された全米学生体育協会（National Collegiate Athletic Association: NCAA）である。政府機関でなく、大学がメンバーとなり連携している非営利組織で、大学スポーツ全体を統括している。日本の高体連（全国高等学校体育連盟。ただし、野球など管轄外のスポーツもある）に近い。ＮＣＡＡは、さまざまな規模（予算と学生数）の大学が加入するようになると、スポーツでの競争が同じ土俵の上でできないことが問題になり、階層化した。一九七三年にスポーツ活動の規模の大きな順にDivision I, II, III に分かれた後、さらに一九七八からはDivision I が大きな順にI-A（二〇〇六年に改称してFootball Bowl Subdivision: FBS）、I-AA（同Football Championship Subdivision: FCS）と、アメフトは重視しないバスケットボールの強豪であるI-AAA（同Division I No Football Programs）に分かれた。ただし、本書では二〇〇六年以降の事柄の記述でも、一貫してI-A, I-AA, I-AAAという名称を用いることにする。

ＮＣＡＡは大学とコンファレンス（リーグ）がメンバーになり、本書で見ていくように意思決定において、個々の大学よりグループとしてまとまったコンファレンスの発言力が強まってきている。表１-１がＮＣＡＡの加盟大学とコンファレンスの数である。一〇七〇校が加盟している。表１-１には記載していないが、この年にコンファレンスを移動（昇格・降格）したのが一八大学ある。アメリカには二〇二一年秋に三七七二の大学がある。そのうち、二年制短期大学、営利大学、単科大学を除くと一六八九校

表 1-1　NCAA の構成（2023－24 年シーズン）

	Division I-A		Division I-AA	Division I-AAA	Division I Total	Division II	Division III	Total
	Power 5	Group of 5						
大学数	69	61	121	96	347	293	430	1070
コンファレンス数	5	5	11	11	32	23	42	97
単一スポーツコンファレンス			2	8	10	0	22	32
Division 横断型コンフェレンス								11
							コンファレンス総数	140

出所：NCAA Membership Breakdown, NCAA Homepage（2023）

である（NCES 2022, Table 317-40）。六〇％強がNCAAのメンバーになっている（すなわち大学すべてが熱心にスポーツを行っているわけでもない）。

多くの観客を集め、テレビ中継されるのはI-Aのアメフトとバスケットボール（以下、特に断りがない限り、男子バスケットボール）だけである。この二種目は収益性があるので“Revenue Sports”と呼ばれる（大学によっては男子アイスホッケーが含まれる場合もある）。日本ではテレビ中継され注目される駅伝だけを強化する大学もあるが、I-Aになるには、アメフト・バスケットボールだけでなく、一四種目以上、うち女子が七種目以上を運営しなければならない。また、奨学金の件数も二〇〇以上または金額で四〇〇万ドル以上支給しなければならない。種目ごとに支給件数が決められている。分割して二人の選手に半額ずつ与える場合もある。分割を認めていない種目もあり、Division I-Aのアメフトがそうである。アメフトの奨学金件数は八五件で、多すぎるとも批判されているが、それでもアメフトにばかりでなく、他の種目でも奨学金を出すことが求められる。ここでも大学は広範な種目を支援しなければならないのである。収益性のあるスポーツへの偏重を防ぐ狙いがあるが、スポーツ部の予算が肥大になる要因になっている。また、I-Aではアメフトのホームゲーム観客数が毎年一試合平均で一万五〇〇〇人以上いなければならないという基準がある。ただ、I-A内でも第四章で述べるようにPower 5と呼ばれる有力コンファレンスと、その次のGroup of 5との間に格差がある。Division IIではアメフトでも、スポーツ奨学金を分割して複数の選手を部分的に支援することが認められている。Division IIIの大学では奨学金は出さない。観客も大学関係者以外にはおらずテレビ中継もされず、日本の大学の運動部のようである。

高校選手の勧誘や出場資格のための学力基準の達成で、不正が発生するのも主に、このI-A大学であり、また、日本で「アメリカのように大学スポーツを新たな収益源とすべきだ」という議論がされたとき、イメージされたのはI-A大学なので、本書もI-A校のアメフトとバスケットボールに、焦点を合わせる。

スポーツ、とくにアメフトは大きな予算が必要なので有力州立大学が強豪になっている。一九〇〇年に設立されたアメリカ総合大学協会（Association of American Universities: AAU）のメンバーは一流大学の証である。[4] 二〇一〇年当時、AAUは三七の州立大学、二九の私立大学とカナダの二大学の合計六八大学がメンバーであった。表1-2は、一番アメフトの活発なNCAAのI-Aに所属する九三の州立大学のスポーツの戦績をAAUメンバーと非メンバーに分けて比較した。明らかにAAUメンバーの方がスポーツでも秀でている。AAUの州立大学は大学院の研究では国際的に一流であるし、学部教育でも、名門私立大学が多い東部など一部の州を除けば、その州の中では最も秀逸ということも多い。したがって、名門州立大学は組織としては文武両道なのである。ただ、問題は個々の学生について文武両道かということである。さらに、その州で教育・研究におけるトップ校で、範となるべき旗艦州立大学が、スポーツではさまざまな不正を行っていて、腐敗を正せないでいることが問題である。また、スポーツで秀逸なことが一流大学の条件のように見られることで、教育・研究で一流を目指す大学がスポーツでの競争も過熱させるのである。

4　プロとの対立と共存

大学関係者は自分たちは上流階級だと思っていたので、スポーツを生業にするプロを見下していた。大学の選手がプロと試合したり、プロから指導を受けることを快く思っていなかった。ただ、第二章で述べるように、レガッタではプロによる指導は戦績に効果があった。選手は学業に興味がなくプロ選手を蔑視していなかったので、プロ入りすることに関心があった。したがって、とくにアメフトではプロによる選手の引き抜きを大学側が警戒した。このように創成期はプロと大学との関係は緊張感をはらんでいた。第二次大戦後にテレビ中継が普及しても、大学は放送局にプロの試合の放送の告知を大学の試合の中継中には行

表1-2　AAUメンバーと非メンバーとのスポーツの成績比較

スポーツの成績	AAUメンバー	非AAUメンバー
バスケットボール（Sagarin Computer Index）	82.3	76.5
アメフト（Sagarin Computer Index）	75.2	68.7
バスケットボール（Rating Percentage Ranking）	0.57	0.53
アメフト勝率	0.56	0.50
アメフト1試合平均入場者数	62760	37400
ディレクターズカップ（スポーツ総合得点）	723.8	313.4

Source: Cheslock and Kinight（2012）

わないことを求めていたほどであった。

プロのアメフトはチームは、一九世紀末から二〇世紀にかけてアパラチア山脈より西側の北部の小都市で結成されていた。一九二〇年にアメフトのプロリーグであるＮＦＬ（National Football League）が設立されている。大学の選手がしばしば偽名で出場していた。[5] 第二次大戦後、北部の大都市にプロチームができた。

ＮＦＬとは別に一九六〇年にＡＦＬ（American Football League）が結成されたが、一九七〇年にＮＦＬに吸収され、旧ＮＦＬがＮＦＣ（National Football Conference）、旧ＡＦＬがＡＦＣ（American Football Conference）となった。日本のプロ野球にセントラルリーグとパシフィックリーグがあるのと同様である。両コンファレンスの優勝チームがスーパーボウルで対戦する（すり鉢（Bowl）状のスタジアムで行われるので、「ボウル」と呼ぶ）。スーパーボウルは一年で最も視聴率の高いテレビ番組であり続けている。

アメフトでは、プロの結成時には大学の方が人気があったが、ルールは一九三二年まではプロもアマも同一であった。実力も伯仲しており、一九三五年から大学のオールスターが前年のプロのチャンピオンと試合をしていた。オールスターなので大学の方が強かったが、一九四五年から五〇年の六年間では互角で、一九五〇年代の一〇年では二勝しかできず、一九六三年が最後の勝利となった。プロの前年の最下位チームと戦うのがよいではないかと言われたが、一九七六年には廃止された（Watterson 2000, p.289）。プロの方が競技年数が長く、大学の名選手がプロ入りしさらに技量を高めた。プロの人気が高まると、中継でも大学アメフトと競合するようになった。

キーフォーバー（Estes Kefauver、民主党、テネシー州選出）上院議員は一九五九年に、大学が試合しているときにはプロの試合は放送しないことを提案したが成立しなかった。しかし、一九六一年になると、スポーツ放送法（Sports Broadcasting Act）が成立し、ＮＦＬの新しい放送契約の反トラスト法免責が認められ、アメフトだけでなくすべてのプロスポーツにおいて、リーグが各チームを代表して放送局との交渉にあたることは、共謀（カルテル）ではない、反トラスト法違反ではない、と認められた。チームごとに契約する場合、放送局は数が少ないので、チーム側が料金を割り引いて契約を得ようとする。リーグを代表することで契約料の低下を防ぎ、またチームの共存のためにはどのチームも放送されるという取り決めが必要であるので、反トラスト法の免責が必要だったのである。この法律はＮＦＬにとってはきわめて有利なものだったので、その分、土曜日の午後にはプロは試合も放送も行わず、大学のゲームと競合しないことが盛り込まれた。さらに、大学は高校のアメフトの入場者（二一世紀にケーブルＴＶやインターネット配信が普及するまでさすがに高校の試合の中継はほとんどなかった）がプロの試合によって減らないように、高校の試合が行われる金曜日の夜もプロの試合の中継が行われないよう求めて、プロも同意した。大学にとって高校は選手の供給源なので、大学は高校アメフトを守りたかったのである。

一九六〇年代初めは視聴率で大学アメフトが一一・七％で、ＮＦＬが一〇・六％であった。それが一九七〇年代初めには大学が一三・八％で、ＮＦＣが一七・三％、ＡＦＣが一五・三％、Monday Night Football（月曜日に一試合だけ行われるプロのゲーム）が一八・五％となり逆転した（Smith 2001, p.102）。しだいに、実力も人気もプロの方が上になり、大学は実質的にはプロに行く選手を養成するマイナーリーグの場となった。

実際、プロは選手交代を自由化し、オフェンスとディフェンスで完全分業したので、それぞれのスキルが高くなった。また、一九六〇年代から七〇年代に大学アメフトはランニングプレーが多用されたのに対して、プロはパスが多用され、見た目も面白くなった。プロはパスを積極的に導入したが、大学でパス獲得ヤードがランを上回るのは一九八〇年代初めであった（Brown 2000, p.348）。とくに一九六八年にテキサス大学が考案したウィッシュボーン・フォーメーションはハーフバック、フルバック、クォーターバック自身のランを多用し、パスは最後の選択肢的なところがあった。一九六九年から七九年までのナショナルチャンピオンのうち七校がウィッシュボーン・フォーメーションであった（Brown 2020, p.272）。

プロの創成期から、大学はプロによる選手引き抜きを警戒していたが、一九二五年にイリノイ大学のアメフト名選手のグランジェ（Red Grange）は大学の試合日程が終わるとすぐにプロと契約してプレーした。一九二六年にNCAAとNFLが同意し、自分は卒業しなくてよいが同学年が卒業するまで、すなわち高校卒業後は四年間待つことになった。しかし、一九八九年にオクラホマ州立大学のランニングバックのサンダース（Barry Sanders）が三年修了後にNFLのデトロイトライオンズと強引に契約してしまい一九九〇年にNFLもこれを認め、高卒後四年ではなく三年間待つことがポリシーになった。オハイオ州立大学のランニングバックのクラレット（Maurice Clarett）は一年生の時に同大学を二〇〇二－〇三年シーズンのナショナルチャンピオンに導いた。しかし、学業・金銭で問題を起こし退学となった。彼はプロ入りしたかったのでNFLの年齢制限を反トラスト法違反だとして訴えた。一審では勝利したが控訴審で敗訴し、二〇〇四年に最高裁が上告を棄却して敗訴が確定した。その後、二〇〇五年に正式にプロ入りしたがあまり活躍できず、罪を犯して服役することになった。この裁判後もNFLは高卒後三年は待つこととしている。

バスケットボールもプロ入りは高校卒業後、四年間待ってからとなっていたが、一九六六年にヘイウッド（Spencer Haywood）は、当時存在していたややマイナーなABA（American Basketball Association）というプロリーグは年齢規制がなかったので、その中のチームと契約した。その後、メジャーなNBA（National Basketball Association）のチームに移籍したが、二一歳だったので認められなかった。ヘイウッドはNBAの年齢規制を反トラスト法違反だと裁判を起こし、一九七一年に最高裁で勝利した。これ以降、高卒の選手がNBAのチームに入団することになった。有名なのがブライアント（Kobe Bryant）、ジェームズ（LeBron James）、ガーネット（Kevein Garnett）である。一九九六年から二〇〇三年までの間に、高校三年生と大学一年生合わせて六一人がプロ入りを希望し、五四人がスカウトされた。半数近くがドラフト指名で一巡目であった（Quinn 2008, p.203）。

NBAのスターン（David Stern）コミッショナーは未熟な選手のプロ入りに批判的だったので、選手組合との団体交渉を行い、二〇〇六年からは入団するには一九歳であること（高校を出て一年は待つこと）を義務付けた（Sanderson and Siegfried 2018a）。現役選手は、若い優秀な選手が入ってくれれば自分たちが代替されてしまうので、選手組合としては反対しなかった。労働組合である選手組合との団体交渉の結果なので、反トラスト法訴訟からは免責されている。

アメリカの四大プロスポーツのうち、野球とアイスホッケーにはマイナーリーグがあるが、アメフトとバスケットボールにはなく、大学が「二軍」の役割を果たしている。プロチームも全米の高校生から有力選手をスカウトするのは手間がかかるが、大学で活躍した選手に注目してスカウトすれば効率的である。アメフトとバスケットボールでは、大学とプロとの共存共栄関係を築いている。大学のアメフト中継のある時にはプロの放送がないという形で、大学スポーツは放送における売手市場の独占となり、高校卒業した選手はすぐにはプロ入りできず大学でプレーするしかないという形で、大学スポーツは選手獲得における買手市場の独占になった。これらは反トラスト法訴訟の際に重要な論点になる。

注

1　G. I.とはGovernment Issue（政府支給品）の意味である。第二次大戦中、豊かなアメリカは兵士の装備や支給品が良かったので、それを妬んだ他の連合国兵士が、アメリカ兵につけたニックネームである。

2　例外的なケースとしては、消費者が品質の差と価格の差の違いを充分に認識できない場合である。たとえば、二つの病院で同じ医療行為（一泊の出産）の料金の差が一〇〇対八〇なのに、医療サービスの質の差は一〇〇対六〇だとしよう。消費者はこの違いを区別できないので、市場に任せておいたら低価格のものが勝つことになり、極めて劣悪な医療サービスだけが市場に残ることになる。このような場合は、医師会を介して病院が申し合わせて、一泊の出産の料金を決めた方が良いかもしれない（柳川・大東 1999, pp.81-

82)。

3 市場の定義は実際には容易ではなく、市場の範囲が異なればシェアも異なる。たとえば、コカ・コーラはコーラの市場ではペプシ・コーラ以外にライバルがおらずシェアは高い。しかし、コカ・コーラが値上げをしたら、消費者はペプシ・コーラだけでなく、缶コーヒー、ウーロン茶、果肉ジュース、乳製品にも流れるので、これらの製品も競合品としてみなされ、コカ・コーラが競争する市場は「大きく」定義され、コカ・コーラの市場支配力は小さくなる。さらに、市場の地理的な範囲も重要である。通常、シェアは国単位で測られることが多いが、あるハンバーガーチェーンの国全体でのシェアは小さくても、その町でのシェアが高ければ、消費者はハンバーガーを求めて遠くまで行かないので、このハンバーガーチェーンは消費者に対して市場支配力を持ち価格をつり上げることができる。

4 当時はアメリカの大学を卒業してドイツの大学院に留学することが多かったが、ドイツ側からアメリカの大学の質を知りたいという要望があったので、アメリカの一流大学が質を保証できる大学を互いに認定するための組織を作った。

5 プロではないが、第一次大戦直前に陸・海軍の基地のチーム（士官学校ではなく予備役の訓練場）が結成されるようになったが、これらは大変、強かった。大学のチームはシーズンの戦績を悪くしたくなかったので、軍隊のチームとの対戦を望まなかった（LeBar and Paul 2022, pp.22–23）。

第2章　NCAAの成立

1　大学スポーツの始まり

(1)　フットボールの始まり

何かを投げたり蹴ったりして遊ぶことは人類の歴史とともに行われてきたようである。ローマ帝国のアウグストゥス（Augustus）皇帝は、市中で行われているゲームが「おとなしく過ぎる、もっと激しくしろ」と命じた。本章のカバーする一九世紀末のアメリカでの議論と全く逆のことを求めたのであるが、彼はローマ帝国の軍事力を担う若者はもっと激しいゲームで鍛えられるべきだと考えていた。イギリスのフットボールがローマ帝国から伝搬した証拠はない。しかし、フットボールはヨーロッパ大陸だけでなく中国や南洋諸島でも行われていたので、イギリスで自然発生的にフットボールが行われていても不思議ではない。イギリスではボールを蹴ったり運んだりしてゴールを目指した。しかし、村対村の対抗戦でゴールは何キロも先である場合もあり、クロスカントリー的な要素も備えていた。フットボールが過激になり、怪我人も多数出るようになったので、ヘンリー八世もエリザベス一世も、清教徒革命時代のピューリタンも名誉革命後のチャールズⅡ世もフットボールに批判的で、禁止令も出された。革命が収まるとフットボールは復活したが、競技者は大人から若者に変わった（Nelson 1994）。

一九世紀にはフットボールは人気のスポーツとなったが、ルールは学校ごとに異なっていた。一八六三年にウェストミンスター高校がチャーターハウス高校を二対一で破ったのが、イギリスにおける学校間の対抗戦の始まりである。試合では、ボールを手で触って良いが、前へ進むのは蹴った場合のみと定めた。同じ一八六三年にLondon Football Associationが結成され、それまでまちまちであったフットボールのルールを、ボールを手で持つことを禁じる形で統一した。このフットボールは“Association Game”から“Soccer”(サッカー)と呼ばれるようになった。

ラグビー高校では午後五時に五番目の鐘が鳴り終わった時が試合終了の合図であった。一八二三年に生徒のエリス(William Webb Ellis)は一つ目の鐘が鳴った時にキックされたボールを受けた。そのままかかとで蹴って、後ろの選手にボールを渡して大きくキックしてもらうのが通常だが、彼はボールを手で抱えて走り出し、五つ目の鐘がなる前にゴールラインを突破した。友人たちはあきれていたが、このゲームが面白いと考えるようになった。こうして手を使ってよいフットボールはラグビーと呼ばれ、Rugby Football Unionが一八七一年に結成された。フットボールはサッカー(ドリブル)派とラグビー派に分かれたが一般市民の間では前者の方が人気があった。

サッカーはアメリカにもたらされたが、一八六二年にボストンのミラー(Gerritt Smith Miller)という一七歳の青年がOneida Football Clubを結成したのが始まりといわれる。高校生同士が対戦したが、ミラーのチームが圧倒的に強かったそうである。アメリカの大学では学内でフットボールの試合を行っており、秋学期の初めに一年生と二年生が対戦した。ハーバード大学では一八二七年から行われていた。これは一種の「しごき」「いじめ」で、二年生は敵味方がわかっているが新入生にはわからないので二年生が勝つことになっていた。また、ボールと共に相手の足も蹴るゲームであった。この試合は秋学期の最初の月曜日に行われ、“Bloody Monday”(「血の月曜日」)と呼ばれた。あまりに暴力的になったので一八六〇年に教員が中止を命じたほどであった(Smith2011, p.18)。

(2) レガッタと野球

学内でのスポーツとは別の、大学間対抗戦としてはフットボールよりもレガッタ(ボートレース)や野球の方が歴史が古い。イギリスではオックスフォード大学とケンブリッジ大学のボート対抗戦(“The Boat Race”

と呼ばれる）が一八二九年に始まっていた。イギリスの大学の方がアメリカの大学より歴史ははるかに古いのだが、スポーツに熱心になった時期はそれほど変わらない。アメリカでは一八五二年に鉄道会社社長のエルキンズ（James Elkins）が分譲地の宣伝のため、ニューハンプシャー州ウィニペソキー湖でのボートレースにハーバード大学とエール大学を招待した。旅費・滞在費用をすべて負担した。ハーバード大学が勝利したが、大学スポーツは最初から商業化の洗礼を受けていた。

翌年以降は、鉄道の不況でこの場所では行われなかったが、一八五五年に第二回のハーバード・エール対抗戦が、マサチューセッツ州スプリングフィールドで開催された。ハーバード大学で一八五二年のレースでコックス（舵手）を務めたブラウン（Joseph Brown）は、その後、大学を卒業していていたが突然現れ再び出場した。エール大学は抗議したが、ハーバード大学が勝利した（スミス 2001, p.258）。大学スポーツでは、創生期から勝利至上主義によって選手資格の不正が行われていた。一方で、地域がレースの招致合戦を繰り広げるようになった。

一八五八年にハーバード大学がレガッタ対抗戦を提案した。エール大学だけでなくブラウン大学とトリニティ大学も参加予定だったが、エール大学の選手が練習中にボートから転落して溺死する事件が起きたので中止となった。一八五九年にはエール大学、ブラウン大学、ハーバード大学（二チーム）が参加し、タインシガモンド湖で開催された。ボストン・ウィセスター鉄道が観戦チケットつきの特別列車を運行した。ハーバード大学のチームが勝利した。

翌日にはウスター市が共催で六人乗りボートによる大学合同カレッジ選手権が行われ、一位には一〇〇ドル（実質二〇二〇年ドルで三一〇〇ドル）、二位には七五ドル（同二三四〇ドル）が与えられることとなった。一万人の観衆が集まったが、結局ハーバード大学とエール大学のみが参加し、エール大学がついに勝利した。エール大学のハーバード大学への対抗心はすさまじく、一八六四年にウッド（William Wood）をレガッタの専任のコーチとして採用した。上級生でも授業担当教員でもなく、専任の監督が指導することの嚆矢となった。

ハーバード大学は他大学も含めたレースを提案していたが、それは一八七一年に実現した。ブラウン大学、ボードウィン大学、マサチューセッツ農業大学（現在の州立マサチューセッツ大学）が参加した。ハーバード大学が勝つとの大方の予想に反して、マサチューセッツ農業大学が優勝した。同大学は農作業で体力を鍛えられた選手が、プロのレガッタ選手のウォード（John Ward）による一〇日間の指導のおかげで圧勝したのである。一万五〇〇〇人観客を集めた一八七二年の第二回大会では新興のアマースト大学が、やはりプロのビッグリン（John Biglin）の指導の賜物で優勝した。エール大学は最下位であった。

一八七三年の第三回大会には、ハーバード大学やエール大学と対等の立場で試合ができるので、コロンビア大学、コーネル大学、ダートマス大学らも参加し、合計一一大学によるレースとなった。このうち八大学はプロのコーチを招いていた。コネチカット川のコースはゴール線が斜めに引かれるなど問題があったので、一八七四年の第四回大会は誘致活動の甲斐もあってニューヨーク州サラトガ湖で行われることになった。サラトガ湖は歓楽地としての堕落した雰囲気もあったが、競艇場としての施設は素晴らしかった。ただし、賞金は受け取らないことを初めて定めた。九大学が参加したが、ハーバード大学とエール大学が隣り合うことになったところ、エール大学がハーバード大学の進路を妨害したとして失格となった。コロンビア大学が優勝したが、地元ニューヨーク市の熱狂振りはすさまじいものがあった。特別列車でニューヨークに入り、五番街から大学正門までパレードした。バーナード（Frederick Bernard）学長は「この勝利による大学の知名度向上の功績は、創設以来、最大だ」とまで演説した（ガーニー・ロピアノ・ジンバリスト 2018, p.19）。

翌一八七五年の第五回大会では、優勝賞金が復活した。サラトガ・レガッタ協会は参加大学に、選手の交通費、ボートの輸送費、審判用の蒸気船などさまざまなサービスを無償で提供した。また、宿泊費と食費の支援も行われたが、これらがなければ弱小校の参加は不可能だった。この大会は一三大学の参加で、三万人の観客を集めた。優勝したのは大学創設一〇年、ボート部創部六年のコーネル大学であった。ホワイト（Andrew White）学長はのちにアメフトの過熱に対しては抑制をかけるが、自身がエール大学の学生時代にレガッタの選手だったこともあり、レガッタは学生自身のためにも大学の威信にとっても好ましいと思っていた。創設者のコーネル（Ezra Cornell）も漕艇部に対して寄付を行っていた（スミス 2001, p.155）。

コーネル大学の勝利は、伝統のない大学であっても努力すれば勝てるということを示した。一方、ハーバード大学とエール大学は勝てなくなったことに嫌気がさして、レガッタ大会から脱退し、二校だけの対抗戦に戻そうと考え始めた。ハーバード大学は学内での投票の結果、一八七六年の大会を最後にレガッタ大会には参加しないと決定した。エール大学も「エール大学が最下位になってもハーバード大学に勝てばよい」というほど、ハーバード大学との対戦に興味があったので、一八七六年の大会でもコーネル大学に敗れると他大学が参加するレガッタ大会からは脱退しハーバード大学との対抗戦に戻った。コーネル大学は一八九五年にコロンビア大学やペンシルベニア大学とともに大学レガッタ協会を設立したが、以前のような盛り上がりにはならなかった。ハーバード大学とエール大学の対抗戦も、オックスフォード大学とケンブリッジ大学ほどの関心を集めなかった。ハーバード大学とエール大学は名門であったが、イギリスにおけるオックスフォード大学とケンブリッジ大学ほどの卓越した地位をアメリカの高等教育の中では占めてはいなかった。二校だけの対抗戦は盛り上がりに欠けた。こうしてレガッタは大学スポーツ中で人気種目ではなくなっていった。

人気が落ちたレガッタに代わって花形スポーツになったのが野球である。一九世紀のイギリスで人気スポーツだったクリケットはアメリカではさほど人気を集めず、野球が新しいスポーツとして派生した。しかし、一八四〇年代、五〇年代には野球のルールは枝分かれしていた。ニューイングランドでは「ニューイングランドゲーム」「コネチカットゲーム」「マサチューセッツゲーム」などと呼ばれたが、ダイヤモンドというより長方形で、ホームベースから一塁ベースまでが短かかった。打球はどの方向に飛んでもファールとはならず、打者・走者にボールをぶつけてもアウトとなった。一アウトで攻守は入れ替わり、一〇〇点を先取したチームの勝利となった。

これに対して「ニューヨーク・ニッカボッカーズゲーム」はボールをぶつけてアウトを取ることを廃し、三アウトでの攻守交替とし、当初は二一得点をあげたチームが勝者だったのが、九回までの総得点の多い方に代わった。また、フィールドも一辺九〇フィートの正方形（ダイヤモンド）とした。全米野球選手協会（National Association of Base Ball Players: NABBP）が結成され、一八五八年にニューヨーク型によるルールに統一した。大学でも一八五〇年代にはニューヨーク型ゲームが主流になった。

最初の野球の大学対抗試合はアマースト大学がウィリアムズ大学にマサチューセッツゲームを提案したものである。七三対三二でアマースト大学の圧勝であった。ただ、この試合は両校のボートレースの余興であった。南北戦争が始まり大学対抗戦は行いにくくなったが、北軍でも南軍でも兵士は野球を行っており、戦後、帰郷した兵士たちが野球を広めた。多くの大学が野球部を結成して大学間対抗戦を始めた。

一八六九年に初のプロチームとしてシンシナティ・レッドソックスが結成された。ハーバード大学は初戦こそ敗れたが、互角の戦いができた。一八七六年にナショナルリーグができてからも大学チームはプロと対戦し、時には勝っていた。ただ、大学のチームはプロよりも他大学のチームに勝つことに関心があった。一八七九年からプロ野球選手の大学対抗戦への出場は認められないことになった（すでに参加している者はそのままプレーできた）。特に問題になったのが、夏休みにプロとして野球のプレーをした選手が秋から学生として（野球だけでなくむしろアメフトで）プレーすることであった。学費を稼ぐための夏休みのアルバイトは問題ないはずだが、スポーツで報酬を得ていれば、アマチュア学生選手とはいえないと解釈された。本書で後述するように学生がプレーで報酬を得ることは大学スポーツの腐敗と考えられる一方、費用を抑制したい大学が報酬の支払いを禁止してきた面もある（裏でこっそり資金提供していた）。

野球ではプロ野球チームがマイナーリーグチームも結成するようになった。メジャーリーグのチームは大都市にあったが、マイナーリーグチームは地方都市にあり、大学のスポーツファンの市場を奪うことになった。こうして、大学スポーツとしての野球の人気は衰退した。

(3) アメリカンフットボールの誕生

一八六九年に初のアメフト対外試合としてプリンストン大学とラトガース大学が対戦した。試合はサッカー式で丸いボールで一チーム二五人であった。一方、ハーバード大学はラグビーに近い独特のフットボールをしていた。一八七四年にカナダのマギル大学と二試合を行った。最初の試合はハーバード流フットボールのルールで行い、第二試合はマギル大学のイギリス流ラグビーのルールで行ったが、後者の方が楽しかったので、ハーバード大学はより一層、ラグビーに近いやり方にした。ハーバード大学はエール大学にラグビー型のアメリカンフットボールルールでの試合を提案した。エール大学はハーバード大学と試合をしたかったので歩み寄りの姿勢を見せた（ただ、その後の統一ルール制定ではエール大学は独自路線を取り、協調は難しかった）。プリンストン大学もサッカー型をしていたのだが、ハーバード大学とエール大学とプレーしたいのでラグビー型への歩み寄りを示した。

当初は大学の学長はアメフトを支持していた。のちに改革を提言するようになった、ハーバード大学のエリオット（Charles Eliot）学長も、一八六九年に学長になったばかりの頃は「ハーバード大学が男らしいスポーツで秀逸であることを誇りに思う」と述べていた。ただ同年、このあともずっとアメフト重視をしなかったマサチューセッツ工科大学（MIT）のウォーカー（Francis Amasa Walker）学長は、「このままではBA（Bachelor of Arts）［文系学士号］はBachelor of Athleticsになってしまう」と苦言を呈した（ガーニー・ロピアノ・ジンバリスト 2018, p.19）。

スポーツは元々は学生が運営をしていた。しかし、大学間対抗戦が過熱すると、教員がスポーツの管理に乗り出した。一八八一年にプリンストン大学でスポーツ・音楽クラブ委員会が設置され、スポーツ選手やグリークラブ部員が授業や礼拝をさぼることを問題にした。一八八二年のハーバード大学のスポーツ委員会は教員のみから構成されていた。しかし、一八八三年の対エール大学戦の後、スポーツ委員会が、暴力性を改善するルール改正が行われなければ、試合を認めないと発表したことに学生が反発し、選手二人、教員一人、卒業生一人、医師一人による委員会になった。一八八八年からは教員、選手、卒業生が三人ずつのものに改組された（スミス 2001, pp.205-206）。

アメフト人気が過熱する中で、ハーバード大学ではアメフトへの批判が高まった。一八九五年に対エール大学戦が暴力的になったので、教員が三分の二の賛成でアメフト廃止を決議したが、スポーツ委員会が今度は満場一致で廃止に反対し、理事会もそれに従った。スポーツのことは教員組織でなく、スポーツ委員会が権限を理事会から移譲されているという主張が通った（スミス 2001, pp.207-208; ガーニー・ロピアノ・ジンバリスト 2018, p.24）。

スポーツは遠征や器具にお金がかかるので、寄付をしてくれる卒業生の影響力が次第に強くなった。ダートマス大学では一八九二年から教員と同窓会がスポーツ管理の主導権争いをしていたが、一九〇五年に理事会は同窓会を支持した（スミス 2001, p.210）。他大学でも学生でも教員でもなく、同窓会または同窓会が雇ったスタッフがスポーツを運営するようになった。

アメフトは肉弾戦であり怪我も多かった。ハーバード大学の選手が怪我したのをエール大学が謝罪しなかったので、両校の対戦が二年間中断したこともあった。一八九〇年から一九〇五年の間で、高校、大学、リクリエーション合わせてアメフトによって三三〇人が死亡した。一九〇五年には大学の選手では三人が死亡、八八人が重傷となり、大学以外の選手では一五人がアメフトでの負傷がもとで死亡した（Grant, Leadley, and Zygmont 2015, p.17）。

2　大学スポーツの過熱

（1）大学間の協調の動き

対外試合をするにはルールの統一が必要である。一八六九年から一八七五年までは対戦チーム同士が事前に話し合ってルールを決めていた。一八七六年にハーバード、エール、プリンストン、コロンビアの各大学からの二人ずつの学生代表によってIntercollegiate Football Association（IFA）が結成され、六一項目のルールを作った（二二は現在にもつながっている）（Nelson 1994, ch.2）。一八七八年には第二回目の会合が開かれた。選手の安全性を向上させるためのルールの改訂が行われていくことになった。

一八八二年、ハーバード大学のエリオット学長は、プロの監督・選手（アメフトのプロチームは存在していなかったが、夏に野球で報酬を受けてプレーしたという意味でのプロ）が大学でプレーすることの規制について他大学に協力を求めた。当時、強かったエール大学は現状を変更することを嫌い、拒否したので計画は頓挫した。翌一八八三年、ハーバード大学教員によるスポーツ委員会が、八大学での協議の場を提案したが、エール大学はすぐに脱退した。七大学（ハーバード、プリンストン、ペンシルベニア、コロンビア、トリニティ、ウェスレアン、ウィリアムズ）は、プロ選手が指導しない、大学以外のチームと試合しない、大学にあるグランドでのみ試合する（観客を集めるため都市にある収容人数の多いグランドでは試合しない）、選手は四年間だけプレーできる、大学は教員によるスポーツ委員会をつくって規則・規程を認可する、大学はルールを批准した大学とのみ試合する、と定めた。五大学が批准すれば実施できることになっていたが、ハーバード大学が学内で二五対五で、プリンストン大学が全会一致で批准した以外は批准されず、この試みも失敗に終わった。一八八六年末にプリンストン大学のマコシュ（James McCosh）学長がやはり改革のための連携を他大学に呼びかけたが、エール大学が反対したのでうまくいかなかった（Smith 2011, pp.25–28）。

一八八九年にはIFA内部でハーバード大学とプリンストン大学との間で、相手チームに選手資格のない選手がいるという非難の応酬があった。試合は行われハーバード大学がプリンストン大学に大敗したので、怒ったハーバード大学はプリンストン大学との試合をやめてエール大学とのみ試合をした。一八九四年にはIFAは大学院生・専門職大学院生（ビジネススクール・ロースクール）の出場を禁止した。当時の専門職大学院は学士号がなくても入学でき、多くの選手が在籍していた。この規制はこのような選手を多用しているハーバード大学とペンシルベニア大学を狙い撃ちしたものである。これら両校にコーネル大学も同意して

ＩＦＡから脱退したので、ＩＦＡそのものが機能しなくなった。

一方、中西部ではパデュー大学のスマート（James Smart）学長がイリノイ、ウィスコンシン、シカゴ、ノースウェスタン、レイク・フォレスト（ミシガン大学に入れ替わる）大学に声をかけて、州をまたいだコンファレンスを提唱し、一八九五年にシカゴで会合を開いた。彼は、連邦政府が州際ビジネス（州をまたいで活動する事業）の規制を行っているのと同じく、州を越えた大学同士は共通のルール・規制を持つべきだと考えた。教員によるスポーツの監視の強化、学生でない渡り鳥選手・傭兵選手の禁止を目指した。このグループはIntercollegiate Conference of Faculty Representatives と呼ばれたが、のちにWestern Conference（今日の中西部は、当時は東部から見れば西部であった）と改称し、さらにBig Nine, さらにBig Ten という有力コンファレンスになる。その後、一〇校以上のメンバーになるが名称は変えていない。

一八九八年二月には東部の七大学がブラウン大学で会合を開いた。エール大学はまたも参加しなかった。教員による委員会がアメフトを管理することが提案したが、学長は大学が管理するのは煩わしいので卒業生に任せることを望み、卒業生もそれを望んだので改革にならなかった。大学スポーツを管理するスポーツ部（Athletic Department: AD）が大学評議会の監視を受けず治外法権になってしまうことが、大学スポーツの問題が今日でも改善されない要因であるが、その萌芽はすでに一九世紀末に見られた。

ただし、当時の学長がすべて改革派だったわけでなく、スポーツを低コストの宣伝道具と考え、その振興の先頭に立っていた学長もいた。シカゴ大学はロックフェラー（John Rockefeller, Sr.）の資金で一八九〇年に設立された。豊富な資金をバックに著名な学者を教授陣に招いたが、学部学生の間での知名度は劣っていた。そこで、初代学長のハーパー（William Harper）はエール大学の教員だった時の教え子のスタッグ（Amos Alonzo Stagg）を監督として招き、一八九一年で二五〇〇ドル（二〇二〇年実質ドルでは七万一〇〇〇ドル）の給与を与え、教員の地位も与え、チームを遠征させた。ハーパー学長自身がウィスコンシン大学戦で、「前半の戦いはロックフェラー氏からの多額の寄付に値しない大学だ」とハーフタイムで選手に檄を飛ばしたことが、逆転勝利につながった（Smith 2011, pp.38-39）。

ノースウェスタン大学のスコット学長（Walter Scott）は、著名な心理学者であったが、寄付金を集めて優秀な教員を高給で採用した。ジャーナリズムなどの専門職大学院を強化して評価を高め、小さな宗教系の大学からシカゴ大学のライバルにまで成長させた。しかし、知名度を上げるためスポーツも強化し、選手に報酬を払った。成績に問題のあるスター選手（Leland Tiny Lewis）に対して学長の権限で出場資格を認めた（Watterson 2000, pp.162-163）。

セオドア・ルーズベルト（Theodore Roosevelt）大統領は、スポーツ、自然愛好家でアメフトは青年の人格形成に役立ち、多少の怪我はやむを得ないと思っていた。しかし、故意な暴力は人格形成に反するので、やめるべきと考え、また、暴力性への批判によってアメフトが廃止されてしまうことを憂慮した。彼は一九〇五年一〇月九日にエール大学のキャンプ（Walter Camp、後述するように実質的な顧問）とオースレー（John Owsley）監督、ハーバード大学のリード（Will Reid）監督とニコルス（Edward Nichols）（チーム医師）、プリンストン大学のヒルデブランド（Arthur Hilldebrand）監督とファイン（Henry Fine）教授（スポーツ委員会委員）を招き、ルート（Eliha Root）国務長官も同席して昼食をとった（会合の一週間前には大統領の息子が、ハーバード大学のアメフト選手としてエール大学との新人戦に出場し、鼻を骨折していた。ただし、会合はその前にスケジュールされていた）。大統領はその席で暴力の是正を求めたが、完全な合意には至らなかった。彼は前月に日露戦争の講和のためのポーツマス条約を締結させ、年末にはノーベル平和賞を受賞するのだが、アメフト強豪校の仲裁は難しかったのである。

ペンシルベニア大学は過去一九〇〇年と一九〇一年にハーバード大学相手のホームゲームでグランドを水浸しにして、自分たちはすべらない鋲の長いスパイクシューズを用意して戦った。一九〇五年にも同じことを行い、勝利した。この試合は大統領との会合後に行われたにもかかわらず、ハーバード大学から退場者が出る荒れた試合になり、大統領はリード監督をホワイトハウスに呼び付け抗議した。二週間後のハーバード・エール戦も荒れた試合になり、大統領はリード監督を再び呼びつけた（Smith 2011, p.46）。

ハーバード・エール戦と同じ日に、ユニオンカレッジ対ニューヨーク大学の試合で、ユニオンカレッジのムーア（Harold Moore）が大怪我をして、四時間後に脳内出血で死亡した。観戦していたニューヨーク大学のマックラケン（Henry MacCracken）学長は以前からアメフトの問題を憂慮していたので、ハーバード大学のエリオット学長に電報を打ち改革のための協力を求めた。しかし、エリオット学長はルールを変えたくらいでは問題は解決しないと考えて協力しなかった。有力大学の動きが鈍いので、マックラケン学長は、一八九五年以降に同大と対戦したことのある大学に呼びかけた。一九校のうち一三校が賛同してくれた。結局、一二校から二人ずつ二四人が一九〇五年一二月八日の会合に集まり、アメフトを廃止するか、改革の可能性があるのか、を議論した。コロンビア大学、ニューヨーク大学などアメフトの廃止を主張する大学もあったが、改革に望を託す大学の方がわずかに多かった。一二月二八日に再び集まりルール改定を議論した。ハーバード大学、シカゴ大学などの強豪校は参加しなかったが、六八大学が集まった。これらの大学が中心になって、翌一九〇六年の三月三一日にIntercollegiate Athletic Association of the US（IAAUS）を結成した。IAAUSは細々とした団体で、一九〇六年一二月の年次大会のときに、金庫には二八・八二ドル（二〇二〇年実質ドルで八三〇ドル）しかなかった（ガーニー・ロピアノ・ジンバリスト 2018, p.25）。

一方、東部・中西部の強豪校は独自のルール策定委員会を立ち上げた。彼らは、ニューヨーク大学らのIAAUSのメンバーが、「新」委員会と呼ばれたのに対して、「旧」委員会と呼ばれた。新委員会は陸軍士官学校のピアース（Palmer Pierce）がリーダーであった。海軍士官学校のダッシェル（Paul Dashiell）に対してはルーズベルト大統領が両委員会の統合に尽力するよう働きかけた。大統領は陸・海軍の長であるから、その意向は無視できなかった。旧委員会の中で、ハーバード大学はリード監督に対して新委員会と歩み寄ってルール改定を行うよう指示したが、エール大学はルール改定に消極的だった。しかし、エール大学はスポーツ部での一〇万ドル（同二八八万ドル）の裏金の存在、選手に対する家庭教師の提供、選手への報酬、監督の接待などの不正行為が明るみに出て、発言力が弱くなっていた（エール大学はスポーツに教員が干渉せず選手任せで、またチームも強かったのだが、その自由放任主義が弊害を生んだ）。

新旧合同の組織が結成され、議長は旧委員会からコーネル大学のデニス（L. M. Dennis）、事務局長に新委員会からハーバーフォード大学のバビット（James Basbbitt）が選任されたが、バビットはすぐに辞任してハーバード大学のリードになった。エール大学のキャンプの影響力を弱めるための画策だったのである。新旧委員会は合同でルール改定を進めていき、旧委員会の強豪校が徐々にＩＡＡＵＳに加入した。こうして成長したＩＡＡＵＳは一九一〇年にNational Collegiate Athletic Association（NCAA）と改称した。一九一七年までに旧委員会メンバーすべてを含む八三大学が加入した（Smith 2011, p.59）。ただ、ＩＡＡＵＳは強豪校に入ってほしかったので、各大学の行動には介入せず大学任せにする"Home Rule"という方針を取った。このことがＮＣＡＡがのちに強いリーダーシップを取れなくなる要因になった。

（2）アメリカ型スポーツとしてのアメフト

創生期のアメフトのルール作りに重要な役割を果たしたのが、キャンプである。彼はエール大学に一八七六年に入学し、卒業後は医学部に入るが一八八二年に中退しニューヨークの時計メーカーに就職した。そののちエール大学の近くのNew Haven Clock Companyに移り社長にまでなった。彼はエール大学アメフト部の正式な監督ではなかったが、アドバイザーであり、亡くなる一九二五年までルール作りに影響力を及ぼした。

一チームは一八六九年には二五人だったが、一八七三年には二〇人になり、一八七六年にはラグビーと同様、一五人になっていたが、キャンプはそれでも多すぎるとしてサッカーと同じ一一人をＩＦＡに提案した。一八七八年には否決されるが、チームの選手数が少ないと遠征費が減るので大学は歓迎し、一八八〇年には可決され、今日と同じ一一人制になった。

キャンプは時計メーカーに勤務していたためか、スポーツに厳密さを求めた（彼は"Scientific Approach"と呼んだ）。ラグビーのスクラム（Scrummage）は両チームが押し合ってボールより前に進むことで攻撃権を奪うのだが、いつスクラムからボールが出てくるかは偶然まかせで、キャンプによれば非論理的・非合理的であった（スミス 2001, p.68）。キャンプはそうでなくセンターが意識的に、足でクォーターバックに渡すことにした。一八八〇年からスクラムに代わってスクリメッジ（Scrimmage）が採用された。一八九〇年に今日のように足でなく手渡しするようになった（Nelson 1994, pp.45-47）。

イギリスのスポーツは貴族の遊びであったのでルールに寛容であった。最近こそサッカーのワールドカップでビデオ判定やボールにチップを埋め込むなどが取り入れられているが、スローイングの場所はボールが出た場所と厳密には一致していないし、試合時間も中断した時間を正確には計っていない。学校の課外活動ならともかく、国際大会ならば時計専門の審判が、プレーが止まったときにストップウォッチを止めればできるはずであるがそれをしない。

高橋（2009, pp.119, 121）によれば、一九世紀後半の不況によるデフレは富裕層の実質資産をむしろ増加させ、また帝国主義による海外からの利子収入も大きく、貴族出身でない不労所得階級が増加した。このころスポーツもさかんになるのだが、彼らはゲームの楽しみとしてフェアプレイの精神を重視し、お互いに信頼していたので細かいことにはこだわらなかった。今日でもゴルフはルールブックは分厚いが、審判はいない。イギリスのスポーツは上流階級の社交の場であったので、試合時間いっぱい選手交代せずプレーすることが賞賛され、無得点の引き分けになっても受け入れていた。[1]

これに対してアメリカでは、一九世紀後半の経済発展の中、社会進化論が広く受け入れられ、弱肉強食、適者生存の思想から、競争の結果、勝者は賞賛され、彼らが便益を得ることに批判はなかった（Beyer and Hannah 2000）。スポーツにも勝利至上主義が広まり、引き分けは好ましくないものとされ、勝利のために適材適所の選手交代が肯定された。

貴族の社交の場であったスポーツが、アメリカでは勝利至上主義になるなかで、アメリカのスポーツのルールは厳格になっていった。バスケットボールでは最後の一分間は〇・一秒単位で表示される。アメフトでも一〇ヤード進んだかどうか、一〇ヤードの長さのチェーンで正確に測る。プロ化も進み、勝敗が生活に関係するので、厳格な審判を置くようになった。アメリカの野球は日本に比べて大味といわれるが、それでも二メートル近い大男が小さなボールがホームベースの角をかすめたかどうかで夢中になっているのである。

大学がアマチュア主義にこだわり、選手に報酬を与えないというのは、もともとはイギリスの影響が強かった。大学はアメリカ内では上流階級から構成されていた（セージ 1997）。プロを排除することで、金に困らない上流階級の社交の場としてのスポーツを維持するためアマチュア主義が尊重されたのである。しだいに、勝利にこだわるアメリカの大学は、金を与えて秀逸な選手を集めるのは公平な競争でないと考えるようになり、さらに費用を抑えるために、選手に報酬を与えないというアマチュア主義を重視した。

アメリカのスポーツでは勝利のための選手交代も自由にした。今日、アイスホッケー、バスケットボール、野球（交代させられた選手は再出場へできない）では、選手交代が活発に行われる。アメフトでも時間をかけてだが選手交代が自由になった。後述のように一九世紀末からアメリカでは「男らしさ」が求められており、試合時間すべて攻守両方でプレーできる体力と技量のある選手が素晴らしいとされ、アメフトではイギリス流の選手交代の制限が残存していた（Nelson 1994, pp.261-263, 470-471）。一九〇六年のルールでは交代した選手は試合に戻れなかった。試合に戻って怪我が悪化することを防げるが、有能な選手が逆に無理して試合に出続けて怪我を悪化させることにもなる。一九一〇年には交代しても次のクォーターの開始時からは出場できるようになった。一九一三年には第四クォーターは途中からも試合に戻れるようにした。それでも選手交代は積極的には行われなかった。交代するときは全員交代させる。すなわち、二軍を先発させ相手を疲れさせ、一軍を後から出す。一軍、二軍それぞれでは、選手は攻撃も守備も行うということが多かった。

しかし、一九四一年、アメリカはまだ参戦していなかったが兵役に志願する大学生が多く、大学アメフトは選手不足になったので、交代が自由になった。選手の数と共に質も低下したので、攻撃か守備のどちらかに特化させて練習させる必要も出てきた。[2] しかし、選手交代は積極的には用いられなかった。それでも終戦後の一九四五年のシーズンで、ミシガン大学のクライスラー（Fritz Crisler）監督は強豪の陸軍士官学校（陸軍士官学校は幹部候補生の教育を行っていたので、選手が戦線には送られておらず、むしろ良い選手が残っていた）との試合で、攻撃と守備で完全に選手を入れ替えた。試合には七対二八で敗れたが、相手のブレイク（Red Blaik）監督が軍隊用語を用いて“Two Platoon System”と名づけた。これに対して、交代しないものは“One Platoon System”ということになった。

一方で、選手は攻守両方行いフル出場すべきという意見も根強かった。また、選手の数が増えることは遠征費がかかるので大学も反対した。さらに、ファンも選手交代が頻繁だと選手の名前が覚えられないので嫌がった。第二次大戦が終わると、一九五三年にOne Platoon Systemに戻り、選手は攻守両方でプレーすべきである、となった。交代したらそのクォーターは再出場できなかった。ただし、第二と第四クォーターは終了四分前には再出場できていたが、一九五四年にそれも廃止した。その代わり一九五五年にクォーターが始まったときに出ている選手は交代してもそのクォーターでは再出場できるようにした。

一九五六年に再度、交代の制限を維持することが、ＮＣＡＡ総会で五七六対一八九で可決されたが、制限を廃止して欲しいというのも無視できない数が集まった（Nelson 1994, p.269）。プロは一九五〇年に選手交代を完全自由化した。大学側も少しずつ交代を緩和して一九六五年にTwo Platoon Systemになった。

Two Platoon Systemと選手交代の緩和によって、選手もコーチも分業、専門化するようになった。選手は一つの技能に秀でていればよく、チームの勝利に対して限られた貢献しかできないのだが、チームの勝利を個人の活躍よりも優先するようになった（中村 1981, 1994）。アメリカは個人主義が強いが、アメフトは滅私奉公の思想を具現化している。[3] 戦時中の選手不足がTwo Platoon Systemにつながったのだが、結果としてTwo Platoon Systemの下では、規模の大きなチームを維持できない弱小校には不利になった。

大学アメフトは、引き分けについても勝利至上主義とともに、面白くない、という観点からも批判されるようになった。[4] 自分たちだけ楽しければよい、という貴族の趣味と異なって、アメリカのスポーツでは、大学スポーツであってもエンターテインメント性も重視されていたのである。当時、ボールを持ったチームからボールを奪うのは難しく、試合が膠着し〇対〇の引き分けも多かった。また、引き分け狙いをする場合もあり、一八八一年と一八八二年にエール大学とプリンストン大学の試合は二年連続で引き分けになり、両校がチャンピオンでいられることになった。そこで、キャンプの提案で一八八二年に三回の攻撃（三つのダウン）で五ヤード進むかまたは一〇ヤード下がらなかったら、攻撃権が敵に渡ることになった。後退は不利になるので大きな後退をしたのみ、攻撃権は維持できることになった。目安になるように五ヤードずつ線が引かれるようになった。網目のようなので、アメフトはGridironと呼ばれるようになった（当時のアメフトのボールは豚の膀胱に空気を入れていたので、Pigskinとも呼ばれていた）。後退しても攻撃権は維持できるというのは二〇ヤードに改定された後、一九〇四年に廃止された。一九〇六年に三ダウンで一〇ヤード前進することが求められ、一九一二年に四ダウンで一〇ヤードという現在の形になった（Brown 2020, p.25; Nelson 1994, pp.124, 157）。

一九二二年にタッチダウンのあとに一点が追加されるエクストラポイント（トライフォーポイント）が設けられた。五ヤード地点（一九二四年に三ヤード、一九二九年に二ヤード、一九五八年に現在の三ヤードに変更）から、キックしてもランしても（ゴールラインを突破しても）よかったのだが、キックは成功率が悪かったのでランを選択する場合も多かった。しかし、しだいに分業によってキック専門の選手が現れ、キックの精度があがってきた（それまでの正面を向いて蹴るのでなく、斜めに走って蹴るサッカースタイルは、難しいが技法を身につけると成功率が高かった）。

キックで一点が確実に入るようになったので、一九五八年から、タッチダウンしたチームは、キックの代わりにワンプレーをしてパスかランでゴールラインに達すれば二点が追加されるようになった。ツーポイント・コンバージョンの導入である。点数の入り方が異なるので同点になりにくい。七点差で負けていたチームが試合終盤にタッチダウンをあげた場合、キックして追いつくか、ツーポイント・コンバージョンして逆転を狙うこともできる。逆に、ツーポイント・コンバージョンに失敗すれば、負けてしまうのである（もちろん、タッチダウン二本対フィールドゴール二本で、一四体六で負けていたチームが、タッチダウンとツーポイント・コンバージョンで追いつくことも可能になったので、この点では引き分けを作りやすくした）。

引き分けについては、プロはツーポイント・コンバージョンの導入は一九九四年と遅く、その代わりに延長戦を行っていた。時間内に先に点を取ったチームの勝ちとし、時間切れの場合のみ引き分けになった。一方、大学アメフトも延長戦を行うようになった。一九九五年のボウルゲームから、また一九九六年にはレギュラーシーズンから採用されたが、野球やソフトボールのようなタイブレーク方式で、敵陣二五ヤードから攻撃を開始する。先行のチームが点を入れても、後攻が同じ得点をすればタイブレークが続き、差がつくまで行われる。ところがなかなか決着がつかず二〇一八年のルイジアナ州立大学対テキサス農工大学戦では二四対二四で延長に入り、七回目の攻守でテキサス農工大学が七四対七二で勝利した。そこで、二〇一九年から三回目（二〇二一年に二回目に改定）の攻守からはタッチダウンしたチームはツーポイント・コンバージョンに挑まなくてはならず、五回目の攻守（同三回目に改定）からは二五ヤード地点でなく、いきなり三ヤード地点からツーポイント・コンバージョンの試みを行うこととした。どちらかのチームが失敗したら決着がつくようにしたのである。

イギリス発祥のサッカーやラグビーの今一つの特徴が、監督が試合中は細かく指示を出さないことである。サッカーやラグビーには作戦タイムの時間がなく、サッカーでは監督がサイドラインから指示を出せるが、ラグビーでは試合中はスタンドにいてハーフタイムのときだけ指示を出せる。アメフトも当初は監督が指示を出すことを禁じていた。一八九二年には、監督、コーチ、控え選手がアドバイス、指示を送ることが禁止された。交代で入った選手も一プレーが終わるまでは他の選手と話をしてはいけなかった。それでも監督がサインを送るという違反が横行した。さらに、監督、コーチ、控え選手はベンチから歩き回ってはならないことにした。一九一四年には全員が座るか、ひざまづくことが義務付けられた。一九四九年に監督やスタッフはベンチで立っていても良いが歩き回ることは禁止された。一九五七年にようやく自陣三五ヤードと敵陣三五ヤードの間では自由に歩き回れることになった（Brown 2020, pp.61, 183）。一九六〇年に交代選手が指示を伝えることは認められ、一九六七年に監督と一人の選手がタイムアウトを取って話し合うことが認められた。一九八一年になってようやく監督がいつでも選手にアドバイスしてもよいこととなった（Nelson 1994, p.474）。

プロでは一九九四年から監督のヘッドセットから攻撃のときに一人の選手（通常はクォーターバック）のヘルメットにワイヤレスで指示を送ることが許可された。二〇〇八年から守備のときにも一人の選手にワイヤレスでの指示を認めた。監督からの指示の一方通行で会話はできない。しかし、大学ではワイヤレス通信は認められず、体の一部を触るなどのサイン（シグナル）で指示する。大学の監督のヘッドセットはスタジアムの高段にいるコーチからグランド全体での選手の動きについての報告を受けるためのもので、選手には指示を出せない。大学で解禁されない理由は、受信機内蔵ヘルメットは予算の潤沢でない大学にとってはコストが負担になるからである（Vannini 2022）。しかし、事前に相手チームのサインとその後のプレーを観察すればサインを解読できる。ＮＣＡＡはチームのスタッフが事前に対戦相手の試合を観戦することを禁じているが、一般客に紛れたスタッフの観戦は防ぎきれない。

（3）ニュートラルゾーンと前方パスの導入

当初のアメフトはサッカーの要素も強く、大きく蹴って突進する"Kick and Rush"であった。一八八〇年代には次第に集団戦の様相を呈するようになった。ボールを持っている選手に対して守備側はタックルするのだが、一八八〇年代には攻撃側はボールを持った選手より前に出て、タックルしてくる守備側の選手をブロックしてよいことになった。ラグビーとの大きな違いとなったが、選手同士がぶつかるという機会ははるかに多くなった。

また集団戦法として、攻撃側は少しだけ蹴ってすぐにボールを拾って走るようになった。一八八四年にプリンストン大学がVフォーメーションを考案した。キッカーの後ろに集団を作り、キッカーはボールを拾ったらすぐに集団に手渡すのである。ディランド（Lorin Deland）はボストンで広告業を営んでおり、バーバード大学で学んだこともプレーしたこともなかったが、フランス・ナポレオン軍の陣形をヒントにフライング・ウェッジという陣形を提案した。一八九二年にエール大学戦で用いた（試合には負けた）。これは腕を組んだ二つの集団が勢よく走ってきて、ボールを拾ったキッカーに合流し、敵陣に突進していくものだったが、攻撃陣にも守備陣にも危険だったので、一八九四年に禁止された（スミス 2001, pp.76-81）。また、同年にキックしたチームはボールが一〇ヤード進んでからでないとボールに触れられないことにした（Nelson 1994, p.67）。

一八八四年にタックルは肩から腰までが認められていた（頭は守られた）。一八八八年にひざ上までが認められたが、ひざより上なのか下なのか判定が難しいので、一九〇三年にひざから下も解禁となった。するとタックルを試みた選手の頭が蹴られることになり怪我が増えた。また、ラグビー同様、ボールが地面に着くまでプレーは続いた。このためいつまでも集団での押し合いが続き危険だった。一八八九年に今日のようにタッチダウンについてはボールがゴールラインを越えれば、地面に着いていなくても認めるようになった。一九〇六年にタッチダウンに限らずボールが地面に着かなくても前進が止まればそのプレーは終了となった。また、一九一〇年にボールを持った選手を味方が押したり引っ張ったりするのも禁止した（Brown 2020, pp.37-38, 94）。ボールを持った選手が両軍のボールを持たない選手達に挟まれて負傷することが多かったからである。

集団でのぶつかり合いは死傷者が出やすいので、さらなる対策が講じられた。一八九四年にスナップのときに動けるのは三人として、スクリメッジのうしろには五人以上いてはいけないこととした。さらに、一九〇三年には、グランド中心部（自陣二五ヤードから敵陣二五ヤード）では七人、それ以外の場所では五人の攻撃側の選手がスクリメッジに並んでいなければならないことにした。このルールには賛否が分かれたので妥協してフィールドの場所によって人数を変えていたのだが、一九〇四年からすべての場所で「スクリメッジには七人以上」となった（Brown 2020, pp.33–34, 86）。後方から勢いよく突進できる選手の数を、減らしたのである。一九〇六年にニュートラルゾーンが設けられ、両軍の選手はボールがスナップされるまではここに入ってはならないことにした。ホール一つ分の幅しかないニュートラルゾーンをはさんで、攻撃側と守備側が対峙しているのは危ないように見えるが、助走して勢いをつけてのぶつかることを防いでいるのである。

そして、ラグビーとの決定的な違いが前方パスである。一九〇六年に導入されたが、反対派も多かったので厳しい制限を付けた。パスされたボールが敵味方の選手に触れることなく地面に着いた場合、投げた場所から、即、攻撃権が相手に移った。これは翌一九〇七年には投げた場所から一五ヤードの後退で攻撃は続けられるようになった（Nelson 1994, pp.123. 447）。フィールドの外に出たパスは、出た地点から相手のボールになった。しかし、これは相手陣内深いところから攻撃させる目的で、わざとフィールドの外に投げることが起きたので、一九一五年から投げた位置から相手側に攻撃権が移ることになった。さらに、スクリメッジから五ヤード下がって投げる、パスは二〇ヤード未満でなければならない、などの条件があった。失敗するとペナルティが大きいので、前方パスは使いづらかった。

セントルイス大学のコキームス（E. B. Cochems）監督が積極的にパスを用いたのだが、東部の大学には注目されなかった。南部・西部の大学はパスを支持したが、東部の大学は「ランニングプレーこそが男らしい」というイメージに固執しており、パスには反対であった。一九一一年にはパスの禁止案が一票差で可決された。南部・西部の大学はできたばかりのNCAAからの脱退も示唆したので、ペンシルベニア大学の代表のホール（John Hall）が自らのパス反対の意見を覆して、再投票の結果、パスは存続しNCAAも瓦解を免れた。

パスを使いにくくしていたルールも緩和された。パスは二〇ヤードを越えてはならないという規制は、測定が難しいこともあって、一九一二年に廃止された（Brown 2020, p.95）。同年にはゴールラインの後ろに一〇ヤードの今日のエンドゾーンが設けられ、ここでパスキャッチすればタッチダウンとなった。また、一九一七年にパス失敗は単に前進に失敗しただけで、ペナルティではなくなった。五ヤード下がってから投げなければならないというルールは、やや時間が経過してからだが一九四五年に廃止された（Nelson 1994, pp.447-449）。

パスが使いやすくなった時にテクニックも向上した。ノートルダム大学ではクォーターバックのドレイス（Charlie Dorais）とワイドレシーバーのロックニー（Knute Rockne）が夏休みにエリー湖の避暑地でアルバイトしているときに、空き時間にしっかりとパスの練習していた。その成果で、一九一三年の陸軍士官学校戦でパスを成功させ三五対一三で勝利した。試合は陸軍士官学校（ニューヨーク州ウェストポイント）で行われ、東部のメディアも注目し、戦術としてのパスの有効性が広く知れ渡った。前方パスの導入によって、選手にはパワーだけでなく俊敏性が求められるようになった。

一九二二年、パスを投げるクォーターバックへの乱暴なプレー（パスを投げ終わったのにタックルするなど）が“Roughing the Passer”という反則になった。特定のポジションの選手のみを保護するルールには批判もあり、有力コンファレンスのBig Tenは一九二二年にこの反則を導入しないことにした。一九二八年に大学アメフトでは全面的にこの反則が廃止された。元々プロとカレッジは同じルールだったのだが、一九三二年以降、プロは大学とは異なった独自のルールを持つことになった。クォーターバックが怪我をすると戦力が下がり試合がつまらなくなり観客数が減るので、エンターテインメントの観点からプロは一九三八年に“Roughing the Passer”の反則を復活させた。大学はスポーツをエンターテインメントとしてとらえたプロの論拠には、建前上追随したくなかったが、一九七九年になってようやくこの反則を復活させた（Brown 2020, pp.127–128）（アメフトのフィールドとポジションについては付図2–1と付図2–2を参照）。

（4）バスケットボールの発展

バスケットボールは一八九一年にカナダ人のネイスミス（James Naismith）が、マサチューセッツ州のキリスト教青年団（Young Man Christian Association: YMCA）の冬の屋内スポーツとして考案した。後述のように、YMCAはスポーツ振興に熱心であった。大学間の対抗戦としては、一八九六年にシカゴ大学がアイオワ大学を破ったのが最初とされる。まもなくアメフトからかなり差はあるが、大学スポーツの中で二番目の人気を占めるようになった。しかし、腐敗と商業化からも逃れることができず、八百長問題が発覚した。

一九四〇年代にバスケットボールの賭けがオッズ式からハンディ式に変わった。オッズ式というのは競馬の様に、弱いチームが勝つと大きな倍率で返金されるというものである。ハンディ式では、ある点差以上で勝つかどうかを賭ける。Aというチームに一〇点のハンディがついていれば、一〇点以上の差で勝てばAが勝ったことになるが、一〇点未満の差で試合に勝っても、賭けの上ではAが負けということになる。選手は負けるのは悔しいので、ハンディ式の方が八百長に応じやすい。ちょっと手を抜いて点差がつかないようにしたり、真剣にプレーして点差をつけるようにすればよいのである。

一九四五年にニューヨーク市の司法当局が電話盗聴を行い、ブルックリンカレッジの五選手が一〇〇〇ドル（実質二〇二〇年ドルで一万四四〇〇ドル）を受け取り八百長していたとして、彼らを逮捕した。一九五一年に前年のNIT（後述するNCAAとは別のトーナメント）とNCAAの両方で優勝したニューヨーク市立大学の二選手が逮捕された。捜査の結果、一九の州で四九試合が八百長の対象となり七大学の三三選手が関与していたことが明らかになった（Smith 2001, p.180）。名門のケンタッキー大学の地元レキシントンは、ケンタッキーダービーで知られるようにギャンブルがさかんな土地柄で、選手に接近する怪しい人物も多かったので、八百長に染まり、三選手（Alex Groza, Ralph Beard, Dale Barnstable）が逮捕された。とくに前者二人は一九四八年のロンドンオリンピックのアメリカ代表で金メダルを獲得した選手である。ついにNCAAはケンタッキー大学に一九五二‐五三年のシーズンの対外試合禁止を言い渡した。しかし、同大は制裁解禁後にすぐ優勝し、その後も今日まで強豪である。

バスケットボールでは、レギュラーシーズンが終わってからのポストシーズンにおいて、アメフトのボウルゲームのような一試合でなく、トーナメント戦を行うことで人気が出てきた。一九三一年、スポーツを報道していたペンシルベニア大学卒のジャーナリストのアイリッシュ（Ned Irish）は、バスケットボールの興行に関心を持った。ニューヨーク市のウォーカー（Jimmy Walker）市長と相談し、大恐慌の失業者支援の基金を集めるため、あまり使われていないマディソンスクェアガーデン（屋内スポーツ施設）での大学バスケットボールの慈善興行を一九三一年初めに行った。成功したのでレギュラーシーズンでも試合を行うことにした。プロのアメフトのニューヨーク・ジャイアンツのオーナーのマラ（Tim Mara）の支援も得て、一九三四年からダブルヘッダー（一日に二試合）など行い観客を集めた。一九三四‐三五年で八つのダブルヘッダーで合わせて一〇万人の観客が集まった。アイリッシュは一九三八年に地元のジャーナリストの団体（Metropolitan Basketball Writers Association）に主催者になってもらい、広く出場校を集めるトーナメント戦（National Invitation Tournament: NIT）を開催した。その後、開催権はニューヨークにある五つの大学（フォーダム大学、マンハッタンカレッジ、ニューヨーク大学、セントジョンズ大学、ワグナーカレッジ）の連合体であるMetropolitan Intercollegiate Basketball Association（MIBAS）に移った。

一九三九年にはオハイオ州立大学のオルセン（Harold Olsen）が中心になって、NCAAが同様のトーナメントをノースウェスタン大学で開始した。NITの方が人気が高かったが、前述のように一九五〇年代に八百長事件が発覚した。名門ケンタッキー大学も含まれていたが、八百長試合の多くはニューヨーク市のチームによって、マディソンスクウェアガーデンでの試合で行われていた。また、ニューヨーク市の北の保養地である、キャッツキル・マウンテンのホテルでのエンターテイメントとして行われていたバスケットボールでも、大学の選手が八百長に参加していた。こうして、ニューヨークで行われるバスケットボールのイメージが悪化した。NCAAはトーナメントの開催地を毎年変えていたが、NITはマディソンスクウェアガーデンでの開催に固執していたので、前者が人気で後者を上回るようになった。しかし、一九五〇年代、バスケットボールの人気はアメフトには遠く及ばなかった。

NCAAのトーナメントは三月に行われるので、ファンの熱狂ぶりから"March Madness"（「三月の狂気」）と呼ばれるようになった。トーナメントの最初二日間は、研究型図書館の電子ジャーナル利用回数が減るほどである（Clotfelter 2011, pp.64-65）。後発だったNCAAはNITに対抗してMarch Madnessの参加校を増やしていった。現在では、コンファレンスのトーナメントの優勝校三二大学と優勝できなかった大学のうちランキングの上位の三六大学が招待される。レギュラーシーズンの成績の良かった大学はコンファレンスのトーナメントシード権を得るが、番狂わせで負けることもある。それでもランキングでは高いので、そのような大学が選ばれる。六八大学の直前ランキングに基づいて、コンファレンス優勝校の中でランキングの低い四校が対戦、優勝校以外で選抜されたチームの中でランキングが低い四校が対戦し、勝者が六一から六四の四つのシード枠に入る。これらの試合は"First Four"と呼ばれる。六四大学を発表するのでなく、六四大学に入るためにもう一つ盛り上げる場を設けようとしたのである。

六四大学のトーナメントだが、ベスト一六は"Sweet 16"（一六歳から自動車免許が取れるので一六歳は「素晴らしい」のである）、ベスト八は"Elite 8"、準決勝・決勝は"Final Four"と呼ばれる。Final Fourはアリーナでなく野球・アメフトが行えるドーム競技場で開催され多くの観客を集めるが、会場が広すぎて観戦にはオペラグラスが必要である。開催地には四大学の応援団・ファンが集まるので、アメフトのボウルゲームのような盛り上がりで経済効果がもたらされる。NCAAはMarch MadnessやFinal Fourなどを、登録商標にしている。

3　大学スポーツへの賛美と批判

（1）男性的キリスト教主義とアメフトの美化

一九世紀末や二〇世紀初めは、乳幼児死亡率も高く、コロナや腸チフスで命を落とすことも珍しくなかった。暴力的なアメフトで死ぬことも運が悪いくらいにしか思われていなかったことも事実である（Watterson 2000, p.37）。アメフトの激しさが称賛された今一つの要因には、男性的キリスト教主義運動（Muscular Christianity Movement）がある。これは、一九世紀半ばにヨーロッパで始まったものだが、アメリカにも移入された。キリスト教の教会のメンバーには女性の方が多く、平和や道徳的な成熟が強調されてきたことに対して、キリスト教を男らしい理想と結び付けようという運動である。健全な肉体をつくることがキリスト教信仰にとって必要であると考え、肉体は神からの賜物なのでこれをケアすることは神の思し召しにかなうとされた（Martin, Fasching-Varner, and Hartlep 2017, pp.12–13）。アメリカ産業も中流以上の白人の仕事は肉体労働から事務職に変わり、たくましい仕事をしているのは移民労働者になったので、前者がたくましさを取り戻すべきだと考えられた。教会ではキリストを筋肉質な男性として描くことが行われた。

この運動の中心になったのが、ＹＭＣＡであり、一八七七年以降、支部が多くの大学キャンパスに作られた。一八八二年には一七五か所で参加者は八四九一人だったのが、一九〇二年には六八一か所で四万一八〇〇人となり、一九一二年には八〇〇か所で六万五〇〇〇人となった。一九一四年には男子大学生の四分の一がＹＭＣＡのメンバーだった（Setran 2005）。それまで男性だけが集まるとギャンブルを行うので、スポーツは宗教的に好ましくないと思われてきたのだが、ＹＭＣＡはスポーツを勧めた。前述するようにバスケットボールはＹＭＣＡで考案された。男らしさが求められれば、怪我をしやすいアメフトにも人々は熱狂したのである。

男性的キリスト教主義運動では教義より実践を重んじて、男子学生はボランティア活動にも積極的だった。一九世紀末には大学における科学研究が重視されるようになった。また後述のカーネギー教育振興財団は、教員の退職金の積立金に寄付する条件として、大学が宗教色を薄めることを求めていた。大学は教会がキリスト教の教義より実践を重んじるようになったことを歓迎し、男性的キリスト教主義運動は大学の世俗化をさらに進めることになった。

アメフトは暴力性が問題になりつつも、人気が衰えることはなかった。一九〇三年のハーバード大学を嚆矢に、一九一四年エール大学、一九二二年ペンシルベニア大学、一九二三年カリフォルニア大学バークレー校、一九二八年コロンビア大学など、一九三〇年までに三〇ものコンクリート製のアメフトスタジアムが建設された（ガーニー・ロピアノ・ジンバリスト 2018, p.22）。

また、国民的スポーツとして美化もされた。二〇世紀初頭、大学進学率はまだまだ低かったが、カレッジライフは憧れを持って見られるようになり、いわゆる「学園もの」の小説が連載され、主人公はスポーツ万能（特にアメフトが得意）で勉強もできる文武両道の人物として描かれ、男子生徒の間で人気を博した。一八九六年から一九三〇年まで連載された主人公 Frank Merriwell のシリーズ（作者は Gilbert Patten）、一九一二年から連載された主人公 John Humperdink Stover（作者は Owen Johnson）はともにエール大学が舞台だった。戦後も Clair Bee による *ChipHilton* では、バスケットボールのスター選手が主役として描かれ、一九四八年から一九六八年まで発行された（LeBar and Paul 2022, pp.57–58）。

一九一三年にノートルダム大学でレシーバーとして前方パスの成功、その結果としての普

サウスショアライン鉄道の広告（1926 年）
インディアナ州サウスベンドとイリノイ州シカゴを結ぶサウスショアライン鉄道による広告。ノートルダム大学でのアメフトの試合など、この地域のアトラクションやエンターテイメントを強調し、移動のために鉄道の使用を奨励している。（インディアナ州立図書館所蔵）indianamemory.contentdm.oclc.org/digital/collection/p16066coll39/id/6/rec/2

及、に貢献したロックニーは一九一八年から同大学の監督としても成功し、三回のナショナルチャンピオン、五回の全勝のシーズンを持った。全米のヒーローになり、一九四〇年には彼を描いた映画（*Knute Rockne–All American*）という映画も作られた。彼は一九三一年に飛行機事故で亡くなるのだが、それはノートルダム大学のアメフトが舞台の映画（*The Spirit of Notre Dame*）制作を手伝うためロサンゼルスに行くためのフライトであった。実際の彼は賭けポーカーばかりしていることを妻は嫌っていたが、彼女の要望でこのことは自伝映画では描かれず、実際は薬学専攻だったが、映画では化学に秀でた学生ということになっていた。一九七六年に『ライフ』の特集号で、（鉄鋼王）カーネギー（Andrew Carnegie）、アインシュタイン（Albert Einstein）と並んで偉大な移民として紹介された（彼はスカンジナビア系移民であった）。一九八八年には生誕一〇〇年を記念して切手が発行され、レーガン（Ronald Reagan）大統領が、わざわざノートルダム大学を訪れて演説を行った。ロックニーは戦前のアメフトの象徴であった。[5]

第二次大戦が始まると、アメフトは戦争勝利に貢献する規律正しい人材を輩出すると強調された。「（イギリスがナポレオン軍を破った）ワーテルローの戦いはイートン（名門高校）のグランドのおかげ」と喧伝された。ロックニーの映画でもこのセリフがあった。実際に、イートンなどの名門高校が、チームとしてスポーツを行うようになったのはワーテルローの戦いより後なので、この表現は正確ではないのだが、アメフトの正当化に使われた（Sperber 1998, pp.99–100）。フランクリン・ルーズベルト大統領は国民の士気を高めるために戦時中でもスポーツを規制しなかった。ただ、ガソリンは軍用を優先させるため、スポーツチームが遠征することは規制した。長距離の遠征が必要なハワイ大学は、完全にアメフトを中止した。

一九四二年一月のローズボウルはパサディナからノースカロライナ州ダーラムに移され、地元のデューク大学がオハイオ州立大学と対戦した。これは西海岸に大人数が集まると日本軍の爆撃の標的になる恐れがあると考えられたためである。日本に西海岸を爆撃する能力はないという専門家も多かったが、パールハーバー攻撃の前に決定されていた（Sperber 1998, p.92）。一九四二年秋のノートルダム大学対南カリフォルニア大学の試合は予定通りロサンゼルスで行われた。

一九四〇年に兵役登録が開始され、一九四一年には徴兵制が一部始まった。大学生には猶予が与えられたが、年長の学生は徴兵されることも多く、二年生の出場が増えた。またパールハーバーが攻撃され、アメリカが参戦すると愛国心から志願する学生もいた。選手が足りなくなったので、前述のように選手交代・分業が進んだ。さらに、当時はまだ弱小だった南部の大学が嚆矢となり、選手にスポーツの報酬として奨学金を与えるようになった。NCAAは選手不足のことは理解していたので強く批判はできなかったが、戦後、大きな問題になった。

陸軍士官学校の学生は幹部候補生なので、卒業するまで戦地に派遣されなかった。そのため同校には良い選手が残りアメフトが強かった。陸軍士官学校のアメフトの強さは陸軍の強さと同一視されたので、戦時中に同校がアメフト重視でいることに批判は出なかった（Sperber 1998, pp.139–140）。

（2）カーネギー・レポートによる大学スポーツ批判

MITの学長を務めたプリケット（Henry Prichett）は慈善事業に関心を持つようになり、鉄鋼王カーネギーと知り合いになった。一九〇五年に、カーネギーが設立したカーネギー教育振興財団（Carnegie Foundation for the Advancement of Teaching: CFAT）の長となった。同財団は一九一〇年にはフレックスナー（Abraham Flexner）が医学教育の調査を行いレポートを出した。当時は、医学専門学校と大学医学部が混在していたが、前者の質が悪いことがレポートで指摘され、淘汰が起きた。同様の調査をロースクールや工学部についても行っていた。MITはスポーツの強豪ではなく、またプリケット自身は大学スポーツに反対ではなかったが、彼はただスポーツの大学への影響を知りたかった。一九二一年に財団理事会に大学スポーツの調査を提案したが、認められず、サベージ（Howard Savage）によるイギリスの公立高校とアメリカの南部（Southern Association）の大学のスポーツの調査が行われた。一九二六年に大学スポーツの本調査が認められ、

NCAAも調査を歓迎した。同じサベージが担当したが、質問票ではうまくいかなかったので、彼と三人のスタッフが一三〇大学を訪問した。カーネギーの地元のペンシルベニア州が多かった。

レポートは一九二九年に発表されたが、大学スポーツに批判的な内容であった。選手への報酬の支払いが行われていなかったのは、一一二大学のうちわずか二八大学であった（Savage 1929, pp.241-242）。選手への報酬は一八九〇年代からあるが、卒業生・支援者からのローンの形にして返済を強く求めず実際には給付したり、キャンパスや支援者の会社で名目的なアルバイトをさせて、その給与として現金を渡したり、アメフトの試合の切符を選手に与え、それを売った代金は選手のものにするなど、巧妙な形で行われていた。ただ、レポートは寮費・食費（しかも"Training Table"と呼ばれる栄養満点な食事）・授業料を免除することも報酬とみなしていたので、今日の基準よりは厳しい定義である。死亡者のデータはとっていないが、他のスポーツに比べてアメフトで怪我をする比率は圧倒的に高く、選手の健康管理が前近代的であると指摘した。第6章で述べる選手向けの家庭教師もすでに行われるようになっていた。高校生の勧誘では、大学側から手紙を出してはならなかったが、卒業生などを駆使して有望な高校生を見つけたら、高校生に大学に手紙を出すように勧めていた。

レポートによれば、アメフトの監督は監督専業が多くなり（体育科の教員も減った）、平均給与は六一〇七ドル（二〇二〇年実質ドルで九万二〇〇〇ドル）であった。これに対して正教授が五一五八ドル（同七万八〇〇〇ドル）、学部長（Dean）が六四〇九ドル（同九万七〇〇〇ドル）であった（Savage 1929, pp.171-172）。監督に高額の報酬を与える問題は早くから起きていた。すでに、一八九九年にコロンビア大学のサンフォード（George Sanford）監督は五〇〇〇ドル（同一五万六〇〇〇ドル）を得ていた。ハーバード大学は一九〇五年に二六歳のリードと、七〇〇〇ドル（同二〇万六〇〇〇ドル）で監督契約を結んだ。前述のノートルダム大学のロックニーは通算七五勝六敗の名監督だが、一九二四年ノートルダム大学と一〇年間で一〇万ドル（同一五一万ドル）の契約を結んだ。一九二六年にコロンビア大学が年間二万五〇〇〇ドル（同三七万八〇〇〇ドル）で三年契約を提示したが、彼は応じなかった。コロンビア大学のバトラー（Nicolas Butler）学長はかつてはアメフトを禁止したことがあったが、今回は「学生、卒業生の決めたこと」として黙認した（ガーニー・ロピアノ・ジンバリスト 2018, pp.22-23）。第6章で述べるように、今日では監督が学長を追い抜き、多くの州で州の公務員で最も高給なのは州知事でも州の最高裁判事でもなく、州立大学のアメフトかバスケットボールの監督となっているが、その萌芽がすでに見られている。

さらに、レポートではスポーツは本来は学生の人格形成にとって重要な役割を果たすが、商業化が進み勝利至上主義になっていると結論付けている。興味深いことに勝利至上主義の一つの現れが前述したように緩和が行われつつあった、「監督がサイドラインから指示するようになったこと」と述べられている。レポートは、監督からの指示に従ってプレーすることは、選手に自主的な判断をさせないことになり、教育的意味を損なうと述べている。

レポートは発表されたのが、株の暴落（大恐慌の始まり）と同じ時期だったので、注目が集まりにくかったが、それでも医学教育レポートに次ぐ注目度であった。大学スポーツの関係者は反発した。匿名を条件に協力したのに名前を出された大学は特に不満に思ったが、「他の大学でもやっている」という態度も見られた。『ニューヨークタイムズ』の一九三一年の調査では、カーネギーのレポートのあと、改善した大学は一つもなかった（ガーニー・ロピアノ・ジンバリスト 2018, p.28）。教員の関心は低く、またレポートには教員の役割も示されていなかった。レポートは学生主導のスポーツに戻すことを提案していたが、学生主導でもそこに卒業生が入り、一九世紀には腐敗が始まっていたので、やはり教員が関与しなければ改革は難しかったと考えられる。レポートは学長による改革がうまくいかないのは、他大学との協調がうまくいかない（自分だけ改革すれば試合に勝てなくなる）のと、地元住民や卒業生からの圧力が強いからだと述べているが、今日にも通じるものがある。

医学教育のレポートでは、すでに質の悪い教育機関の淘汰は始まっており、レポートはそれを加速し医学専門学校に比べて大学医学部（メディカルスクール）の地位が高まった。大学スポーツのレポートは改善の方向性が示されず、改善のために財団が資金を出すこともなかった（大恐慌の時代には、財団の収益性が悪化していた）（Watterson 2000, pp.164-176）。しかも、腐敗の先頭が有力校であったので、大学コミュニティ自らの改善は望めなかった。

補遺

付図2-1はアメフトのフィールドである。ハッシュマークとハッシュマークとの間でプレーが終わったら、その場から再開する。ハッシュマークとサイドラインの間でプレーが終わったり、ボールを持った選手がサイドラインの外に出たりした場合は、近い方のハッシュマークからプレーを再開する。中央に近い位置からプレーを行うのは、右にも左にも攻めていけてゲームが面白くなるからである。

付図2-2は攻撃・守備の体系である。一番オーソドックスなフォーメーションを紹介した。オフェンスのラインの選手はクォーターバックを守り、ランニングバックの走路を確保するのが仕事で、自分ではパスを受けたり、ボールを持って走ったりしない。味方がファンブルした場合にのみボールにさわることができる。放送で名前を呼ばれるのは、反則をしたときのみという縁の下の力持ちで、「滅私奉公」の精神でチームに貢献している。ただ、プロの場合、オフェンスのラインがしっかりしていればランニングバックを替えてもうまくいくので、オフェンスラインの選手は給与面では評価されている（Garthwaite, et al. 2020, Table 10)）。

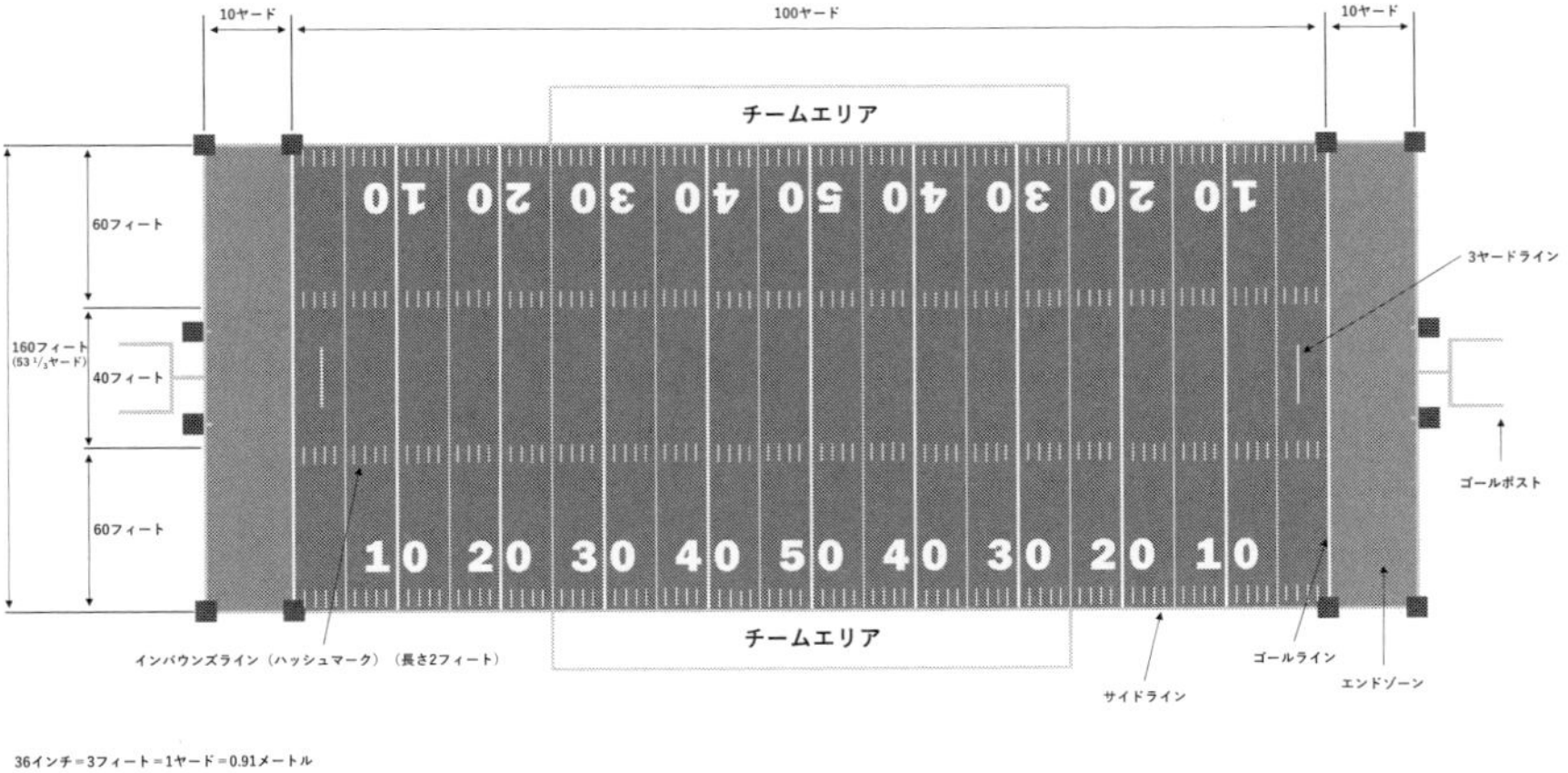

付図 2-1　アメフトのフィールド
出所：大橋（2011, pp.14-15）を参考に筆者作成

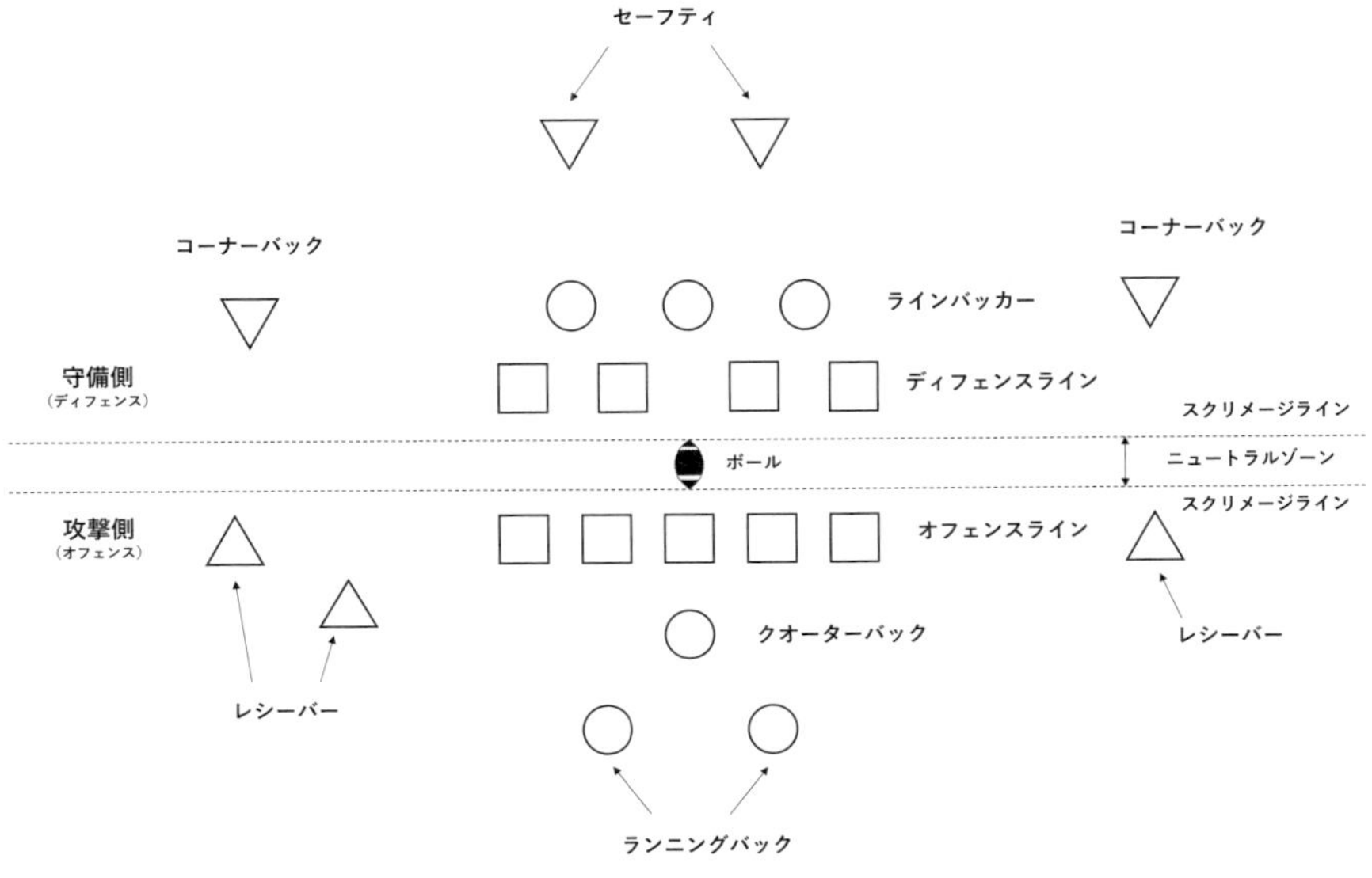

付図 2-2　アメフトの攻撃・守備の体系
出所：大橋（2011, pp.18-21）を参考に筆者作成

注

1　サッカーでは、プロ化、国際化が進むと、引き分けは受け入れられなくなり、延長戦、さらにはＰＫ戦によってでも勝負をつけるようになった。

2　一九七二年のミュンヘン・オリンピックで金メダルを獲得した男子バレーボール日本代表の松平康隆監督は、日本型のバレーボールを模索していた際に、日本人には滅私奉公の精神があるので、アタックのときにおとりのためのジャンプも厭わないと考えて、コンビネーション・バーレーボールを構築した（松平1972）。

3　日本でも一九八〇年代の京都大学のアメフトチームは高校時代の競技経験者は少なかったが、分業し自分のポジションのみのスキルの向上を図ったことで成功した。

4　引き分けは見るほうだけでなくプレーする側でも面白くなく、口の悪い監督が"A tie is like kissing your sister"（「引き分けは妹とキスをするようなものだ」）と言うようになった。オリジナルは海軍士官学校監督のエルデラッツ（Eddie Erdelatz）が、一九五三年のシーズンの対デューク大学戦が〇対〇の引き分けに終わったときに発言したものといわれている。もっとも、"like kissing your sister"は面白くないことのたとえとして、戦前にノンアルコール飲料を指したり、牧師でさえ、普及しつつあったラジオ説教を批判する際に（実際の教会に来る方が面白いという意味で）使っていたといわれる。

5　レーガンは俳優時代にロックニーの映画に主力選手（George Gipp）役で出演していた。彼はまたアイルランド系移民の子孫であり、自分は母方のプロテスタントを選んだが、父親はカソリック教徒であった。ノートルダム大学はカソリックの大学だが、アメリカのカソリック教徒にはアイルランド出身が多く、同大学のニックネームはFighting Irishである。

第3章　NCAAと大学スポーツ中継

1　NCAAによる売手独占カルテル

(1) ラジオと大学スポーツ

大学スポーツ、とくにアメフトの人気は新聞報道によって助長された。新聞社は販売部数を競っており、週末は政治・経済のニュースがないのでアメフト報道が紙面を占めた。さらに写真も普及してきた。ただ、血だらけの顔をした選手の写真が掲載されることで、アメフトの危険性への批判が高まったのも事実である[1]。

無線放送技術はイタリア人のマルコーニ（Guglielmo Marconi）が一九世紀末に開発していたが、イタリアでは注目されなかったので、イギリスで事業化しアメリカにも子会社を作っていた。一九一二年のタイタニック号沈没事故で無線通信の役割が広く認識された。ミネソタ大学ではスピリンガー（Franklyn Springer）教授とターナー（H. M. Turner）講師が無線の研究をしていた。実験の一環として一九一二年のシーズンでミネソタ大学のアメフトのホームゲームをキャンパス外に放送した。一般には一九二〇年のテキサス大学対テキサス農工大学の試合がラジオ中継の始まりとされるがミネソタ大学が最初である。一九二二年のプリンストン大学対シカゴ大学の試合は電話線を使って実況がニューヨークに伝えられ、そこからラジオ放送され多くの注目を集めた。

当時、地域を越えての対戦は珍しかった。中西部の大学（今日のBig Ten）とアイビーリーグの大学は強豪だったが、なかなか直接対決の機会がなかった。一九二一年にシカゴ大学のスタッグ監督は恒例のミシガン大学戦をやめてプリンストン大学に遠征して勝利した。翌年の試合は今度はシカゴで行われ、前評判も上々でスタジアムの収容定員の三倍に当たる一〇万人が入場券に応募して、ダフ屋の取り引きでは三ドル（二〇二〇年実質ドルで四六ドル）のチケットが一〇〇ドル（同一五四〇ドル）になっていた（Smith 2001, pp.16–17）。これをシカゴからニューヨークに中継したのである。

第一次大戦中は海軍が民間の無線施設を接収していた。戦後のラジオ放送を海軍の管理下にする提案は立法化されなかった。したがって、海軍は一九一九年にジェネラル・エレクトリック（GE）らがラジオ放送会社を設立し、マルコーニのアメリカ法人の資産と運営権を強制的にそこに移すことに協力した。これがRCA（Radio Corporate of America）で、AT&T、ウェスティングハウス、ユナイテッド・フルーツ（果実を輸送する船団を持っていたので無線技術の発展に関心があった）が参加しラジオ放送の独占を形成した。RCAの傘下に入る地方放送局が急増した。一九二一年に商務省が認可したラジオ局は五つだったのが、一九二二年の前半六か月で四〇〇が開局した。同年末までに五〇〇局が運営されていたが、うち七二は大学が持っていた（今日、コンファレンスや大学が独自のケーブルテレビのチャンネルを持つのと同じである）。ラジオ受信機も一九二二年には四〇万台が販売されていたが、一九二三年、一九二四年にそれぞれ三倍になった（Smith 2001, p.21）。大学はアメフトを教育的活動というよりも収益事業だと考えていたので、民間のラジオ局に放送させることに抵抗はなかった。

電話の独占企業のAT&Tは、一九二二年のプリンストン・シカゴ戦のように電話線を通して放送の音声を送り、ニューヨーク市に設立したWEAFという放送局からラジオ送信した。政府からの反トラスト法監視の目が厳しくなったので、AT&TはWEAFをRCAに売却した。一九二六年にRCAからNBC（National Broadcasting Corporation）が独立して、これが地方局を統括するネットワーク局の最初となった。一九二七年にはNBCはスタンフォード大学対アラバマ大学のローズボウルの試合を全米横断中継した。同年には今日のCBS（Columbia Broadcasting System）の前身となるネットワーク放送局が開局した。一九四三年にNBCが反トラスト法違反に問われ、是正策としてNBCの持つ二つのラジオネットワーク局のうちの一つが分離独立させられＡＢＣ（American Broadcasting Company）となり、ＮＢＣ、ＣＢＳ、ＡＢＣが三大ネットワークと呼ばれ、テレビの時代になってもこの三社による寡占状態が続いた。そして一九八六年にオーストラリア出身のメディア王マードック（Rupert Murdoch）率いるＦＯＸ放送が参入し、地上波は四大ネットワークの時代になった。

ラジオ放送の普及はアメフトの試合の入場者数を減らすという懸念があった。一方、放送がファンを増やせば見に来てくれる人は増えるとの期待もあった。さらに、一旦、無料で聴けるラジオ放送が普及してしまったので、アメフト中継を禁止すれば市民が怒るだろうとも思われた。州立大学のアメフト放送を聴くことは、納税者である州民の権利と考えている市民も多かった。しかし、コンファレンスの中にはラジオ放送を禁止するところも現れた。一九三二年のＮＣＡＡ総会は放送に関しても、従来からのHome Ruleという大学任せのポリシーを支持し、ラジオ放送の契約は大学またはコンファレンスの判断に任せることになった。アイビーリーグでは放送に広告を含める（スポンサーをつける）ことも認めた。一九三六年にエール大学は放送中に石油会社のAtlantic Refiningの宣伝を流す契約を二万ドル（二〇二〇年実質ドルで三七万二〇〇〇ドル）で結んだ。翌年にはハーバード大学がやはり石油会社のSocony Oilと二年間で六万五〇〇〇ドル（同一一七万ドル）の宣伝の契約を結んだ（Smith 2001, pp.33-34）。

ノートルダム大学は放送したいラジオ放送局には無料で許可しており、一三の放送局が放送していた。ロックニー監督はラジオ中継が入場者を減らすより、全米のファンを増やすと考えていたからである。卒業生でなくてもカソリック教徒の多くがノートルダム大学のファンになったので、「大学アメフトのニューヨーク・ヤンキース」（勝つことを期待するファンと、負けることを期待したアンチが試合に注目する存在）となった（Dunnavent 2004, pp.32-33, 207）。同大はテレビ中継についても一九四七年には無料で中継させたが、一九四八年から有料にした。ラジオ中継に比べてテレビは多くのスタッフや機材が必要で、ラジオブース三つ分を使うことになるので制限をかけるようになった。一九五〇年にはＣＢＳやＮＢＣに比べると小さいDuMont

Television Networkと契約した。

（２）ＮＣＡＡによるテレビ放送規制

アメリカで最初のスポーツのテレビ中継は、一九三九年五月のＮＢＣによるプリンストン大学とコロンビア大学の野球の試合であった。ただ、カメラも一台で画像の質も悪く評判は良くなかった。同じく一九三九年にフォーダム大学とウェイネスバーグカレッジのアメフトの試合が試験放送（実験室の中の受信機が受信）された。一九四〇年にはペンシルベニア大学がすべてのホームゲームをテレビ放送した。第二次大戦中の中断を経て、テレビ放送が可能になると、ＮＣＡＡはラジオの時と同様かそれ以上に、試合場での入場者数を減らすことを懸念した。ＮＣＡＡはNational Opinion Research Center（NORC）に調査を依頼した。一九四九年から一九五〇年の実績では、テレビ受像機普及率が三〇％以上の地域では、テレビ放送は大学アメフト入場者を一〇％減少させたが、普及率が五％未満の地域ではむしろ一〇％増加させた（Siegfried and Burba 2004）。アメリカ全体では入場者は六％の減少だったが、テレビが普及している、ニューヨークやフィラデルフィアがある大西洋岸中部では一五・五％の減少、ボストンのあるニューイングランド地域では二八・七％の減少であった（Dunnavant 2004, pp.6–7）。今後のテレビの普及は入場者数に悪影響を与えそうであった。一九五〇年にはBig TenとBig 7（現在のBig 12）は、録画放送を行った。しかし、ファンからの評判は悪く、訴訟に発展しそうなので取りやめた。さらに、ミシガン大学などは映画館で試合を生放送し入場料を取ったが人気は出なかった（De Oca 2008）。ＮＣＡＡは「一九五一年からは生放送での中継を行うが、放映回数の安易な拡大はしない」というプランを、一六一対七の大差で可決した（Smith 2001, p.219）。大学が勝手に契約するのではなく、他大学が試合をしている地域では中継しないようＮＣＡＡが調整役になることになった。こうして、ＮＣＡＡは放送の窓口になることで、売手独占カルテルを形成することになった。

一九四〇年代後半、ＮＣＡＡはHome Ruleを改め全体としてのポリシーを設けようと試みていた。失敗に終わったが第4章で述べるSanity Codeもその表れである。放送についてはHome Ruleを廃止することが九六%の賛成で決定した。独自の放送契約を結んでいたノートルダム大学は反対した。一九五〇年にDuMont TVと一八万五〇〇〇ドル（二〇二〇年実質ドルで一九八万七〇〇〇ドル）で契約するつもりだったが、渋々NCAAの方針に従った（Dunnavant 2004, p.5）。もう一つの反対校がペンシルベニア大学であった。同大学はアイビーリーグ校が一九四〇年代にアメフト重視を改めていく中で、強化を続けていたのできわめて強豪で、しかもフィラデルフィアはテレビの普及が進んでいたので、一九四〇年から一九五〇年まですべてのホームゲームが放送されていた。一九五〇年の契約はABC放送と一五万ドル（二〇二〇年実質ドルで一六〇万ドル）であった。一九五一年には二〇万ドル（同一九九万ドル）で契約を結ぼうとしたが、NCAAはこれを妨げるために他大学に対して、ペンシルベニア大学と試合をしないよう求めた。実際、四大学が試合を断った。ペンシルベニア大学はNCAAに屈して独自放送を諦めたが、議会ではNCAAのポリシーは反トラスト法違反にあたる集団ボイコットではないかとの声も出てきたので、NCAAも妥協してスタジアムのチケットが売り切れたゲームは放送してもよいこととした（Sanderson and Siegfried 2018b）。

Sanity Codeでは失敗したが、テレビ放送の交渉の窓口になることで、NCAAの力は増大した。Big Tenコンファレンスのコミッショナーのウィルソン（Kenneth Wilson）の下、元UP通信の記者のバイヤース（Walter Byers）がBig Tenの広報をしながら、NCAAの事務も担当していた。NCAAとBig Tenは密接すぎるとの批判もあったので、バイヤースはNCAA専属の職員（事務局長）となり、本部もBig Ten本部のあるシカゴから離れたカンザスシティに移った（本部は一九九九年に現在のインディアナポリスに移転した）。さらに一九五二年には規定執行部を設け、さっそく八百長で逮捕者を出したケンタッキー大学バスケットボール部を対外試合禁止とした（Dunnavant 2004, pp.19–21, 28）。

一九五二年からの最初のNCAA放送プランでは、各チームはホームゲーム一試合、アウェイゲーム一試合の放送回数を上限とした。各地域で全く放送のない土曜日も二回設けて、放送が入場者数にどう影響するか調べることにした。放送料収入の六〇％がNCAAに入り、四〇％が放映された大学のものになることになっていた。しかし、ノートルダム大学ら強豪大学の反発により、NCAAの取り分は一八％となり、まもなく五％弱にまで下げられた（Smith 2001, p.87）。ただ、強豪大学でも放映される回数は少なく、多くの大学は全く放映されなかった。放映されない大学よりも、もっと放映されたい強豪大学が次第に不満を募らせるようになった。一九五一年秋、ミシガン大学対イリノイ大学の試合は中継されないことになっていたが、共和党のフォード下院議員（Gerald Ford: のちの大統領。彼はミシガン大学アメフトの元スター選手で、おそらく歴代の大統領の中では、陸軍士官学校のアメフト選手だったアイゼンハワー（Dwight Eisenhower）と並び、最も優れたスポーツでの実績を持つ）がNCAAに電報を打って抗議したところ、切符が売り切れていたので放送された。アメフトのテレビ中継は政治家が介入するほどの大事件だったのである。

一九五三年一月、ペンシルベニア東地区連邦地裁（州の裁判所ではなく、連邦裁判所の地方支部）は、プロフットボールリーグによる放送の独占は反トラスト法違反にならないと判断した（US v. NFL）。フィールドでの戦力の均衡のためにフィールド外でテレビ放送のチーム間競争を調整することを認めた。プロスポーツの放送でのリーグとしての取り決めは反トラスト法違反から免責されるという司法判断を、議会が立法化して確認したのが第1章で述べた一九六一年のスポーツ放送法（Sports Braodcasting Act）である。

NCAAは一九五三年の判決から、自分たちの規制も問題にならないと確信した。DuMont TV はテレビ受像機メーカーによって一九四二年に設立されたが、弱小だったので、大学スポーツ放送が重要な収入源であった。しかし、資金力に劣る DuMont はCBSやNBCに競り負けていた。DuMont は放送回数制限がなければ自分たちも放送できる機会を得られると考え、放送回数規制は反トラスト法違反だとして訴訟を起こしたかったが、NCAAからの制裁を恐れてノートルダム大学とペンシルベニア大学が加わってくれなかったのであきらめた。

パラマウント映画は一九五〇年一月に反トラスト法規制によって映画制作部門と映画館部門に分割された

（売手・買手の垂直統合の分割である）。ゴールデンソン（Leonard Goldenson）は映画館部門の長となった。映画館はテレビによって売り上げを落としていたが、彼はテレビの可能性に期待し、後発のABCに一九五三年に二五〇〇万ドル（二〇二〇年実質ドルで二億四〇〇〇万ドル）の投資を行った（Dunnavant 2004, pp.45, 48）。映画制作部門は、DuMontの有力株主であり融資もしていたが、テレビ局の成長を快く思っておらず支援に本気にならなかった。DuMontは一九五三年にプロのNFLのすべての試合を放送する権利を得たが、大きな利益は出なかった（まだプロの人気がそれほどでなかったのである）。最終的に一九五四年のABCとの合併が実現しなかったので、ついにDuMontは一九五五年に閉鎖された。

ABCはNBCに競り勝って一九五四年と一九五五年のNCAAの二六週分のスポーツの包括的放送契約を結んだ。しかし、中継局は四〇局しかなく、スタッフも不充分で、スポンサーも獲得できなかった。契約金が二五〇万ドル（二〇二〇年実質ドルで二四〇五万ドル）だったのに、一九五四年に一〇〇万ドル（同九六二万ドル）の赤字を出していた。一年だけで放送を諦め、一九五五年に権利をNCAAに三五万ドル（同三三八万ドル）の違約金を払って返上し、NBCに譲った（Dunnavant 2004, p.48）。これに懲りて、ABCはスポーツ中継を行わなかったのだが、一九五九年に大リーグのナショナルリーグでロセンゼルス・ドジャースとミルウォーキー（当時）・ブレーブスが、シーズン終了時に同率首位でワールドシリーズ進出を賭けたプレーオフを行うことになった。ABCは、NBCの結んでいたワールドシリーズ放映権の契約にはプレーオフは含まれていないことに気付いて、契約を結んでスポーツ中継に再参入した。さらに、一九六〇年にNBCに競り勝ちNCAAから大学アメフトの放映権を得た。ABCのアメフトの中継は、アルレッジ（Roone Arledge）という若手プロデューサーが担当した。彼はそれまでスポーツ中継の経験はなかったのだが、“Up Close and Personal”手法という、フィールドからの中継を増やしファン、控え選手、応援団の表情も映し出し、臨場感に溢れる中継をすることで人気を博した。その後、一九六二年と六三年はCBS、一九六四年と六五年はNBCが放映権を得たが、それ以外は一九八三年までABCが大学アメフトを中継した。ABCはプロのアメフトの契約がなかったので、大学アメフトの中継に熱心であった。

一九五〇年から五三年までは四年連続でアメフトの入場者数が減少し、一九四九年の一五六八万人が一三七五万人に減った。一九五四年と五五年は上昇したので、テレビ放送の影響が収まったと考えられたが、一九五五年の一四五六万人は一九五一年のレベルを回復しただけで一九四九年のレベルには及ばなかった(Smith 2001, p.86)。一九五四年のNCAA総会では一七二対九で放送プランを可決した。しかし、より詳細なプランが発表され最終投票が行われると、一七校が新たに反対に回ったので賛成が九〇%を下回った(Smith 2001, pp.88-89)。Big TenとPac 8(当時)といった有力コンファレンスは、他大学の試合がローカル中継で放送されても、入場者数が減らないので、自分たちの試合ができるだけ多く放送されるようローカル中継の増加を求めた。今日では有力だが当時はそれほどでもなかったSoutheastern Conference(SEC)は、ローカル放送の制限を求めた。多くの大学はローカル放送を減らして、"Game of the Week"と呼ばれた全米中継を増やしてほしかった。Big Tenは一九五五年のプランにおいても、ローカル放送の規制の緩和を求めた。その当時、七つの州議会でアメフト中継の増加の決議が提案されており、NCAAは圧力を感じていた。ただ、大学全体での非公式なアンケートでは、多くの大学がローカル放送よりは全米中継の"Game of the Week"を望み、八六%が入場者数の確保が最優先だと回答した(Smith 2001, p.90)。しかし、強豪大学のコンファレンスのBig Tenとそれに追随するPac 8のローカル放送重視の意見も無視できなかった。南部はテレビの普及が遅かったので、一九五〇年代半ばになってようやくテレビ放送の脅威を感じるようになっていた。南部の大学はSanity Codeでは、NCAAによる統一ポリシーに反発していたが、放送に関しては統一ポリシーを望んだ。妥協の産物として、一九五五年のプランでは、一三週のレギュラーシーズン中にローカル放送五試合、全米中継八試合となった。

各チームがホームとアウェイと合わせて二試合のみ中継される、という制限はそれでも緩んでいき、一九六二年にはNCAAの八つに分かれた各地域から二チーム以上が放送されること、各地域から一四チームは超えないようにして、二年間で中継されるチームが七二を超えないようにする一方で、毎年三七の異なるチームが中継されるようにする、と定めた。NCAAとしては、なるべく多くの大学を放映して欲しかったのだが、強豪校でない大学の試合も放送されることになり、視聴率も伸びず、放送局は不満だった。一九六六年に第一位のノートルダム大学と第二位のミシガン州立大学が全勝同士で対戦することになったが、ローカル放送であった。ABCには五万通以上の手紙が来て、全米中継を求めた。NCAAは急遽会合を開き、激論の末、中西部と北東部は生中継し、それ以外ではテネシー大学対ケンタッキー大学戦が終わってから録画放送した（試合は結局、ノートルダム大学がゲーム終了間際に消極的に引き分けに持ち込み、最終的にナショナルチャンピオンになった）。

2　NCAA対オクラホマ大学判決

（1）強豪校による造反

一九七〇年代は石油危機によるインフレで、大学はアメフトチームの維持に苦しくなっていた。州立カリフォルニア大学ロングビーチ校のホーン（Stephen Horn）学長は、テレビ放映料収入を放映されない大学にも広く分配することを提案した。当時、NCAA全体では四五〇大学、Division I-Aでは一二六大学がアメフトをしていたが、テレビ中継されるのは五四大学、放映料収入の分配金が出るコンファレンスの属しているのは一一三大学であった（これらのコンファレンスには、テレビ放映されないが分配金が入る大学がかなり存在していたのである）。ホーンはのちに共和党選出の連邦議会の議員になった人物で、提案も知名度を上げるためという面もあった。ホーンの提案は規定改正に必要な三分の二どころか過半数も得られなかったが、有力大学は警戒感を強めた（Waterson 2000, pp.332-336）。

そこで、一九七六年に有力大学六二校がCollege Football Association（CFA）を結成し、NCAA内での分派行動を始めた。ACC, SEC, Big 8, SWCなどのコンファレンスに加え、独立していたペンシルベニア州立大学、ノートルダム大学などが加入していた。有力校の中でもBig TenとPac 8（当時）に所属している大学はCFAには入らなかった。この二つのコンファレンスは一九四七年以来、伝統と人気のあるローズボウルで一月一日に両コンファレンスのチャンピオン同士が対戦することになっていて、視聴率も高いので独自の行動をとった。また、Big Tenのデューク（Wayne Duke）コミッショナーとPac 8のハンセン（Tom Hansen）コミッショナーは元NCAAの職員でバイヤース事務局長の部下だったので、NCAAに反旗を翻さなかったともいわれる（Dosh 2013,p.52）。

一九七八年にはNCAAはABCと、全米・ローカル放送合わせて二三試合を二九〇万ドル（二〇二〇年実質ドルで一一五〇万ドル）で契約していた。ABCと契約がまだ続いていたのに、一九八一年にCFAはNBCから四年間で一億八〇〇〇万ドル（同五億一二〇〇万ドル）の契約を提案された。NBCはNCAAのバスケットボール・トーナメントの放映権を持っていたのだが、一九八二年からの契約をCBSに四八〇〇万ドル（同一億二九〇〇万ドル）対四五〇〇万ドル（同一億二〇七〇万ドル）で競り負けて、取られてしまった。NBCは大学アメフト中継への進出に積極的だった。同じころ、NCAAとABC／CBSとが四年間で二億六三五〇万ドル（同七億七〇〇万ドル）、ターナー放送（CNNの創設者Ted Turnerのグループ企業）と二年で一七七〇万ドル（同四七五〇万ドル）の契約を結んだ。CFAは一九八一年八月に、NBCとの契約を賛成三三、反対二〇で可決したが、棄権・無効票もあったので圧倒的多数ではなかった（Smith 2001, pp.160-161）。

NCAAは一九八一年一二月の総会では、Division Iの中のIAとIAAと定義を改定して、IAのメンバーの数を一三七から九二に減らした（Smith 2001, p.162）。アメフト強豪校のIAでの相対的な発言権を強めることで、彼らの不満を和らげようとしたのである。また、数が減ったIAの大学を対象にしたテレビ放送にすれば、強豪校が放映される頻度が高まるはずであった。これらはCFAへの懐柔策だったがCFAは納得しなかった。放送される試合の中でのCFAメンバーのシェアは一九七六年の六六%から一九七九年に五五%に下がっていた。Bg TenとPac 10（旧Pac 8）はむしろ一七%から二〇%に微増していた。また、強豪でない大学の試合も中継されるので、大学アメフト全体の視聴率も一四・一%から一一・四%に減少しておりCFAは不満を募らせていた（Smith 2001, p.156）。

NCAAはCFAの懐柔策をとりつつも、独自のテレビ契約をすれば除名するとも脅した。除名されるとNCAAの主催する大学選手権に出られなくなる。CFAはアメフトの強豪で大規模な州立大学が多かったが、自分たちだけですべての種目の選手権を運営するのは難しいし、チャンピオンの価値も下がる。何よりもバスケットボール選手権（March Madness）に出場できなくなることが痛かった。一九七九年五月にBig East コンファレンスが結成されていた。これはアメフトを重視しないバスケットボールの強豪校の集まりで東部では人気があった。彼らはCFAのメンバーではなかった。Big East なしのCFAだけのバスケットボールのトーナメントは人気が出そうになかった（Byers 1995, pp.281–283）。CFAはNBCとの契約はあきらめたが、オクラホマ大学とジョージア大学が代表となり一九八一年九月にNCAAをオクラホマ西地区連邦地裁に提訴した。

両大学は反トラスト法違反に絞って訴えた。第8章で述べるように、NCAAに対しては今日でも問題になっていることだが、憲法修正第一四条問題もあった。一九七六年にミネソタ大学のバスケットボール選手が、オハイオ州立大学戦で暴力をふるった事件で Big Ten コンファレンスから出場停止を受けた。裏金を受け取った選手が出たので、大学もNCAAから制裁を受けた。これに対して大学はスポーツを行うのは個人の権利（財産権）であり、それを一方的に奪う（Due Process［反論する機会］を経ずに奪う）のは憲法修正第一四条違反だとして裁判を起こしていた。ミネソタ大学は一審では勝利したが、控訴審で敗れた。

オクラホマ大学とジョージア大学は、スポーツを放送される権利が不当に奪われたという修正第一四条での論点でNCAAと争うことは避け、反トラスト法違反に争点を絞った（Smith 2001, pp.154, 164）[2]。NCAAはその後の裁判でもしばしば非営利組織は反トラスト法違反から免責されているはずだと主張するが、非営利組織である教育機関が免責でないことは一九七五年の Goldforb v. Virginia State Bar 裁判で示されていた

（Smith 2001, p.154）。非営利組織は利益の極大化を目指す必要はないが、収入を増やす努力はしている（費用削減努力が必ずしも重視されないのである）。収益を上げる過程で競争を阻害していれば反トラスト法違反になる可能性がある。

裁判開始後、ＮＣＡＡは一九八二年からの四年契約をＡＢＣとＣＢＳと結んだ。年に一四試合ずつの放送で総額一億三一七五万ドル（二〇二〇年実質ドルで三億五三〇〇万ドル）であった。最初の二年間で八二の異なる大学が放送されることになった。各大学は年間最大六回まで（全国中継は四回まで）放送され、ＡＢＣとＣＢＳには同じ回数登場することになった。ただし、放映するローカル放送局の数に関わらず同じ金額が大学に支払われた。強豪チーム同士の試合ならば二〇〇局以上が放送することとあったが、無名校の試合ならば数局であったのに、同じ金額が払われていた。通常のＣＢＳとＡＢＣによるPrincipal Football Seriesとは別に、土曜午後の遅い時間帯などでローカル放送であるSupplementary Seriesが最初の二年間は三六試合、次の二年間は四〇試合まで認められた。さらに、チケットが完売していること、ビジターからも四〇〇マイル（六四〇キロ）離れていること、近隣で他大学が試合が行われていないという条件を満たした上で放送されるException Telecastもあった。かなり放映回数を緩和した契約だったが、ＣＦＡは納得せず裁判が続いた（Supreme Court of the United States 1984）。

（2）下級審の判断

オクラホマ西地区連邦地裁では、担当判事のユーバンクス（Luther Eubanks）はオクラホマ大学卒業でアメフトのファンであることが広く知られていたので自ら担当を辞退した。だれも担当したくなかったので上級裁判所に当たる第一〇巡回区控訴裁判所[3]はニューメキシコ地区連邦地裁のバーシアガ（Juan Burciaga）を任命した。裁判ではＣＦＡは対象となる市場は大学アメフト放送の市場であり、ここではＮＣＡＡが市場を独占していると主張した。これに対してＮＣＡＡは市場はすべてのテレビ放送であり、総時間七三〇〇時間のうち大学アメフト放送は八四時間で占有率はわずかであると反論した。CFAは大学アメフト放送がされる土曜日の午後には強力なコンテンツの番組がなく大学アメフトが市場を支配していると主張した。NCAAは大学アメフト中継の購入者はスポンサーになる企業であり、企業にとっては大学アメフト放送は広告予算の五・一八%を占めているに過ぎないと主張した（Horowitz 1994, pp.210-213）。

第1章で述べたように、一九六一年のスポーツ放送法はプロのアメフトリーグであるNFLに極めて有利な内容なので、強くなりすぎないように、大学側の陳情もあり、同法の条件として、プロの試合は大学が試合する土曜日の午後には放送をしない、試合そのものもしないこととした。土曜日の午後にはアメフト好きの視聴者は大学アメフトしか観るものがない。売手（大学スポーツ）側の独占である。さらに、大学アメフトは自分の母校の試合でなくても大卒者が観る傾向がある。大卒者は高所得者層なので企業はスポンサーになりたがる。また、野球、テニス、バレーボールは短時間で決着するときもあるし、長時間になることもある。これに対してアメフト、バスケットボールは試合時間が決まっているので、試合終了まで放送するのを原則とするアメリカの放送局にとっては番組編成がしやすい。[4] このように大学アメフト放送は放送局からも視聴者からも需要が大きく、売手独占であるので、NCAAは価格をつり上げることができる。

一九八二年の一審判決は「当然違法」を用いてNCAAの敗訴とした（Horowitz 1994, pp.211-212）。需要が高い中での売手独占なので価格をつり上げる共謀であると認定された。また、契約放送局以外に放送させないという放送規制は（売手・買手の関係である）垂直的集団ボイコットであり、独自に放送契約する大学とは試合をしない、除名する、という制裁を課すことは（同業者間の関係である）水平的集団ボイコットだとされた。また、放送回数の制限は生産量の抑制に当たるとみなされた。

NCAAは、有力校の放送が毎週行われると、ファンがテレビ中継を観てしまい、地元の中小の大学の試合を見に行かなくなる、と主張した。中小の大学の細々とした入場料収入がますます少なくなり、大学間の収入格差が広がることは戦力格差となり競争が阻害される。第5章で述べるように選手に報酬は払ってはならないが、収入の多い大学は優れた監督を高給で雇える。一流監督は作戦・指導に優れているとともに、そのような監督に勧誘されれば高校生選手も入学する。また、スタジアムを拡充してさらに多くの入場者を獲得できる。トレーニング施設や選手寮を充実させることも選手勧誘に役立つ。有力大学に放送収入が集まるとさらなる戦力格差になるというのがＮＣＡＡの主張であった。

これに対して裁判所は、放送が入場者数を減らすというのは一九五〇年代初めの調査結果、ならびに前述の一九六一年のスポーツ放送法の時の議論で、一九八〇年代についての証拠をＮＣＡＡ側があげていないと指摘した。そもそも放送があると観客が減るような魅力的でない試合を保護する必要があるのかとも指摘された（Supreme Court of the United States 1984）。人気チームのテレビ中継が増えることによって、弱小プログラムが衰退してしまうことを防ぐために、テレビ中継の方を制限するのは中継を見たい人の利益を損ねると考えられた。連邦地裁はＮＣＡＡの言い分を検討はしたが、基本的にはカルテルなので「当然違法」の原則を用いて原告勝訴とした。

（3）最高裁判決

ＮＣＡＡの控訴を受けた第一〇巡回区控訴裁判所は、一九八三年にやはりＮＣＡＡ敗訴を言い渡した（Horowitz 1994, pp.212-213）。価格つり上げの共謀は「当然違法」とされた。放送回数制限について「当然違法」とはしなかったが、入場者数確保や戦力バランス競争促進の面は説得力がないとして、一審の判断を適切だとした。ただ、一審は市場を独占化しようとしたシャーマン法第二条違反も認定していたが、控訴審はそれを認めなかった。また、一審による集団ボイコットの違法認定も否定した。放送局は入札には自由に参加できるので、入札の結果、一社のみとの契約になるのは問題ない。また、集団を維持するためには罰則を伴った規則が必要であり、規則そのものがまっとうであれば、違反者への制裁は集団ボイコットとは言えないとした（Supreme Court of the United States 1984）。

NCAAは再び控訴したが、一九八四年六月に最高裁は七対二でNCAA敗訴とした。ただ、今回は明確に「合理の原則」を用いると述べられた（Supreme Court of the United States 1984）[5]。本来、カルテルは「当然違法」で取り締まるべきであるが、NCAAの産出物である大学スポーツを提供するためには同業者同士の取り決めが必要な場合があると解釈し、「合理の原則」を採用した（Supreme Court of the United States 1984）。しかし、NCAAの主張する入場者数の確保、戦力バランスといった競争促進的な面は、放送数が減ることによる消費者である視聴者への損失を上回るものではないと判断した。実際、その当時のNCAAの放送ポリシーは有力大学の放映を積極的に認めており、地元の中小大学の観客数のことを考慮しているとは思われないともされた。すべてのジョイントベンチャーが合法か違法かを判断されるわけでなく、メンバー間で必要な合法的取り決めもあるし、市場支配力を持つメンバーによるものは違法となる可能性がある。NCAAは大学スポーツ放送市場を独占していると認定されたので、NCAAによるジョイントベンチャーが設ける取り決めには競争阻害性が高いとされた。

ただ、少数派意見は次のように主張した。NCAAは非営利組織でスポーツと教育の高潔さ（Integrity）を守るのが目的であり、民間企業が行えば違法となるような規制も必要ならば制定すべきである。規制がないまま競争すれば、アマチュア主義を逸脱する行動が続発する。放送回数規制がなければ有力大学ばかりが放送されることになり、中小大学のアメフトが衰退してしまう。有力大学はスポーツによる金儲けを目指し、選手のプロ化が進むことになる。自由化してコンファレンスごとで契約するローカル放送が増えるよりも、ネットワークによる全米中継を中心にした現行のポリシーの方が、むしろ視聴者の総数は多くなり、NCAA本体が潤うことで大学スポーツへの支援ができやすくなる。

注目すべきことに、この少数派意見を書いたホワイト（Byron Whizzer White）判事は一九三〇年代にコロラド大学のアメフトで活躍し、プロでも三シーズンプレーした。プロ二年目の一九三九年にオックスフォード大学に名誉あるローズ奨学金を得て留学したが、第二次大戦の勃発で帰国した。一九四〇年と四一年はプロでプレーしたのち従軍した。戦後、エール大学ロースクールを出て法曹界に入り、最高裁判事にまでなったという文武両道をきわめてハイレベルで達成した人物である（Grant, Leadley, and Zygmont 2015, p.60）[6]。スポーツ選手でもあった立場から、大学スポーツの経済活動以外の目的を重視した。一方、多数派はNCAAは非営利組織であり、利潤の極大化は目指していないが、収益を上げる活動はしている（費用削減の動機は弱い）。収益活動の部分は反トラスト法の対象であり、競争阻害的行為は許されないという立場であった。

（4）CFAの解体

一九八四年六月の最高裁判決はシーズン開始の二か月前であった。NCAAは七月に新しい提案を行った。各大学やコンファレンスが自由に放送局と契約してよいが、各大学の中継は年間四試合までとするというものであった。四四対六六で否決された。CFAのメンバーとBig Ten とPac 10 のメンバーすべてが反対した。この結果を受けて急遽、コンファレンスによる独自の契約が結ばれた。しかし、CFAの期待に反して収入が減少することになった（Horowitz 1994）。CFAとABCが一二〇〇万ドル（二〇二〇年実質ドルで二九九〇万ドル）、CFAとESPN（スポーツ専門チャネル）が九二〇万ドル（同二二九〇万ドル）、Big Ten/Pac 10がCBSと一〇〇〇万ドル（同二四九〇万ドル）、SEC（South Eastern Conference）がTBS（南部の放送局）と六〇〇万ドル（同一四九五万ドル）の契約を結んだ。合計で三七二〇万ドル（同九二六五万ドル）であったが、これは一九八三年にNCAAとABCが結んでいた契約金の六七〇〇万ドル（同一億七四〇〇万ドル）の半分強に過ぎなかった。一九八五年にはBig Ten/Pac10 とACC（Atlantic Coast Conference）がCBSとの間で年一二〇〇万ドル（同二八九〇万ドル）で二年間の契約を結んだ。CFAはABCと年一六〇〇万ドル（同三八五〇万ドル）で、ESPNと一二五〇万ドル（同三〇〇〇万ドル）でそれぞれ契約した。これらを合計しても四〇五〇万ドル（同九七四〇万ドル）であり、NCAA単独がABC、CBS、TBSとの契約を続けていれば九〇〇〇万ドル（同二億一六五〇万ドル）になったと推定されるのでその半分以下であった（Horowitz 1994, pp.215-216)。

これは独占が寡占になったのでゲームの単価が下がったためである。三〇秒のコマーシャル放送の契約料も一九八三年の六万ドル（同一五万六〇〇〇ドル）だったのが、一九八四年には一万五〇〇〇ドル（同三万七四〇〇ドル）に下がった（Siegfried and Burba 2004）。単価の下落をゲーム数の増加でカバーしきれなかったのである。また、コンファレンスがテレビ局との交渉に不慣れで交渉力に欠けていたのに、一九八四年シーズン前に急いで契約してしまったのも、契約料の値下がりの要因である（Zimbalist 1999, p.101）。一九八三年には二八試合が放送されていたが、一九八五年には四二試合になった。試合当たりの放映料が四三〇万ドル（同一一二〇万ドル）から一一二万ドル（同二七〇万ドル）に減ってしまい、総収入も一億二〇〇〇万ドル（同三億一二〇〇万ドル）から四七〇〇万ドル（同一億一三〇〇万ドル）になった（Kahn 2007）。放映料収入の総額が、「オクラホマ大学判決」前のレベルに戻るには八年かかったと言われる（Brown 2020, p.246）。

ＣＦＡはその後も一九八五年からの二年間はＡＢＣとＥＳＰＮ、一九八七年からの四年間はＣＢＳとＥＳＰＮと、一九九一年からの五年間はＡＢＣと契約した（ＡＢＣはＥＳＰＮを統合していた）。判決前でも多少緩和されていたので強豪校は三試合までは放送できたのが、ＣＦＡによる一九八五年からの契約では、ＡＢＣで三試合、ＥＳＰＮで一試合、合計四試合であった。ＣＦＡの中で不公平感が出ないようにしたので、強豪校はそれほど放送回数を増やせず不満であった。

一九八七年に、ＡＢＣがＳＥＣに対して二四〇〇万ドル（同五四七〇万ドル）で独自契約を提案してきた。ＣＦＡがＳＥＣを説得して契約を思いとどまってもらった。その代わり、ＣＦＡはテレビ収入の二五％を全大学に分配し、放送された大学に七五％を分配していたのを、放送された大学への分配を八〇％に増やして、ＳＥＣのような強豪校を抱えたコンファレンスに配慮した。

一九九一年にＣＦＡがＡＢＣと契約したが、Big Ten/Pac 10もＡＢＣと契約した。プロのアメフトリーグであるNFLの二つのコンファレンスのうちNFCがCBSと、AFCがNBCと契約しており、ABCは毎週一試合（Monday Night Football）のみを放送していたので、大学アメフトの放送には積極的だった。大学アメフトの中継に関してはABCが独占の形になったのだが、多くのゲームを放送するためABCは全米中継でなくローカル中継を多くした。CBSの提案は全米中継が多かったのだが、ABCの方が金額は五〇%高かったので、NCAAは金額を優先してABCと契約した。ABCとの契約は一九九一年からの五年間で二億一〇〇〇万ドル（二〇二〇年実質ドルで四億ドル）であり、一年当たり四二〇〇万ドル（同七九八〇万ドル）である。CFAのメンバーは一九八三年に三七〇〇万ドル（九六一〇万ドル）を受けていたので、ようやくオクラホマ大学判決時点の収入に戻ることができたのである（Dunnavant 2004, pp.213–214）[7]。

ABCとの契約はローカル放送が多いことになったが、実際、アメリカ全体にファンがいるチームは稀であった。ただ、その例外的存在が前述した「大学アメフトのニューヨーク・ヤンキース」と呼ばれたノートルダム大学であった。全米中継が少ないことに不満を持った同大学は、NBCと一九九一年から五年間で三八〇〇万ドル（同七二二〇万ドル）の契約を結んだ。ホームゲームを独占中継することになり、更新され現在も続いている。このノートルダム大学の動きは他大学からは「金儲け主義」だと批判された（Dosh 2013, pp.58–59）が、CFAに綻びが生じた。

CFAはNCAAによる売手独占に反発して結成されたのだが、CFA自身がNCAAのように放送回数に制限をかけ、恩恵がメンバー全体に行きわたるようにした。するとCFAの中でより強豪の大学はもっと多くの放送回数を望むようになり不満を持った。「オクラホマ大学判決」直後の一九八四年秋にCFA自身がCFAのメンバーとPac 10のメンバーとの試合（ネブラスカ大学対UCLAならびにノートルダム大学対南カリフォルニア大学）の中継を禁止したため、Pac 10の両大学から訴えられて一審、控訴審とも敗れた。CFAはNCAAが三〇年間行ってきたことを繰り返していたのである。

さらに、一九八六年に設立された新興の地上波局のFOXが、一九九五年にCBSに競り勝ってプロの

NFCの放映権を獲得した。アメフトのコンテンツを失ったCBSはSECに対して五年で八五〇〇万ドル（同一億四四〇〇万ドル）の契約を提案した。一試合当たりではCFAにいた場合の二倍なので、今回はSECは契約することとした。こうしてCFAは一九九六年に解散した（SiegfriedandBurba 2004）。

コンファレンスが放送局と独自に契約するようになると、第4章で述べるように有力コンファレンスはメンバーを増やし、テレビのマーケットを大きくして、契約料を増加させていった。二〇一七年度にSECは一四メンバー平均で四一〇〇万ドルの放映料を分配した、一〇年前には一一〇〇万ドルであった（Solomon 2018）。二〇一二年にESPNはアメフトのプレーオフの準決勝、決勝を含む七つのボウルゲーム試合の放映権について、一二年間で七三億ドル（年に六億八〇〇万ドル）で契約した（Sanderson and Siegfried 2018a）。なお、第4章で述べるように、アメフトは二〇二四‐二五年シーズンから一二チームによるプレーオフを行うことになっている。プレーオフの運営方法は最初の二年だけしか確定していないのだが、ESPNが二〇二六‐二七年シーズンから二〇三一‐三二年シーズンまでの六年間を七八〇億ドルで契約したと報道された（Marchand, et al. 2024）。

NCAAが売手独占だった、一九八〇年代初めまでの時代には、売手はNCAAだけだったが、買手もABC、CBS、NBCの地上波局三つだけで、プロのコンファレンスが二つあり、CBSとNBCが契約していた。ここにFOXが加わると、プロを放送できなくなった放送局が大学アメフトに積極的になり、放送権の契約金が上昇した。その後、コンファレンスも複数の売手となるが、ケーブルテレビが普及して、買手の数も増えたので競り合いによって契約料が上昇した。

（5）March Madness と反トラスト法

一九五四年にNCAAのバスケットボール・トーナメントの決勝がテレビ放映された。一九六三年、NCAAは準決勝・決勝の Final Four の中継を提案したが、どの放送局も関心を示さなかった。Sports

Network Inc.（SNI）という小さなテレビ局が、その後、決勝を年二〇万ドル（二〇二〇年実質ドルで一七〇万ドル）で六年間放送してくれた。アメフトの放映料の一％にも満たなかった（Smith 2001, p.182）。SNIの契約が切れるとNBCが二年で一〇〇万ドル（同六七〇万ドル）の契約を結んでくれた。バスケットボールはアメフトに比べると収容人数が小さなアリーナで試合をしておりチケットが売れ残ることはあまりなかったので、放送があったからといって入場者が減る心配はなかった。NCAAはレギュラーシーズンとトーナメントをセットにして放送局に売り込みたかったが、アメフトの独占的契約には反トラスト法違反だとの批判が根強かったので、NCAAはバスケットボールの契約では新たな火種を抱えたくはなかった。また、一九七〇年代後半までは放送局の反応も鈍かった。NCAAはセットで契約するのを諦め、トーナメントの放送だけ契約した。

March Madnessは一九七九年の決勝でジョンソン（Ervin "Magic" Johnson）率いるミシガン州立大学が、バード（Larry Bird）のインディアナ州立大学を破った試合をきっかけに人気が上昇した。大学の方がプロより人気があったが、この二人がプロに入り（前者がロサンゼルス・レーカーズ、後者がボストン・セルティクスという名門チームに入団）し、プロでも決勝で対戦したことでプロバスケットボール（NBA）の人気も高まることになる。

一九六九年以降、NBCがFinal Fourを中継していた。しかし、前述のように一九八二年からCBSが放映権を得て、その後も契約を更新して放映料が高騰している。四八〇〇万ドル（二〇二〇年実質ドルで一億二九〇〇万ドル）の三年契約を三回更新したのち、一九九一年からの七年契約は一〇億ドル（同一九億ドル）となった。一九九五年には二〇〇二年まで延長する代わりに一七億五〇〇〇万ドル（同二九億七〇〇〇万ドル）が支払われた。CBSはドル箱のNCAAトーナメントの契約は手放したくないので、一九九五年の契約更新を前に、放送を担当していた一九九四年のリレハンメル冬季オリンピックにNCAAのデンプシー（Cedric Dempsey）会長夫妻を招待した（Zimbalist 1999, p.183）。一九九九年には二〇〇三年から二〇一三年までの一一年間で六〇億ドル（同九三億ドル）の契約が結ばれた。契約終了を待たず、二〇一一年から二〇二四年までの一四年契約はCBSとターナー放送が共同で一〇八億ドルを支払うことで合意した（Grant, Ledaley, and Zygmont 2015, pp.452-454）。さらに、二〇一六年にCBS／ターナー放送と放送契約を更新し、二〇二五年から三二年までの八年間で八八億ドル（年間一一億ドル）を得ることになった（Brady 2016）。

もともとバスケットボールのトーナメントでは、第2章で紹介したように、NITの方が古く名声も高かったのをNCAAが人気で逆転した。一九五三年まで大学はNCAAのMarch MadnessでもNITでも自由に選べたし、両方出てもよかった。一九五〇年のニューヨーク市立大学は両方で優勝した。しかし、NCAAは規定によってメンバーの大学の行動に影響を及ぼすことができるので、まず一九五三年にポストシーズンのトーナメントは一つだけ出場してよいとした。そして、March Madnessの参加校を一九五三年に一六校から二二校に増やした。さらに、一九六一年にNCAAはNITよりもMarch Madnessへの参加を優先するように大学に要請した。ただ、要請だったので、一九六〇年代はNITを選択する大学もあった。一九七五年に各コンファレンスから一校（コンファレンスのトーナメントの優勝校）のみが参加できると定めた。これには大学から不満が出た。強豪コンファレンスでレギュラーシーズンの成績は良かった大学がトーナメントでは負けてしまうと、ランキングはまだ高いのに出られないことになったからである。NCAAはコンファレンストーナメント優勝校でない大学を選抜して招待することにした。その結果、ますます参加校は増え、一九八二年に五二校、一九八五年に現在の六四校となった。

さらに、一九八一年にNCAAはある種目の選手権試合に招待されたのに出場しなかった場合、すべての種目の選手権試合に出場できないと定めた。March Madnessに招待されたら出場しなければならなくなったわけで、NITをますます窮地に追い込んだのである。また、NCAAはバスケットボールについてMarch Madness終了後の対外試合も禁止した。NITとしては、コンファレンストーナメントとMarch

Madness 開始までの間に開催するしかなくなった。

ＮＩＴ（原告は主催者の Metropolitan Intercollegiate Basketball Association: MIBA）はＮＣＡＡのこれらの行為は、メンバーの大学と申し合わせてＮＩＴに出ないようにした集団ボイコットだと主張した。本来、集団ボイコットは「当然違法」であるが、ＮＣＡＡが財・サービスを提供するためには必要な水平的取り決めがあるという「オクラホマ大学判決」で「当然違法」でなく「合理の原則」を適用した理由が本件でも用いられ、「合理の原則」での判断となった。しかし、裁判所は「競争阻害性が明白なので、原告が被告は市場を支配し競争阻害的であることを証明するステップ一を省略する」という、Quick-Look Approach はとらなかった。[8] ＮＩＴは March Madness に出場しない（できない）二六〇校から四〇チームを招いており盛況で、ＮＣＡＡは市場支配力を持っていないと判断されたからである。そして、裁判所は、原告がステップ一の競争阻害性の証明ができていないと指摘した。また、ＮＣＡＡによる独占化の試みについても、原告は過去のＮＣＡＡ幹部の発言の引用のみを証拠としており、充分に証明できていないとした。こうして二〇〇四年十月に、ＮＣＡＡ勝訴となった（US Distric Court, S.D. New York 2004）。

しかし、ＮＣＡＡは控訴審では負ける可能性もあると考え、和解に持ち込んだ。二〇〇五年八月、ＮＩＴは一〇年間で五六五〇万ドルをＮＣＡＡから得る代わりに、ＮＩＴの開催権をＮＣＡＡに譲った、ＮＣＡＡは向こう五年間はＮＩＴを廃止しないことを約束した（Fellin 2006）。換言すれば、ＮＣＡＡがＮＩＴを吸収合併したのである。ＮＩＴは、現在でも March Madness には注目度は遠く及ばず、March Madness に出場できなかった大学への残念賞という性格であるが、存続している。

ＮＣＡＡは同じ二〇〇四年に、Worldwide Basketball and Sport Tours という民間企業との裁判では負けている（US Court of Appeals for the Sixth Circuit 2004）。この会社はシーズン前にアラスカやハワイで数校で行うバスケットボールトーナメントの主催者であった。ＮＣＡＡが認可したトーナメントだが、ＮＣＡＡは一九九九年にこのようなトーナメントには各大学が年に一回、四年に二回まで出場してよいと定めた。このことが商業活動を妨げる反トラスト法違反だとして訴えられた。NCAA側はシーズンが長くなり選手に負担になる、特定の大学ばかり出場すると収入面と知名度のさらなる向上による選手勧誘の有利さから、戦力格差が拡大するので出場回数に上限を設けると主張した。

今回は、大学が年間予定を組んで行う試合数を減らす申し合わせは競争阻害性を示しているので、厳密な市場支配力の認定は必要としない、と Quick-Look Approach を採用し、すぐにステップ二に進んだ。NCAAによる主張する競争促進性は競争阻害性を上回るものでないとしてNCAA敗訴となった。ステップ二で決着がついたので、原告による競争阻害性の小さい代替案の提案（ステップ三）は不要となった。NCAAにとっては、このトーナメントはシーズン前の試合で March Madness と競合するものではないので、それほど痛手ではないであろうが、非営利組織が行う行動でも商業的に損失を与えれば、反トラスト法違反となることが改めて示された。

注

1　メディアと大学スポーツは微妙な関係である。第2章で述べた「カーネギー・レポート」では、大学が新聞記者に賄賂を贈って好意的な報道をしてもらうことは、なくなってきたと指摘している。今日では記者への賄賂はないようだが、有力大学で不正行為や腐敗が生じた場合、地元紙は大学のスポーツ部との良好な関係を維持するため追及が甘くなるかもしれない。一方で、大都市で複数の新聞があるときは取材合戦をして追及が厳しくなる可能性もある。ネット配信に押され気味の新聞社は独自取材による暴露記事（Investigative Report）に力を入れている。また、記者はずっと同じ新聞社にいるわけではなく、より著名な新聞社への移籍を目指しているので、スクープを取材して自分の評価を高めようとする（Duderstadt 2003, p.246)。これらの要因によれば、スポーツの不正が報道されやすくなる。第6章で述べるノースカロライナ大学チャペルヒル校の楽勝学科問題は、他のマスコミが地元の有力校との関係を悪化させたくないので尻込みするなか、*Raleigh News & Observer* は暴露記事から始まり、一貫して追及した(Smith and Willingham 2015, pp.239-240)。サザンメソジスト大学(SMU)の場合は、ダラスに複数のメディアがあり、競ってスキャンダルを暴露した(Dodds 2015)。

2 テキサス大学もテキサス州裁判所に修正第一四条違反で訴えようとしたが、これを争点とするのをやめたので、州裁判所での係争をあきらめた

3 控訴審を行う連邦高裁は、巡回区控訴裁判所と呼ばれる。これはかつては裁判官が地方を巡回して開廷しており、その担当地域を巡回区(circuit)と呼んだためである。

4 一九七〇年代にはまだそれほど普及していなかったが、テレビ録画が家庭で行われるようになると、ドラマは録画してもスポーツは生放送で観たい。録画した番組を視聴するときには、CMは飛ばされるが、生放送だと飛ばされないので、企業はスポーツ生中継のスポンサーになりたかった。

5 「オクラホマ大学判決」はカルテルに最高裁が「当然違法」でなく「合理の原則」を用いた最初の判例であり、一九九〇年代に企業が積極的に共同研究開発、企業間連携、ジョイントベンチャーを行うことを容易にした点で意義がある。A社とB社が共同研究開発を行った場合、C社は共同研究のことを知っていて関心を示さなかったかもしれなし、知らなかったかもしれないが、A社とB社の共同研究開発が成果を出し、C社の売り上げが減少した場合、C社は「企業は生産・販売だけでなく研究開発でも競争すべきところ、A社とB社の共同研究開発は、研究開発競争でのカルテルである」と訴えるかもしれない。そのとき、裁判所が「当然違法」を用いたならば、C社が容易に勝訴する。それを恐れたA社とB社は共同研究開発を行うことに躊躇する。企業間連携に「合理の原則」の可能性があることを示したので、「オクラホマ大学判決」は大学スポーツを超えて意義がある。

6 彼はまた、バスケットボールのNITトーナメントの第一回大会で準優勝したコロラド大学のメンバーでもあった。

7 もともとは一九九四年のサッカー・ワールドカップの放映権を得た、ABCとESPN放送によって開発された技術なのだが、試合を中断しないサッカーで、中継中にできる限りコマーシャルを流すことができるように、試合の画面の片隅に他の試合のスコアをスポンサーのロゴと一緒に映し出すようになった（Brown 2020, pp.334-335）。これによって、企業広告が視聴者の目に入ることが避けられなくなったので、放送の契約料が上昇した。

8 第1章で述べたように「合理の原則」では、ステップ一で原告が市場を明確に定義し被告が市場支配力を持つことを示さなければならないが、被告の行為の競争阻害性が明らかな場合は、ステップ一を省略してすぐにステップ二に進み、被告が競争促進性を示さなければならなくなる、というQuick-Look Approachというのがある。「オクラホマ判決」のときはこの概念はなく、判決でも言及していない。しかし、一九九九年のCalifornia Dental Association v. FTCで最高裁は初めてQuick-Look Approachを用いるのだが、その際に、過去に最高裁によって実質的に用いられてきた例として、National Society of Professional Engineers v. US（1978）、Trade Community v. Indiana Federation of Dentists（1986）と並んで「オクラホマ大学判決」があげられている（Miller 2015）。

第4章　有力コンファレンスの増長

1　コンファレンス間格差の拡大

（1）コンファレンスの再編

コンファレンスは元々は交通費が高かった時代に、近隣の大学によって自然と形成されていった。「オクラホマ大学判決」以降、テレビ放送契約をコンファレンス単位で行うようになると、なるべく大きな視聴者市場を持つことが放送局との交渉において優位に立つことになったので、コンファレンスは広範にメンバーを集めるようになった。一方、大学も優勝できなくてもよいから、強豪校のいる有力コンファレンスに入りたい。有力コンファレンスは得られた放送収入を、試合を放送されなかったメンバーにも分配する（Leeds, Leeds, and Harris 2018）。Big Ten では入場料収入も多い大学から少ない大学に再分配している。アメリカでは大学がコンファレンス間を移籍することはあっても基本的に入替戦はないので、コンファレンス内の大学間に実力差がありすぎるとゲームは面白くなくなり、入場者数は減り、視聴率も上がらない。また、対戦相手の勝率が低いとアメフトのランキングで上位になれない。コンファレンス内に「お荷物大学」がいては困るのである。コンファレンスは利益をメンバー間で分配し、戦力の均衡を図りメンバーの大学同士の共存共栄を目指している。プロスポーツのリーグの発想である。コンファレンスが広範にメンバーを募る一方で、コンファレンス内の分配金が欲しい大学も有力コンファレンスに加入する誘因を持った。有力コンファレンスが大学を招致し、引き抜かれたコンファレンスが下位コンファレンスから大学を引き抜くという再編の連鎖が始まった。

一九八〇年ごろまでには、太平洋岸の Pac（Pacific）10、南西部のＳＷＣ（Southwest Conference）、中西部のBig 8、五大湖周辺のBig Ten、南東部のSECが有力コンファレンスになっていた（表4-1参照）。Pac 10とBig Tenのチャンピオンがローズボウルで対戦することになっていた。SWCはコットンボウル、Big 8はオレンジボウル、SECがシュガーボウルで、それぞれチャンピオンがプレーできることになっていた。対戦相手はボウルの運営委員会が決めていた。

バスケットボールの強豪校が一九七九年にBig Eastコンファレンスを結成した。Big Eastはアメフトでナショナルチャンピオンになったマイアミ大学を加入させ、有力コンファレンスになった。ACC（Atlantic Coast Conference）もアメフトで強豪になっていたフロリダ州立大学を加入させ、コンファレンスとしての地位を高めた。ACCは二〇〇三年に、Big Eastからマイアミ大学などを引き抜いた。Big Eastが勢いを失う一方で、ACCは確固たる地位を築いた。

老舗のBig Tenは元々はシカゴを中心に五大湖周辺の大学が多かった。しかし、一九八九年に独立系のペンシルベニア州立大学がメンバーになった。Big Tenは旗艦州立大学が多く、メンバーが一流研究大学であることを誇りにしていたが、同大学はそれを満足していた。しかし、それよりもペンシルベニア州五三〇万世帯というテレビ市場が魅力であった。Big Tenは二〇一一年に、より西に所在する、Big 8のネブラスカ大学を、二〇一二年には大西洋岸のACCのメリーランド大学やラトガース大学（ニュージャージー州）もメンバーにした。Big Tenは、ノースウェスタン大学が名門私立大学で、それ以外もすべて旗艦州立大学で教育・研究のレベルが高く、全大学がアメリカ総合大学協

大学					
ノース カロライナ大学	ノースカロライナ州立大学	バージニア大学	ウェイク フォレスト大学		
ケンタッキー大学	ルイジアナ州立大学	ミシシッピ大学	ミシシッピ州立大学	テネシー大学	バンダービルト大学
ミシガン州立大学	ミネソタ大学	ノースウェスタン大学	オハイオ州立大学	パデュー大学	ウィスコンシン大学
ミズーリ大学	ネブラスカ大学	オクラホマ大学	オクラホマ州立大学		
オレゴン州立大学	スタンフォード大学	UCLA（カリフォルニア大学ロサンゼルス校）	南カリフォルニア大学	ワシントン大学	ワシントン州立大学
テキサスクリスチャン大学	テキサス 工科大学	ライス大学	サザンメソジスト大学	ヒューストン大学	1996年に解散

出所：Sergent（2023b）

会（AAU）のメンバーであることを自負していた。ネブラスカ大学（リンカーン校）はAAUのメンバーであったこともBig Tenからは評価されていたのだが、医学部がなく、逆に同大学の看板学部の農学部はAAUでは評価されていなかったので、Big Ten加入の翌年の二〇一一年にAAUを脱退した。一方、メリーランド大学がACCからBig Tenに移ったのは、Big Tenの研究大学としての名声であり、Big Tenのメンバーと、単位互換、留学プログラム、図書館相互利用できることが魅力であった。[1] 人気のBig Tenは賢明にもメンバー数が増えても名称をTenのままにして、将来の変動にも備えている。

Pac 10は、もともとはPacific Coast Conference（PCC）と呼ばれていたが、規定違反校への処分をめぐる対立で一九五八年に解散した。南カリフォルニア大学、UCLA、ワシントン大学、スタンフォード大学、カリフォルニア大学（バークレー校）の五校が新しいコンファレンスを検討していたところ、海軍士官学校の選手、監督を歴任したハミルトン（Thomas Hamilton）が"Airline Conference"を提案した。元々、コンファレンスは交通費が高いので近隣の大学同士で結成していたのだが、ハミルトンはこれからはジェット旅客機の時代が来るので、広範な地域をまたいだコンファレンスが可能だと主張した。彼は、ノートルダム大学、ペンシルベニア大学、ペンシルベニア州立大学、デューク大学、ジョージア工科大学、陸・海・空軍の士官学校をメンバーにしようとした。しかしながら、海軍士官学校出身の彼の期待に反して、三つの士官学校が不参加を表明したので構想は頓挫した。その後、前述の五大学がハミルトンをコミッショナーとしてPac 5を結成した。その後、一九六二年にワシ

表 4-1　主要コンファレンス（1980 年）

コンファレンス	メンバー			
ACC	クレムソン大学	デューク大学	ジョージア工科大学	メリーランド大学
SEC	アラバマ大学	オバーン大学	フロリダ大学	ジョージア大学
Big Ten	アイオワ大学	イリノイ大学	インディアナ大学	ミシガン大学
Big 8	コロラド大学	アイオワ州立大学	カンザス大学	カンザス州立大学
Pac 10	アリゾナ大学	アリゾナ州立大学	カリフォルニア大学バークレー校	オレゴン大学
SWC	アーカンソー大学	ベイラー大学	テキサス大学	テキサス農工大学

ントン州立大学、一九六四年にオレゴン大学とオレゴン州立大学が参加しPac 8となり、さらに一九七八年にアリゾナ大学とアリゾナ州立大学が加わりPac 10になっていた。ここに、二〇一〇年にコロラド大学、二〇一二年にユタ大学といった太平洋どころか海に面していない州の大学が参加し、Pac 12となった。

南西部のSWCでは、後述するように一九八〇年代後半に有力校のサザンメソジスト大学（Southern Methodist University: SMU）が一九八七年から二年間の対外試合禁止となり、他大学でもスキャンダルが相次いだ。強豪校と弱小校の格差も広がってコンファレンスの試合の魅力が薄れた。アーカンソー大学、テキサス大学、テキサス農工大学は他のコンファレンスに移りたがっていたところ、SECが誘いをかけた。コンファレンスが他のコンファレンスの大学を勧誘するなど初めてのことだったが、この誘いに乗って一九九二年にアーカンソー大学がSECに移った。SWCはテキサス州にある大学だけがメンバーになった。テキサス州は大きな州だが、テレビ保有数はアメリカ全体の六・七％にすぎない（Dosh 2013, p.60）ので、SWCはますます苦しくなった。テキサス大学もテキサス農工大学も移りたかったが、これらは州立大学だったのでテキサス州議会が移籍したら予算を削ると脅したところ、思いとどまった（Dunnavant 2004, pp.229-231）。SWCはしばらく休息の時間を得たが、長続きしなかった。

Big 8はアメフトの強豪のオクラホマ大学やネブラスカ大学と、バスケットボールで強いカンザス大学を擁していた。苦境になったSWCの八大学すべての移籍（吸収合併）を提案されたが、一六大学になるのはメンバーが多すぎるので、一九九四年に有力大学のテキサス大学、テキサス農工大学、ベイラー大学、テキサス工科大学のみ移籍してもらうこととしてBig 12となった。SWCの残りの大学はWestern Athletic Conference（WAC）や新設のConference USAに移って、SWCは消滅した。SWCからの大学も受け入れたWACは一六大学にもなり大きくなりすぎたので、元々のメンバーであるブリガムヤング大学や空軍士官学校、ワイオミング大学などが八大学でMountain West Conferenceをつくった。

Big 12は拡大に成功したが、すぐに動揺が起こった。二〇一〇年にコロラド大学がPac 10に、ネブラスカ大学がBig Tenに移ってしまった。さらに、二〇一一年にはテキサス大学の影響力が強いことを嫌ったテキサス農工大学がSECに移り、ミズーリ大学もSECに移った。元々の八大学と同じ数になってしまったが、Big 12は名前は一二のままにしている。Big 12では、オクラホマ大学とテキサス大学がコンファレンスへの貢献を改めて表明し、テレビ放送料のコンファレンス全体での分配に譲歩することにして、巻き返しを図った。この二校は自分で放送局と契約し、コンファレンスのゲームの放送で稼いでいたのだが、試合は対戦相手がいるから成り立っているのに、対戦相手校への放送料収入分配を渋っていたので、他のメンバーからの不満が出ていた。

SECはフロリダ州立大学やマイアミ大学の招致には失敗したが、有力大学を集め一二大学にまで増やした。NCAAは、一二校以上のメンバーのいるコンファレンスは二つの地区に分けて、地区の優勝校同士のプレーオフでコンファレンスチャンピオンを決めることを認めていた。もともとアメフトでは、レギュラーシーズンが一一週、一二週あっても、大きなコンファレンスだと総当たりはできない。コンファレンス以外のチームとの対戦が、主に序盤戦に行われるからである。通常は弱いチームとホームゲームで対戦する。強豪校はどんな相手でも満員になるので、戦績を良くするために弱小校を招く。弱小校もアウェイで試合をすれば有力校から試合料が払われるので受け入れる。弱小校としては万が一にも勝てばランキングが上がるし、負けても報道・放映されて知名度が高まるので招待を歓迎する。しかし、最近、ランキングにおいて対戦相手の戦績も加味されるようになったので、強豪校は強豪校との対戦をスケジュールするようになっている。また、ノートルダム大学対南カリフォルニア大学のように、コンファレンス外の対戦が伝統になっている場合もある。メンバーを増やし総当たりが難しくなったSECは、さっそくプレーオフを開始すると、これが大きなテレビ収入を生むようになった。この企画に他の大きなコンファレンスも従うことになった。[2]

Big Eastのアメフトが弱体化し、SWCが消滅したので、二一世紀になると、ACC、SEC、Big Ten、Big 12、Pac 12がPower 5コンファレンス（後述するチャンピオン決定選手権試合（Bowl Championship Series）に自動的に行かれるので、BCS校またはAQ［Automatically Qualified］校とも呼ばれる）として、ますます有力になった（二〇二〇年の状況は表4-2を参照）。しかし、二〇二二年にPac 12の中でとくに強豪の南カリフォルニア大学とUCLAがBig Tenに移籍することを発表した（試合の参加は二〇二四年秋のシーズンからである）。両校はロサンゼルスという巨大テレビマーケットを持つので、Big Tenは大西洋岸から太平洋岸までのテレビ市場を持つことになった。この二校の動きが大きな変動をもたらせた。

中核大学を失ったPac 12は崩壊の道を歩むことになる。ワシントン大学とオレゴン大学もBig Tenに移籍することとなった。さらに、コロラド大学もバスケットボールの試合の質を考慮して、Pac 12から古巣のBig 12に移ることとした。Pac 12からはユタ大学、アリゾナ大学、アリゾナ州立大学もBig 12に移る。取り残されたカリフォルニア大学バークレー校とスタンフォード大学はACCに移ることとした。Big 12ではコンファレンスへの貢献を誓ったはずの、中核であるオクラホマ大学とテキサス大学がSECに移った。Pac12はワシントン州立大学とオレゴン州立大学だけになってしまい、コンファレンスとは存続できなくなったので、他のコンファレンスとの統合が不可避である（Sergent 2023b）。

この結果、ACCは大西洋岸だけでなく、太平洋岸のスタンフォード大学やカリフォルニア大学（バークレー）を含めて一八大学（ノートルダム大学はアメフトに関しては変則的なメンバー）になった。SECは南東部だけでなく南西部のテキサス大学やオクラホマ大学も含めて一六大学になった。Big Tenは一〇どころ

大学							
フロリダ州立大学	ノートルダム大学（1）	シラキュース大学	ボストンカレッジ	ピッツバーグ大学	マイアミ大学	バージニア工科大学	ルイビル大学
ミシシッピ州立大学	テネシー大学	バンダービルト大学	アーカンソー大学	サウスカロライナ大学	ミズーリ大学	テキサス農工大学	
オハイオ州立大学	パデュー大学	ウィスコンシン大学	ペンシルベニア州立大学	ネブラスカ大学	ラトガース大学	メリーランド大学	
ベイラー大学	テキサスクリスチャン大学	ウェストバージニア大学					
南カリフォルニア大学（c）	ワシントン大学（c）	ワシントン州立大学	ユタ大学（b）	コロラド大学（b）			

のチームとは5試合のみ対戦する。

ティ大学、セントラルフロリダ大学がBig 12に加入。

出所：Sergent（2023b）

でなく一八大学になった。Big 12はもともとの八大学が一二大学になり、八大学に戻った後、一六大学に拡大した。ただ、下位コンファレンスからの移籍も多く、アメフトもバスケットボールもチームの戦力は下がった。こうしてコンファレンスが拡大した結果、二〇二四年の再編後は試合のための移動距離が四〇〇〇キロを超える場合もある（Sergent 2023a）。チャーター機を使えるアメフトやバスケットボール以外の、予算の大きくない種目のチームには遠征費の増大は負担になるし、遠征に時間をとられることは勉学の面で好ましくない。

Power 5コンファレンスに続くのはGroup of 5（American Athletic Conference, Conference USA, MAC, Mountain West, Sun Belt）と呼ばれるが、Power 5の拡大を受けて、引き抜き、再編の波に直面した。テレビ中継がさかんになった一九六〇年から二〇一八年まで二三一件のコンファレンス移籍があったが、八六%に当たる一九九件がこの五つのコンファレンス所属の大学で起きている（Brown 2020, p.250）。

基本的にコンファレンスの再編はコンファレンス任せでありNCAAは関与しない。コンファレンスを移る際は、移籍先のコンファレンスの承認は必要だが、元のコンファレンスの承認は不要である。ただ、コンファレンスは脱退をいつまでに申し出るかを定めているし、コンファレンスによっては脱退料を取るところもある。しかし、引き抜きが行われたコンファレンスに残された大学が、コンファレンスが弱体化したとして、引き抜いた側のコンファレンスや移る大学を訴えても勝ち目はない（Dennie 2012）。多くの場合、和解に至り、脱退する大学がお金を払って希望するコンファレンスに移ってしまう。

表4-2　主要コンファレンス（2020年）

コンファレンス							メンバー
ACC	クレムソン大学	デューク大学	ジョージア工科大学	ノースカロライナ大学	ノースカロライナ州立大学	バージニア大学	ウェイクフォレスト大学
SEC	アラバマ大学	オバーン大学	フロリダ大学	ジョージア大学	ケンタッキー大学	ルイジアナ州立大学	ミシシッピ大学
Big Ten	アイオワ大学	イリノイ大学	インディアナ大学	ミシガン大学	ミシガン州立大学	ミネソタ大学	ノースウェスタン大学
Big 12	アイオワ州立大学	カンザス大学	カンザス州立大学	オクラホマ大学（d）	オクラホマ州立大学	テキサス大学（d）	テキサス工科大学
Pac 12	アリゾナ大学（b）	アリゾナ州立大学（b）	カリフォルニア大学（a）	オレゴン大学（c）	オレゴン州立大学	スタンフォード大学（a）	UCLA（カリフォルニア大学ロサンゼルス校）（c）
備考	（1）ノートルダム大学はアメフト以外ではACCメンバーと試合をするが、アメフトでは独立を維持し、ACC						
2024年への動き	（a）：ACCへ移籍	（b）：Big 12へ移籍	（c）：Big Tenへ移籍	（d）：SECへ移籍	ブリガムヤング大学、ヒューストン大学、シンシナ		

(2) ボウルゲームとアメフト選手権試合

アメフトではバスケットボールのようなトーナメント戦はなく、レギュラーシーズンの後にボウルゲームを行っていた。レギュラーシーズンの成績の良かったチームが主催者に招待され試合をした。ポストシーズンに試合をすることの嚆矢は、一八九〇年一月一日にニューオリンズで行われた"New Year's Day Football"という試合である。これは、エール大学で選手だったベイン(Thomas Bayne)が企画したものである。彼はニューオリンズで弁護士・不動産業を営んでいたが、アメフトの魅力を南部の人に知ってもらおうと考えていた。東部の大学のオールスターチームだが、チーム名はエールとプリンストンと名乗った。また、単独チーム同士の対戦としては、一八九四年にシカゴ大学がノートルダム大学を招いて試合をしたのがポストシーズンゲームの始まりとされる。

ロサンゼルス近郊のパサディナでは、一八九〇年からローズ祭りでパレードが行われていた。東西対抗のアメフトの試合を企画し、一九〇二年にミシガン大学が招かれスタンフォード大学と対戦した。これが最初のボウルゲームであるローズボウルである。パレードの余興で始まったアメフトの試合の方が有名になっていったのである。主催者がミシガン大学に遠征費用のすべてを払い、帰りにはニューオリンズに寄って遊ばせた。ゲームは四九対〇でミシガン大学の圧勝で西海岸のアメフト関係者は失望したので、翌年からはローマ時代の二輪馬車(Chariot)のレースが行われ、アメフトの試合は一九一六年に復活した。

ポストシーズンのボウルゲームには批判的な意見もあり、一九二〇年にはハーバード大学がローズボウルに招かれたが遠征の是非が議論された。スポーツ委員会が賛成したが、教員の間では三七対一六で否決となった。スポーツ委員会が再度遠征を可決すると、教員の評議会はすぐに帰ってくることを条件に認めた。Big Ten はボウルゲーム参加を禁止していたこともあった。スタンフォード大学も禁止していたが、すぐに方針転換した。同大はピッツバーグ大学の名将ウォーレン(Glenn Pop Warner)を一九二四年に年間七五〇〇ドル(二〇二〇年実質ドル一一万三五〇〇ドル)で招き、一二五〇〇ドル(同三万七八四〇ドル)までの経費負担も受け入れ、さらにローズボウルに出場できたら、二五〇〇ドルのボーナスを支給することにした（Smith 2011, pp.65-66）。一九二五年一月にはローズボウルでノートルダム大学と対戦した。そのノートルダム大学は、一九二五年を最後に、授業スケジュールを圧迫するとしてポストシーズンゲームには参加しなくなったが、一九七〇年に復帰した。

一九三〇年代にはローズボウルの盛況に倣って、冬でも試合ができる南部の都市がボウルゲームを始めた。ローズボウルのように地元の名産品が名前についた。一九三五年にマイアミのオレンジボウル、ニューオリンズのシュガーボウル、一九三六年にダラスのコットンボウルが始まった。ローズボウルと合わせてこの四つが一月一日の四大ボウルであった。しかし、一九三〇年から三四年にかけては一〇〇ものポストシーズンゲームが開催された（Smith 2001, p. 46）。ボウルゲームは増えすぎて質が落ちたので、遠征してまで行うことの意味が薄れた。ＮＣＡＡは、一九四〇年代でもまだ五〇近くあった公認のボウルゲームを一九五二年に一気に九つにまで減らした（Fleisher, III, Goff and Tollison 1992, p.55）。その後、ケーブルテレビが発展したので、ボウルゲームの数は再び一九八〇年代に増加し、二一世紀に入ると二五を超えた（Mondello 2008, p.176）（二〇二三-二四年には四三である）。ボウルゲーム、特に中小のもの、では出場校は出場料を得るが、入場券の買取も求められるので、それを売り切ることができない場合は、遠征費をカバーできず、出場そのものが赤字になることもある。しかし、報道されることでの知名度の向上、とくに中西部や北東部の大学にとって、地元から離れた南西部で知名度を上げることのメリットは大きい（Dosh 2013, pp.24-25）。大きなボウルゲームに出場する報酬はコンファレンスに払われて、コンファレンス内ではかなり平等に近い形で分配され、出場校には遠征費がコンファレンスから渡される。二〇〇九年にナショナルチャンピオン決定戦で勝ったフロリダ大学でさえ、試合をしたことでの純利益は四万七〇〇〇ドルしかなかった（Leeds, Leeds, and Harris 2018）。

また、ボウルゲームは商業化の影響を強く受け、企業名が付くようになった。フィエスタボウルにサンキストの名前が付いたのが嚆矢であった。伝統あるローズボウルは企業名はつけないが一九九七年からスポンサーがつく形にしている。他のボウルゲームはたとえばMobile Cotton Bowlとなるのに、Rose Bowl Presented by AT&Tとなり、かろうじて一線を画している。

ボウルゲームは必ずしもチャンピオン決定戦ではなかった。チャンピオンは監督とスポーツ記者が毎週行う投票の最終版で決めていた。アメフトは一番人気があるスポーツであるにもかかわらず、唯一、ＮＣＡＡ主催の大学選手権試合がなかった。レギュラーシーズンの試合スケジュールは数年前から決まっていて、所属コンファレンスの異なる、調子の良いチーム同士を急遽対戦させることはできなかった。ボウルゲームも特定のコンファレンスの優勝校が出場すると固定されている場合が多く、レギュラーシーズン終了時の投票で一位と二位になった大学同士の直接対決は起りにくかった。一九四五年から一九九一年まででボウルゲームで一位と二位の直接対決が起きたのは八回しかなかった（Walsh 2007, p.30）。直接対決がないまま全勝のチームが二つ残ると、投票の結果、記者と監督がそれぞれ別の大学を一位に選ぶことで、ナショナルチャンピオンが二校ということが起きていた。[3] 一九九〇年と九一年と二年続けて二校がチャンピオンになっている。一方、バスケットボールの方はトーナメントなので決勝が盛り上がる。一九八九年から一九九四年で一番視聴率の高かったボウルゲームもバスケットボールの決勝に負けていた（Smith 2001, p.198）。アメフトでも、一九八七年一月のフィエスタボウルは、二位のペンシルベニア州立大学が一位のマイアミ大学を一四対一〇で破ったが、視聴率は二五%を超えた。やはり直接対決は盛り上がることが明らかになった。

実は、ＮＣＡＡの中のテレビ委員会は高視聴率を期待して、プレーオフで一位を決める試合を行おうと一九七三年と一九七六年に提言していたが、実現しなかった。意外なことに、一九七九年のインフォーマルな投票では強豪校のＣＦＡの間でも五%のみがプレーオフを支持していた（Smith 2001, pp.225–228）。「オクラホマ大学判決」で、ＮＣＡＡはレギュラーシーズンのアメフトの放送の交渉権を失ったので、プレーオフの放送の契約交渉を自ら行いたかった。しかし、一九八七年のＮＣＡＡ内の学長諮問委員会はプレーオフに反対し、一九八八年一月にはDivision Iの投票で九八対一三でプレーオフは否決された（Smith 2001, p.197）。

NCAAのメンバーの大学（学長）は反対の理由として、プレーオフを行うとシーズンが長くなり、学生の健康や学業に支障をきたすことをあげているが、これは建前論である。実は、プレーオフばかり注目されてこれまでのボウルゲームへの関心が低くなって、テレビ放映料や入場料収入が減ることを恐れたのである。これにボウルゲームの主催地やスポンサー（命名権を持っている）企業も同調した。ボウルゲームの主催地には出場校のファンが訪れ飲食でお金を落としてくれるので、人気がなくなったり廃止されるのは困るのである。[4] プレーオフばかり注目されると強豪校の監督はプレーオフに出られないと批判されクビになりかねない。一方、プレーオフに出た監督がますます名声を高めるのも、学長としては面白くなかった。もちろんボウルゲームの間では伝統と格が異なるので、出場チームが得られる金額には差があるが、乱立するボウルゲームのどこかに出たらよいというのが監督にも学長にも心地良いのである。

それでもついに、一九九二年に四つの主要ボウル（オレンジ、シュガー、フィエスタ、コットン）と五大コンファレンス（ACC, Big East, Big 8, SEC, SWC）と独立しているノートルダム大学が、Bowl Coalitionを結成し、ランキング一位と二位のチームの対戦を、四つのボウルで持ち回り開催することを決めた。しかし、SECの優勝校がシュガーボウルに、Big 8の優勝校がオレンジボウルにそれぞれ出場する伝統は維持された。また、Big TenとPac 10はそれぞれの優勝校がローズボウルで対戦することになっていたのだが、これも変更なかった。CFAのときと同様、両コンファレンスはここでも独自路線を歩んだ。その結果、直接対決は起こりにくくなった。一九九四年になるとSECのチャンピオンがシュガーボウルに出る、Big 8のチャンピオンがオレンジボウルに出る、という関係は解消したが、依然としてBig TenとPac 10のチャンピオンがローズボウルに出るという関係は維持されていた。したがって、Big TenとPac 10のチャンピオンがレギュラーシーズン終了時のランキングで一位か二位になっていると、直接対決によるチャンピオン決定戦は実現しなかった（一位と二位になっていればローズボウルがチャンピオン決定戦になった）。実際、一九九二年から一九九七年の六年間で直接対決は三回しか起こらなかった。とくに、一九九七年一月にはネブラスカ大学とミシガン大学が全勝だったが、ミシガン大学はローズボウルに行ったので、直接対決が実現せず、全勝校が二校残り、記者投票でミシガン大学、監督投票でネブラスカ大学がチャンピオンとなった。Big Ten、Pac 10、ローズボウルは放送契約を結んでいたABC放送から見直しを提案され、ついに一九九八年一月からBig TenもPac 10もローズボウルも同意して、Bowl Championship Series（BCS）が結成された。

BCSでは、ローズ、オレンジ、フィエスタ、シュガーの四つのボウルで六大コンファレンス（Bowl Coalitionのときの五大コンファレンスからSWCが解体したので脱退し、Big TenとPac 10が入った）が合意して、四つのボウルの持ち回りで一位と二位が対戦することとした。これら六つのコンファレンス（のちにBig Eastがアメフト重視をやめたので五大コンファレンスとなる）はBCSコンファレンスと呼ばれ、四大ボウルはBCSボウルと呼ばれるようになった。四つのボウルゲームに出場する八チームのうち六つはBCSコンファレンスの優勝校が自動的に出場できた。残り二つはI-Aの大学にオープンであったがボウル主催者が決定する。BCSコンファレンスの二位チームまたは非BCSコンファレンスの優勝校でランキングが六位以内のチームが選ばれることになった。

（3）BCS校と非BCS校の対立

こうしてようやくアメフトのチャンピオン決定方式が決まったのだが、非BCS（non-AQ［Automatically Qualified］とも呼ばれる）のGroup of 5の大学は、BCSボウルに出るチャンスが少なく、したがってナショナルチャンピオンに挑戦する機会も限定されているとして不満を持った。非BCSコンファレンスのチャンピオンは全米ランキングで上位六位以内でなければBCSボウルに出場できない。ランキングは従前からの記者によるAPランキング、監督によるUSA/ESPN Todayランキングに六つのコンピュータランキングの平均の組み合わせである。コンピュータランキングは対戦相手の強さを考慮するが、そうなると非BCSコンファレンスの大学は不利になる。非ＢＣＳコンファレンスの大学がレギュラーシーズンを全勝で終えても、ＢＣＳコンファレンスの準優勝チームの方が高く評価され、六位に入れずチャンピオンシップゲームはもちろんＢＣＳボウルにも招かれなかった。一九九八年のテューレーン大学、一九九九年のマーシャル大学、二〇〇一年のブリガムヤング大学らが全勝ながら招かれなかった。テューレーン大学のコーウェン（Scott Cowen）学長の呼びかけで非ＢＣＳ校がPresidential Coalition for Athletic Reformを結成し、ＢＣＳ批判を展開し議会にも働きかけた。非ＢＣＳ校のブリガムヤング大学やユタ大学のあるユタ州選出の共和党のハッチ（Orrin Hatch）上院議員は司法委員会の大物であった。二〇〇三年に上下両院の司法委員会で公聴会が開催された（US Congress 2003a, 2003b）。

公聴会ではコーウェン学長が非ＢＣＳ校がＢＣＳボウルに出にくいことに加え、ＢＣＳボウルの収入の分配が非ＢＣＳに不利なことを強調した。ＢＣＳが一九九八年一月に始まってからの五年間で、ＢＣＳコンファレンス所属の六三大学に四億五〇〇〇ドル（二〇二〇年実質ドルでは七億一五〇〇万ドル）が分配されたのに対して、非ＢＣＳコンファレンスの五三大学にはわずか一七〇〇万ドル（同二七〇〇万ドル）であった（US Congress 2003b, p.16）。ＢＣＳコンファレンス間ではボウルに出場したチームが所属するコンファレンスに多く分配されるが、そのコンファレンス内では出場していない大学にも分配されたので、有力コンファレンスに属することはメリットがある。さらに、ナショナルチャンピオンになれる可能性の存在が、高校選手の勧誘や監督の招致でも有利になるので、ＢＣＳの制度はＢＣＳコンファレンスと非ＢＣＳコンファレンスの格差を拡大していると指摘された。さらに、非ＢＣＳ校にナショナルチャンピオンのチャンスがないと、新たな強豪校が誕生するのは難しい。一九七〇年代以降、マイアミ大学とフロリダ州立大学が強豪校になったが、現行のＢＣＳの下では不可能だったと述べられた（US Congress 2003b, p.16）。非ＢＣＳ校は、末席シードであっても自力で勝ち進めばチャンピオンになれる、バスケットボールのMarch Madnessのようなプレーオフ・トーナメントの開催を主張した。

ＢＣＳ側は従前のボウルゲームは、大学アメフトの伝統であるので維持すべきと主張し、プレーオフには反対した。ボウルゲームは試合の前後に様々な行事があり、これに参加することは選手によい経験になる。多くのボウルゲームがあるので、結果として多くの大学と選手が参加できる。大学やファンが試合の前から滞在するので開催地への経済効果も大きい。また、ボウルゲームは企業が協賛するが、その収入の一部が地元に寄付される。Big Ten のデラニー（James Delany）コミッショナーによれば、ＢＣＳ校はこのボウルゲームの伝統を守りたがったが、ナショナルチャンピオンを決める要望が高まったので妥協した。有力コンファレンスに妥協を求めるためには、コンファレンスの優勝校が自動的にＢＣＳボウルでプレーできることを保証する必要があった（US Congress 2003a, p.32）。ＮＣＡＡのブランド（Myles Brand）会長もプレーオフにした方が有力大学側の収入は増えるだろうが、ボウルゲームの伝統を守りたいので反対が多いのだと説明した（US Congress 2003a, p.76）。

さらにネブラスカ大学のパールマン（Harvey Perlman）学長は、分配金が不平等であるとの批判に反論した。ＢＣＳから同大学への分配金は一二〇万ドルであったが、同大学のホームゲームは一試合で三〇〇万ドルの収入があり、スポーツ予算は五〇〇〇万ドルであり、黒字である。ＢＣＳからの分配金はスポーツのさかんな大学に分配されているが、金額そのものは有力校の予算を潤すほどではない。しかし、有力校はそれまでアメフトに注力してきたので、分配金によっても大きな収益が得られるのは当然である。アメリカの大学は自分の得意分野を強化し、多様性が特徴である。ネブラスカ大学は農学に強いが（海に面していないので）海洋学の勉学の機会はない。スポーツでもアメフトは強いが（冬の間プレーができないので）ゴルフには向いていない。ネブラスカ大学のアメフトが得る収入を他大学に回すのは、ハーバード大学やエール大学の秀逸なロースクールが得る寄付金を他のロースクールに回せ、というのと同じで理解できないと主張した（US Congress 2003b. pp.65–88）。Big Ten のデラニーコミッショナーもＢＣＳの制度を始める以前からも、強豪校だけがチャンピオンになっており、格差は今に始まったことでないと述べ、一九四五年以降、六大コンファレンスとノートルダム大学以外からのチャンピオンは一度だけだと指摘した（US Congress 2003a, p.29）。公聴会では議会がすぐに介入するという姿勢ではなかったが、ユタ州政府は反トラスト訴追を検討していたので、BCS側はプレッシャーを感じて、二〇一四年に規定改訂（二〇一七年一月のゲームから施行）を行った（Grow 2011）。まず、BCSの学長管理委員会の八席のうち一つを非BCSコンファレンスの代表に与えた。チャンピオン決定戦は四つのボウルゲームの一週間後に別に行われることにした。非BCSコンファレンスの優勝校は六位以内でなく一二位以内、または一六位以内でBCSコンファレンスの優勝校のどれか一つよりも上位にランクされていれば出場できることになった。どのコンファレンスの優勝校がBCSボウルに自動的に出場できるかは、過去四年の戦績を見て改定していく（従前の六大コンファレンスに限定しない）ことも定められた（Schmit 2007）。一月一日の四つのボウルゲームのうち、チャンピオン決定戦ばかり注目されてしまうので、BCSボウル側としても決定戦を一週間後に行うことを歓迎した。チャンピオン決定戦は四つのボウルの持ち回りなので、各ボウルは四年の一度、一月一日に通常のボウルゲームを行い、一週間後にチャンピオン決定戦も開催することになる。また、コンファレンス優勝校が一位か二位になったらチャンピオン決定戦に出るのだが、一位か二位でない場合は、Pac 10とBig Tenの優勝校がローズボウル、SECはシュガーボウル、Big 8がオレンジボウルに出るという伝統に回帰した。BCSコンファレンス優勝校がチャンピオン決定戦に出る場合は、そのコンファレンスの準優勝校が一月一日のボウルゲームに出場する。BCSの大学が有力ボウルに出られることに変わりない。

二〇〇四年の改正発表の後であるが、二〇〇五年にも議会下院の商業・取引・消費者保護小委員会で公聴会が開かれた（US Congress 2005）。このときはとくに、BCSに代わってプレーオフをしてはどうか、ということが議論された。バスケットボールと異なり、体力消耗の激しいアメフトはプロでも一週間に一試合である。したがって、トーナメント戦は時間がかかる。三二チームはさすがに一チームが優勝するまでにこなす試合数が多くなり選手の拘束期間が長くなるので、一六チームか八チームでのプレーオフが妥当であろう。そうすることで非BCS校がナショナルチャンピオンになる機会が現在よりは多く確保される、と主張された。

これに対して、BCS校はこれまでどおりボウルゲームを支持し、プレーオフに反対した。一六チームによるプレーオフは一五試合であり、現行の二八試合のボウルゲームより少なくなり、選手がポストシーズンゲームを経験する機会はむしろ減る。また、勝ち進んだ際は選手の拘束期間が長くなり勉学に支障をきたすとの意見も出された（US Congress 2005, pp.45-47）。学業に支障がでるという理由に対しては、多くのアメフト選手の勉学にはすでに疑問がある、（この期に及んで）勉学への弊害を持ち出すのは意味がない、との反論もあった（US Congress 2005, p.8）。また、ここでもプレーオフの方が収入は増えるので、反対の理由は経済的なものでなく、ボウルゲームの伝統を守るためだとも主張された（US Congress 2005, p.28）。

ボウルゲームの伝統を残すために、ボウルゲームをプレーオフとして行われるようになった場合、勝ち進むと試合場所を移動していくので、ボウルゲームの行事を通して地元と交流する機会はなくなる。また、勝ち進んだチームのファンは開催場所が毎週異なるので、観戦するため全米を旅行することになり、現実的ではない。Division IIでもプレーオフを行っているが、移動するファンの数がはるかに小さい。また、プレーオフはレギュラーシーズンの価値を減殺する。ボウルゲームに出場できるかどうかかかっていれば、五勝五敗のチーム同士のレギュラーシーズン最終戦も盛り上げるのである（US Congress 2005, pp.27-28）。

ボウルゲーム開催場所への毎週の移動を減らすには、決勝以外は大学キャンパスで行うことが考えられる。これはプロのNFLのやり方で、スーパーボウル以外はフランチャイズの場所で行われ、勝率の高い方がホームチームになる。ランキングの上位の大学のホームゲームにすれば、レギュラーシーズンの試合もホームゲーム開催権を得るために、真剣になるかもしれない。一方で、このやり方では、前述のボウルゲームの伝統的良さが完全に失われる。

BCSは反トラスト法違反で訴えられることを懸念するようになった。二〇一一年にはバーニー（Christine

Varney）司法省反トラスト局長がＮＣＡＡに対して、なぜプレーオフを開催しないのか公開書簡を送った（Reuters 2011）。最終的に、ＮＣＡＡは二〇一二年に二〇一五年一月から準決勝、決勝のプレーオフ（College Football Playoff: CFP）を行うことを発表した（Miller 2015）。ただし、二〇二五年シーズン（二〇二六年一月実施分）までの期間限定で、その時までに延長・廃止について見直すことにした（後述のように一年早く、二〇二四年シーズンから新しいプレーオフに移行することになった）。ＮＦＬタイプの一六チームのプレーオフでなく既存のボウルゲームと組み合わせ、一月一日に六つのボウルゲームを行うが、そのうち二つが準決勝に相当する。準決勝出場の四校はコンピュータプログラムでなく選抜委員会が決める。元監督、記者、スポーツ部長、最初の委員にはアメフトファンのライス（Condoleeza Rice）元国務長官も含まれていた。準決勝の勝者によって一週間後に決勝が行われる。非ＢＣＳコンファレンス（Group of 5）は、四校の中に入れば、自力でチャンピオンになれる可能性が出てきたのだ。しかし、分配金での格差は残り、ＢＣＳ（Power 5）校では、各大学が八〇〇〇万ドル近くを得るのに対し、非ＢＣＳ校は合計で一億ドル得るのみである。選抜委員会は、コンファレスの優勝校であること、スケジュールの厳しさ（対戦相手の勝率）、直接対決の結果、共通の対戦相手との勝敗を考慮して四校を選ぶ。ＢＣＳのときとそれほど大きな変化はないが、ランキングを自動的に決めるコンピュータランキングは使わなくなった点では異なる。非ＢＣＳ校のメンバーが上位四校に選ばれないことが続けば、プレーオフは自分たちに不利だとの不満が募る可能性があった（Miller 2015）。

（４）ＢＣＳと反トラスト法

ＢＣＳが実際に訴えられることはなかったが、反トラスト法違反に問われる可能性としては次のようなことが考えられる（Grow 2011）。第一に集団ボイコットである。ＢＣＳコンファレンスは非ＢＣＳコンファレンスがＢＣＳボウルに出場する枠を制限していた。取引の自由には取引しない自由も含むので、単独企業が取引を拒否することは問題ないが[6]、集団で行うと当然違法になる。しかし、一九八〇年代以降、企業の行為は消費者に不利益（消費者の払う価格の上昇）が生じないならば問題ないとされてきた。一九八五年の最高裁判決（Northwest Wholesale Stationary v. Pacific Stationary & Printing）は、文房具卸業者が共同購入を行い、費用を削減しようとしたことに対して、メンバーに入れなかった企業が集団ボイコットだとして訴えたが、「当然違法」ではなく「合理の原則」が用いられ、競争阻害性はないとして無罪となった。しかし、一九九八年のNynex Corp. v. Disconでは最高裁はボイコットにおいて消費者の利益よりも小企業の存在が脅かされることを重視した。

BCS校はナショナルチャンピオンを望む消費者の利益が、非BCS校がBCSのマーケットにアクセスできない競争阻害性を上回ることを証明する必要がある（Rogers 2008）。一九五九年に最高裁は、ボクシングのタイトルマッチは他の試合と異なり特別だと判断した（International Boxing v. US）ので、BCSボウルゲームは特別と考えられ、ここへのアクセスの制限は違法と判断される可能性がある（Rogers 2008）。また、競争促進性があるとしても、Group of 5はより弊害のない形でチャンピオンを決められると主張するかもしれない。ファンはしばしば強豪校のことより地元の大学に関心がある。BCSボウルの収益の分配が非BCS校に不利なことは、非BCS校の戦力、ゲームの質が低下され、それらのファンの利益を損ねるとも考えられる。BCS側は非BCS校は出場権や収益分配について納得して参加したので、あとで不満を訴えるのはおかしいと主張するであろう。実際、プロスポーツではこの論理が通用している。ただ、BCSの意思決定は、BCSの七校と非BCSの一校の構成で行われており、バランスが取れていないので、BCS側の主張も否定される恐れがある。このように裁判になった場合、BCSの集団ボイコットは違法と判断される可能性があった（Grow 2011）。

第二にBCSは価格共謀、カルテル、と見なされる恐れがある。それまで各ボウルは出場校への報酬を上げて大学に来てもらおうと競争していた。一方、大学側も放送してもらおうと放映料を下げてテレビ局と交渉していた。BCSは一月一日のボウルゲームを一括し、どの大学が来るか、どの放送局といくらで交渉するかを決めてしまう。大学への参加報酬が抑制され、テレビ放映料が引き上げられる恐れがある。ＢＣＳ側はＢＣＳはコンファレンスとボウルのジョイントベンチャーであり、ジョイントベンチャーは運営のために取り決めが必要だと主張するであろう。ＢＣＳはチャンピオンを決めることが目的で、収益分配や放送局との交渉はこの目的には直接関係がない。目的に付随的である取り決めは、目的の正統性（もたらされる便益）とその取り決めの競争阻害性を比較衡量し「合理の原則」で判断される。ＢＣＳは明らかに競争をなくす共謀であるので、裁判所は市場の定義や市場支配力の証明なしに違法を判断できるQuick-Look Approachを用いて、ステップ一をカットして、すぐにステップ二に進んで被告のＢＣＳに、競争阻害性を上回る競争促進性を証明することを求めるかもしれない。さらに、仮にステップ二が認められ、ステップ三に行っても、非ＢＣＳは収益配分をＢＣＳコンファレンスに有利にする取り決めや、放送局との一括交渉がなくてもチャンピオンを決めることは可能だ、同じ競争促進性をより弊害の少ない方法で実現できる、としてＢＣＳを攻撃するであろう。

ＢＣＳはコンファレンスへの収益分配は、少なくともＢＣＳコンファレンス内では戦力の均衡に貢献すると主張する。しかし、戦力均衡というのは共謀の正当化の理由にならないことは「オクラホマ大学判決」で明確になっている。また、ＢＣＳそのものが非ＢＣＳとの間で格差をうみだしているので説得力がない。放送局との一括交渉はさらに正当化の理由がない。ボウル間での競争がなくなることで、入場料もつり上げられる可能性があり、これは消費者の利益を損ねるので反トラスト法違反と見なされやすい。

第三にチャンピオン決定戦を放送したければ、独自の契約をするローズボウルを除く、フィエスタ、オレンジ、シュガーの三つのボウルすべての放送をしなければならないという契約は、「抱き合わせ販売」である。[7]「抱き合わせ販売」は「合理の原則」が適用され、一般に市場支配力を持つ場合にのみ違法となる。ＢＣＳボウルは人気があるので、放送局は嫌々三つのボウルを一緒に契約しているわけではないので、抱き合わせが違法と判断される可能性は低いであろう。

裁判になったわけではないが、集団ボイコットと価格共謀については違法と判断される可能性があり、抱き合わせに関してはそのリスクは低いと結論できる。このことは、二〇〇四年改定で非ＢＣＳ校を多少厚遇するようになっても本質的には変わらない（Grow 2011）。

二〇一五年からのプレーオフは非ＢＣＳ校にチャンピオンになるチャンスを増やしたとはいえ、参加する四校を決める選抜委員会はＢＣＳとほぼ同じ基準を使っており、とくに対戦相手の強さを考慮すれば非ＢＣＳ校が選ばれる可能性は低く、集団ボイコットの要素は残り、収益の分配もＢＣＳコンファレンスが有利であることに変わりはない。ＢＣＳのときにチャンピオン決定戦で対決する一位と二位を決めても誰もが納得するわけではなかった。準決勝でプレーする四校を決めても、必ず選に漏れた大学からは、チャンピオンになる機会を不当に奪われたとの不満が出る。また、ボウルとコンファレンス間の取り決めは残り、放送局との一括交渉である点も本質的には変わりはない。Group of 5が訴訟を起こして勝つ可能性は否定できない（Miller 2015）。

ただ、ＢＣＳ批判の急先鋒だったハッチ議員とユタ州政府は、ユタ大学が二〇一一年にPac 10が拡大したPac 12に加入し、チャンピオン決定戦への出場機会ができたので矛先を収めた（Grant, Leadley, and Zygmont 2015, p.459）。同じユタ州のブリガムヤング大学も二〇二三年七月からBig 12に加入できたので不満は和らぐであろう。

さらに、二〇二四－二五年のシーズンからプレーオフは一二チームの参加に拡大される。当初はPower 5コンファレンスのチャンピオン五校とGroup of 5（American Athletic Conference［AAC］、Conference USA、Mid-American Conference［MAC］、Mountain West Conference、Sun Belt Conference）のコンファレンスのチャンピオンで一番ランクが高い大学が選ばれ、残りの六つの枠はチャンピオンになれなかった大学の中から、ランクの高い大学が選ばれることになっていた。しかし、Pac 12が崩壊したため有力四大のコンファレンス（ACC, Big 12, Big Ten, SEC）の優勝校とGroup of 5のカンファレンスのチャンピオンで最もランクの高い大学の合わせて五大学、それ以外でランクの高い七大学（Group of 5のチャンピオンがもう一つ入るかもしれない）の一二大学が参加する。「六プラス六」でなく「五プラス七」となった（Backus 2024; Cobb 2024）。有力コンファレンスのチャンピオンの中でランクの高い四校が一回戦のシード権を持つ。五位以下はランキングの高い順に、第五位対第一二位、第六位対第一一位、第七位対第一〇位、第八位対第九位が一二月に一回戦として上位校のキャンパスで対戦し、四校が残る。第一位から第四位までと合わせて八校で、一月からのボウルゲームで準々決勝、準決勝を行うのである。決勝は開催地を募る。とりあえず二年間実施してみて、やり方を再検討するようだが、一二位までのチームにナショナルチャンピオンになる可能性があるので、下位コンファレンスの大学の不満は多少は和らげられると考えられる。

2　有力校によるNCAA支配

（1）NCAA内外での争い

NCAAはもともとは中小大学によって設立され、有力大学は参加しなかった。また、プロだけでなくアマチュアスポーツでもライバル団体が存在していたので、NCAAは加盟大学を増やし大学スポーツの代表になりたかった。

アマチュア体育協会（Ameteur Athletic Union: AAU）はNCAAより古く、一八八八年に設立された。一八九九年から大学スポーツには関与しなくなったが、アマチュアスポーツを統括していた。オリンピックが参加選手に厳しいアマチュア基準を設けていた時代、オリンピック選手は現役大学生が多かったので、オリンピックへの派遣選考をめぐって、AAUとNCAAは対立していた。一九四六年に至った和解が一九六〇年に廃棄されたりした。オリンピックをソ連（当時）に対する国威発揚の場にしたい、ケネディ（John F. Kennedy）政権には頭の痛い問題であった。

一九五〇年に国際オリンピック委員会のアメリカ支部としてAAUとNCAAによってアメリカオリン

ピック委員会が設立された。しかし、一九七二年のミュンヘン・オリンピックではアメリカのスタッフの不手際が目立った。更に一九七六年のモントリオール・オリンピックではソ連・東ドイツ（いずれも当時）の躍進が目立った。議会は一九七三年に三〇以上のアマチュアポーツを直接管轄する提案を審議した。議会はオリンピックでの共産主義国の台頭に対するアメリカの不振と、AAUとNCAAの争いに不満を募らせていたのである（Hite, Washington, and Ige 2016）。また、オリンピック委員会は変革に後ろ向きで人事も不透明なことが批判されていた。一九七二年にNCAAは組織改革ができるまでオリンピック委員会から脱退すると発表した。フォード大統領がオリンピックスポーツ委員会（President's Commission on Olympic Sports: PCOS）を設置し、アマチュアスポーツの改革を目指した。PCOSは議会に対してオリンピック委員会の認可をやりなおすよう提言した。

議会は問題意識を持っていたが立法は遅かった。ようやく、一九七八年にアメリカアマチュアスポーツ法が成立し、アメリカオリンピック委員会（USOC）が再生された。USOCは種目ごとに一つの団体（National Governing Body: NGB）がその種目のことを統括するようにして、USOCがNGBを指図することは避けた。このNGBを巡ってAAUとNCAAが再び争うようになったのだが、NCAA系の団体の方がNGBになることが多く、争いはNCAAに有利な形で終息した（Nefziger 1983）。ただ、NCAAは大学の選手には報酬を出さない方針なので、オリンピック選手のアマチュア基準が緩んで、スポンサーがつくようになっていることが、NCAAのアメフトやバスケットボールでの選手からの報酬の要求につながることには警戒していた。

NAIA（National Association of Intercollegiate Athletics）はバスケットボールの考案者であったネイスミスらが中心になって結成された。前身となるバスケットボールトーナメントはNCAAより古く一九三七年に始まっていた。一九四〇年にバスケットボールを統括するNAIB（National Association of Intercollegaite Basketball）として設立されたが、一九五二年に多くの種目をカバーするNAIAに改称した。NCAAがアメフトから始まったのとは対照的である。

NAIAはNCAAの競技レベルでは争えない、黒人大学、リベアルアーツカレッジ、教員養成大学を取り込んで成長した。しかし、NCAAは一九七三年にDivision I, II, IIIを作り、Division IIIは小規模大学を取り込んだ。大学はNCAAとNAIA両方のバスケットボールトーナメントに出ることができた。NCAAにとってはDivision IのMarch Madonessが重要で、Division IIIのトーナメントでは稼ぐ必要がなく、むしろ本部が補助していた。一方、NAIAはトーナメントで稼ぐ必要があったので、Division IIIレベルの中では有力校を集めなければならない。NCAAのDivision III設立による中小大学取り込みに脅威を感じたNAIAが一九七四年のシーズン前に、各大学にどちらのトーナメントに出場するから尋ねたところ、NAIAを脱退してNCAAに加盟する大学が増えた。NAIAとしては自分で自分の首をしめることになってしまった（Nite, Washignton, and Ige 2016）。NAIAは生き残りをかけて、NCAA Division IIIでは認めていない選手向け奨学金を認めたり、選手勧誘の規制も緩くしている。

さらに、NCAAは第3章で述べたバスケットボールトーナメントのNITや、第6章で述べる女子スポーツ団体に対しては、財力を生かして退出に追い込んでいる。これらは一つの市場での支配力を使って、他の市場も支配しようとする行為だとして、反トラスト法訴訟を起こされたが、勝ってきた。この点、日本の大学スポーツ協会（UNIVAS）は、日本版NCAAと言われながら、政府のお墨付きで結成されたので、直面する団体間の競争の厳しさは本家とはかなり異なっている。

NCAAは、このように勢力を拡大する必要があったので、NCAAはメンバーを増やすため、メンバーの自治・裁量を尊重した。規程の施行や規則の順守は大学任せにして緩い統治体制であった。このことが不正・腐敗が一掃されない要因になっている。一方で、第8章で述べるように議会がNCAAへの圧力を強めるようになったので、NCAAもロビー活動には積極的になり、一九九五年に首都ワシントンに事務所を設立した。ただ、他の教育関係の団体が入っているビルに入居し、自分たちは高等教育機関の代表だと主張したかった（Maxcy 2004）。

有力大学が参加するようになってNCAAは成長したが、しだいに大学の規模によってスポーツの実力も異なり、競争が公平に行われなくなってきた。予算規模の大きな大学は施設を充実させたり優秀な監督を雇うことができる。また、学生数が多ければその中から多くの優秀な選手が含まれる可能性が出てくる（スポーツは平均値、中央値の学生が競うのでなく、トップの学生同士が競うのである）。また、NCAAは売手・買手カルテルとしても機能するようになった。カルテルではメンバーは同質の方がうまくいく。メンバーが最適だと思う行動が共通なので、定めたルールはメンバーに受け入れられやすい。そこで、NCAAは内部で規模別に分かれるようになった。

一九五六－五七年のバスケットボールのシーズンの選手権で、小規模大学向けのカレッジ部門を設けて、従前からのものはユニバーシティ部門と称された。その他の種目も二部門になったが、大学は種目ごとにカレッジかユニバーシティか、部門を選択できるようになっていた。しかし、カレッジ部門ですべての種目の選手権が開催できるようになったので、一九六八年に各大学は、すべての種目でカレッジ部門かユニバーシティ部門のどちらかに参加するかを選択することになった。さらに、一九七三年にユニバーシティ部門はDivision I、カレッジ部門がさらに分かれてDivision IIとDivision IIIにそれぞれ改称した。一九七六年の総会でNCAAはDivision Iを、さらに規模の順にI-A, I-AA, I-AAAに分けることとした（一九七八年から実施）。さらに、二〇〇六年にDivision I-AはFootball Bowl Subdivision（FBS）に、Division I-AAはFootball Championship Subdivision（FCS）に、I-AAAはDivision I No Football Programsとそれぞれ改称した（概要については表1-1を参照）。

第3章で述べたように、アメフトのテレビ放送の回数制限に、強豪校は不満を持っていた。NCAAの意思決定は、総会で行われるが、一大学が一票ずつ持っているので、アメフトに関する重要な決定に、アメフトの弱小校の意見が反映されてしまうことに、強豪校は批判的だった。こうして一九七六年に強豪校が独自の組織であるＣＦＡをＮＣＡＡ内に結成した。ＮＣＡＡはＣＦＡがＮＣＡＡとは別にテレビ放映契約を結んだら除名すると脅す一方で、懐柔策も図った。これが一九七八年のDivision I-AとI-AAの分離であり、I-Aでは有力校ばかりがメンバーになり、彼らの意見が通りやすくなった。しかし、ＣＦＡに参加していないBig TenとPac 8（当時）はアイビーリーグなどがI-Aに残れる提案をした。一二のスポーツ種目を行っていればアメフト入場者やスタジアムの収容人数の基準は無視するというもので、"Ivy League Amendment"と呼ばれたが、僅差で成立した。Big TenとPac 8は、ＣＦＡのメンバーの影響力がDivision I-Aの中で強くなりすぎるのをよしとしなかったのである（Dunnavant 2004, p.130）。

一九八〇年の総会で"Ivy League Amendment"は廃止された。アメフトの過去四年の平均入場者数が一万七〇〇〇人以上、または収容定員三万人のスタジアムを持つという基準に対して、ハーバード大学とエール大学は両方を満たした。ペンシルベニア大学とプリンストン大学は、収容人員のみを満たせていた。ブラウン大学、コロンビア大学、コーネル大学、ダートマス大学は両方とも満たせなかった（White 1981）。こうしてアイビーリーグ全

ハスキースタジアム　ワシントン州シアトルにあるワシントン大学のスタジアム。ニックネームはハスキー犬である。収容人員は７万人で、湖に面していて自家用ボートでも来場できる。観客が行う「ウェイブ」の起源には諸説あるが、1981年にハスキースタジアムで始まったという説もある。
en.wikipedia.org/wiki/Husky_Stadium

南オレゴン大学　南オレゴン大学のアメリカンフットボール用ホームグランド。3000人収容のスタジアムがキャンパスにある点では恵まれているが、Division I-A所属のワシントン大学のハスキースタジアムとは大きな違いがあることがわかる。（関西学院大学アメリカンフットボール部小野宏氏提供）

体が一九八二年のシーズンからDivision I-AAに移らされた。アイビーリーグ校はスポーツ奨学金を廃止し、選手の卒業率も高く、NCAA総会でも正論を主張していた。アイビーリーグの文武両道の主張についていけないCFAメンバーは、アイビーリーグ校をI-AAに追いやりたかったのである。

（2）NCAAの統治の改編

NCAAは一九九五年に提案第七号を承認し、一九九七年から統治構造を変えることになった。一大学・一票を廃止し、Divisionが投票することにしたが、その際、Division I-Aに多くの票が割り当てられた。Division Iの理事会（Board of Governors）は一五人のメンバーのうち九人はDivision I-A所属の大学学長となった。経営協議会（Management Council）では三四人のメンバーのうち、一八人がDivision I-Aのコンファレンスコミッショナー、所属大学のスポーツ部長であった。さらに、票の割り当てもDivision I-Aに有利で、I-Aの中で七つの有力コンファレンス（ACC, Big East, Big Ten, Big 12, Pac-12, SEC, SWC）が二票ずつを持ち一四票である。そこに七大コンファレンス以外のI-Aのコンファレンスに二票が与えられ、Western Conferenceにも二票が与えられるので、I-Aが合計一八票となった。一方、I-AAとI-AAAは、合わせて一六票が与えられた。結果として、I-Aが有利になるよう作られた。ただし、Division I-Aの暴走を防ぐため、Division Iの三〇大学が投票を要求し、八分の五の支持が得られれば、Division I-A理事会の決定を覆すことができるようにした（Berkowitz 1996）。

　二〇〇〇－〇一年シーズンから、有力コンファレンスはBig Eastが抜け六つとなった。そこにConference USAを合わせて、七つのコンファレンスに三票ずつが割り当てられ、二一票となった。それ以外のI-A内のGroup of 5の四つのコンファレンス（Mid-American, Mountain West, Sun Belt, Western Athletic）にはそれぞれ一・五票が割り当てられ、合計六票となった。I-Aは合わせて二七票である。一方、I-AAとI-AAAには、合わせて二四票が割り当てられた（二〇校は常に一票持ち、残りの四票は交代で選ばれた）。（Potuto, Dillon, and Clough 2012）。I-AはI-AAとI-AAAとを合わせたものに対して有利で、I-A内では有力コンファレンスが有利になるようになった。二〇〇八年に経営協議会は立法協議会（Legislative Council）と改称するが、それまでは有力コンファレンスが三人の委員を出すことができ、それぞれが一票持っていたものを、一人の委員を出し、その委員が三票を持つ形に変更した。

さらに、NCAA全体でも、理事会は現在一六人のメンバーだが、I-Aから八人、I-AAから二人、またDivision Iの協議会（Council）から二人入るが、前述のように協議会はI-Aが多数派である。Division IIからは二二人から成る学長協議会から二人、Division IIIからは一八人から成る学長協議会から二人である。また、I-AのアメフトのことはI-Aが、I-AAのアメフトのことはI-AAがそれぞれ決めることとした。コンファレンスが投票するということは、メンバーの大学の学長の合議というより、コンファレンスコミッショナーの意向が反映されるわけで、学長の力は弱くなった。

二〇一一年一〇月に、奨学金に生活費二〇〇〇ドルを上乗せする提案がなされた。Power 5の六五校のなかでは二校を除いて賛成だったが、それ以外の財政力に劣る一二五校（最終的には一六〇校）が負担が大きくなるとして反対に回り否決された（Shannon 2018）。不満を募らせたPower 5有力校はNCAAからの脱退さえも示唆したので、NCAAは二〇一四年に有力なPower 5コンファレンスが選手の厚生にかかわる、食事、奨学金、保険、学習支援などは自分たちで決めてよいこととした（二〇一五年から実施）。ここでの意思決定では、Power 5に属する六五校が一票ずつ、五つのコンファレンスからそれぞれ三人の選手も投票できる形をとる。Power 5以外のコンファレンスは同じことをしたければしても良い。さっそく二〇一五年秋からPower 5コンファレンスでは、在学に必要な実費（Full Cost of Attendance）」の支給を各大学が決めて良いこととした（Shannon 2018）。

二〇一四年にはさらなる改編（二〇一五年一月から実施）が行われ、Divison Iは評議会（Board of Governors）と協議会（Council）の二本建てにした。前者が戦略・監視を担当し、後者が通常のNCAAの運営に関する立法と執行を担うことになった。評議会の二四人のメンバーは学長二〇人（I-Aから一〇人、I-AAから五人、I-AAAから五人）で、選手、スポーツ部長、教員代表、女性スポーツ管理職が一人ずつ入る（Shannon 2018）。形の上では、学長のリーダーシップが強まったが、事務面の権限を協議会に渡してしまい、また、肝心な学長たちに一九八〇年代のような意欲がなく、第8章で述べるようにエメルテ会長が二〇一一年に「認証プログラム」を廃止して、二〇一五年に骨抜きされた形の「大学達成度プログラム」にしたことに抵抗しなかった（ガーニー・ロピアノ・ジンバリスト 2018, pp.110, 112）

協議会は、分担が明らかでないと批判されてきた指導部（Leadership）と立法部（Legislative Council）を代替したものである。四〇人メンバーは、三二のコンファレンスの代表に、教員代表、コンファレンスのコミッショナー、選手代表が加わった形になった。全体で六〇％以上は学長以外とすることになり、結局、学長によるＮＣＡＡの通常業務への関与が減ることになった。また、投票数にも差がある。アメフト以外のことは、Power 5のコンファレンスが四票ずつ持ち、合計二〇票となる。Group of 5は二票ずつで一〇票、それ以外の二二のDivision Iのコンファレンスは一票ずつで二二票、選手と教員が二票ずつで四票で、合計五六票となるが、やはりI-Aが主導権を握る。I-Aのアメフトのことは、I-Aのメンバーだけで決めることになったが、ここでもPower 5コンファレンスは二票ずつで一〇票、Group of 5は一票ずつで五票と、Power 5に有利になっている。一方、I-AAのアメフトにはI-Aは関与せず、I-AAの一一のコンファレンスが一票ずつ持つ（Shannon 2018）。

ＮＣＡＡはあまりに異質な大学の集まりになっている。第7章で述べるように、アメフトとバスケットボールが収益性のあるのは、Power 5所属の六〇数校のうちのさらに一部だけである。有力校のMarch Madnessのテレビ放映料がＮＣＡＡの収入を支え、Division Iの他大学やDivision IIやDivision IIIの選手権を支えている。有力校としてはＮＣＡＡの統治の主導権を握りたい。Division IIやDivision IIIはＮＣＡＡからの補助金が必要なので、有力校の専横を我慢している。一方、Division IIIには文武両道の大学もあるので、NCAAはこれらの大学を含めることで、大学スポーツを代表する組織であることを主張でき、有力校もその一部でいることで、選手がスポーツ漬けなっているとの批判を和らげたかった。

注

1 旗艦州立大学は大学院のレベルは高いが、大規模大学なので学部教育の質では、学生数を絞り豊富な校有資産を持つ名門私立大学の方が上である。大学ランキングにはいろいろと批判もあるが、重要な尺度が学生一人当たりへの教育支出なので、学部のランキングでは私立大学が上位を占める傾向がある。*US News and World Report* という雑誌の学部レベルでの二〇一二年ランキングでは、Big Ten はミシガン大学とノースウェスタン大学だけが、Top 30 入りしているが、ACCは州立のバージニア大学とノースカロライナ大学に加えて、私立のデューク大学とウェイクフォレスト大学の計四校が入っており、実は学部生の教育にとっては、ACCの方が格上なのである（Deluca and Maddox 2018）。

2 一発勝負でチャンピオンが決まるので、全勝だったチームが決定戦で負けてしまい、ランキングの低い大学がチャンピオンになってしまうことは起こりえる。また、総当たりでなくても、同じコンファレンスの別地区の大学との対戦がないわけではないので、レギュラーシーズンに対戦した相手と再びプレーオフで対戦する可能性もあり、レギュラーシーズンの対戦の意味が問われる。

3 記者の投票の方が先に発表されるので、監督はそれを見て、二位になってしまった大学に同情して票を投じることもあったと考えられる。

4 ブリガムヤング大学（BYU）の卒業生はモルモン教徒が多く、飲酒しないので消費が少なく開催地からは歓迎されない。「都市伝説」だがBYUのエドワーズ（Lavell Edwards）元監督や同州のハッチ議員も否定はしなかった（US Congress 2003b, p.36）。

5 一九八四年シーズンのブリガムヤング大学（BYU）である。全勝でレギュラーシーズンを終え、名門だがその年はそれほど調子の良くなかったミシガン大学を、メジャーではないホリデイボウルで破り全勝を守った。Pac 10 のワシントン大学は南カリフォルニア大学（USC）に敗れ一敗だった。ＵＳＣが Pac 10 コンファレンス優勝校となりローズボウルに行くことになったので、フリーになったワシントン大学は、やはり一敗の Big 8 優勝校のオクラホマ大学とオレンジボウルで対戦し、これを破った。しかし、投票の結果、僅差でＢＹＵがチャンピオンとなった。ＢＹＵがワシントン大学やオクラホマ大学と直接対決したら勝てたかどうかはわからないので、このときはむしろチャンピオン決定戦がなかったことが、ＢＹＵには幸いした。

6 競争に不可欠な施設へのアクセスの拒否は単独企業であっても違法となりうる。一九八五年の Aspen Skiing v. Aspen Highland Skiing では、ふもとにあるスキー場（Aspen Skiing）と山頂にあるスキー場（Aspen Highland Skiing）が共同でリフト券を発行していたが、利益分配でもめて Aspen Skiing が Aspen Highland Skiing の利用者にリフトを利用させなくした。ふもとのリフトがなければ山頂まで行かれないので、ふもとのリフトは不可欠な施設だとして、Aspen Skiing による単独の取引拒否は違法と判断された。

7 抱き合わせ販売とは、「Aを買ったらBも買ってください」というもので、オマケではない。靴と靴紐は抱き合わせ販売だが、利便性があるので問題ない。マイクロソフトが一九九〇年代にウィンドウズの市場支配力を用いて、パソコンメーカーに「ウィンドウズを搭載したいのならば、ワードとエクセルも搭載しろ」と求めたのは、抱き合わせ販売として問題になった。

第5章　アマチュア主義の動揺

1　NCAAによる買手カルテル

（1）NCAAによるアマチュア主義

選手の出場資格に関しては、実際には大学で学んでいない人物がスポーツだけを行う、しかもしばしば報酬を受けているということが、創生期から問題であった。のちにミシガン大学の名監督となるヨスト（Fielding Yost）はウェストバージニア大学の選手だったが、一八九六年にラファイエット大学に転校しライバルのペンシルベニア大学戦での勝利に貢献し、一週間後にはウェストバージニア大学のロースクールに入りプレーした（Southall, et al. 2023, p.168）。一九世紀末にできた専門職大学院（ビジネススクールやロースクール）は必ずしも学力水準は高くなく、学部卒でなくても入学できた。そこに籍だけおいてスポーツを行うことがあった。選手はボランティアであちこちの大学でプレーしているわけでなく報酬を得ていた、いわば傭兵であった。

NCAAの前身であるIAAUSは、結成直後の一九〇六年に選手は報酬を受けてはならないと定めた。また、一九一六年にNCAAは選手はアマチュアであることを改めて確認した。アマチュアとは「金銭的報酬目当てでなく、楽しみ、肉体・精神的鍛練、友情をはぐくむためにプレーをすること」と定義した。しかし、選手への報酬は根絶できなかった。第2章で述べた一九二九年のカーネギー教育振興財団のレポートは、大学スポーツの腐敗を指摘していた。戦後まもなくも大学は毎年一〇万ドルから強豪校では二〇万ドル（二〇二〇年実質ドルではそれぞれ一四五〇万ドルから二九〇〇万ドル）を選手への裏金に当てていたといわれる（Zimbalist 1999 p.9）。一九三九年にはピッツバーグ大学のアメフト部の一年生が上級生に比べて報酬が少ないとしてストライキを起こした。また、今日でも存在するが、大学や後援者（ブースターと呼ばれる。卒業生の場合もあるし、地元の実業家がファンになっている場合もある）からの裏金や、後援者の会社で名ばかりのアルバイトをして報酬を受けていた。

一九三五年にノースカロライナ大学のグラハム（Frank Graham）学長による"Graham Plan"が発表された。そこには、スポーツを理由とした奨学金の禁止とスポーツを教員の管理下に置くことが提案されていた。どの大学も守れない内容で実行できなかった（Watterson 2000, p.186）。一方で、Southeastern Conferenceはスポーツ奨学金を承認していた。選手への報酬をめぐっての対立は第二次大戦後に持ち越されたのである（Holden, Edelman, Baker, and Shuman 2022）。

一九四八年にＮＣＡＡは"Sanity Code"（「健全憲章」）を制定した。そこでは、スポーツをしていることを理由にした奨学金は渡さず、あくまでも経済的困窮度に応じて授業料に相当する奨学金を出すことと定めた。反対派のジョージア工科大学の代表のアレキサンダー（Bill Alexander）を議長にして反対しにくくして、成立させた。前身となる提案（"Purity Code"）にあった、学外での選手勧誘の禁止が削除されたので、Sanity Codeは成立した（Sperber 1998, p.230）。

当初、二二の大学が反対していたが多くが矛先を収めた。ところが、一九五〇年に南部のバージニア大学、メリーランド大学、シタデル大学、バージニア士官学校、バージニア工科大学、カソリックのボストンカレッジとビラノバの七大学（"Seven Sinners"「七悪人」と呼ばれた）が露骨に無視すると宣言をした。彼らは北東部、中西部の大学に比べると知名度で劣るので、報酬を与えないとよい選手が獲得できず、競争で不利になると主張した。ＮＣＡＡは一九五〇年の総会でこの七大学を除名する提案をしたが、賛成一一一、反対九三で賛成は五四％にとどまり、除名に必要な三分の二の票を集められなかった（Byers 1995, p.54; Crowley 2006, p.31）。実効力を失ったSanity Codeは一九五一年の総会で廃止された。一九五七年にＮＣＡＡはスポーツ選手への奨学金を認めた（学業や経済的困窮度に関係なくスポーツで秀でていれば与えられる）。ただし、金額は授業料、寮費・食費に限定した。当初は洗濯代（Laundry Fees）という名称の月一五ドル（二〇二〇年実質ドルでは一三八ドル）の雑費があったが、これは一九七五年に廃止された。授業料や寮費の高い大学は奨学金の額も大きくなるが、そのまま大学に収められるので選手が相当する金額の現金を得るわけでない。この奨学金の額では学業生活を送るには不充分だとの批判がなされてきた。

一九五三年にデンバー大学のネメス（Ernest Nemeth）は、アメフトの練習中に怪我をしたので大学を訴えた。彼はスポーツ奨学金を受けてはいなかったが、活躍していたので簡単なアルバイトで家賃・食費が免除されていた。これは制度化されていてアメフトをやめたら支給されないものであった。コロラド州最高裁は、ネメスは大学の被雇用者だとして労災の適用を認めた。翌年、同じコロラド州最高裁は、プレー中の頭の怪我がもとで亡くなった、フォートルイス農工大学のデニソン（Ray Dennison）の未亡人によるＮＣＡＡへの損害賠償請求は棄却した。単なる課外活動で大学に恩恵をもたらせていないので、被雇用者ではないと判断された（Byers 1995, pp.70-71）。

これらの裁判はＮＣＡＡにとって好ましくない前例になる可能性があった。労災が認められれば莫大な賠償金を払わなければならず、それに備えて通常から保険金の積み立てをしなければならなくなる。ＮＣＡＡは選手はアマチュアで大学の被雇用者でないので、怪我をしても大学やＮＣＡＡに責任はないと主張し、“Student Athletes”（「学生選手」）という言葉を多用するようになった。また、プロが使う「クラブ」という名称を避け、「チーム」を使うようになった（Byers 1995, pp.69-71）。ＮＣＡＡが主導する、選手に報酬を与えない大学間の取り決めは買手独占カルテルとも考えられる。

（2）オバノン裁判

第6章で述べるように、一九六〇年代は選手が人種問題にも絡んで、自分たちの境遇の改善を監督に抗議をしたが、長続きしなかった。また、選手は四年で卒業するので、裁判での長期戦は行いにくかった。しかし、一九八〇年代以降は、元選手、教員、ジャーナリストによる大学スポーツ批判が起こり、裁判も行われた。一九六〇年代に芽生えた批判精神が一九八〇年代以降、具現化したのである（Southall et al. 2023, p.161）[1]。

ヒュマ（Ramogi Huma）はカリフォルニア大学ロサンゼルス校（ＵＣＬＡ）の元アメフト選手であった。在学中チームメイトのエドワーズ（Dannie Edwaards）が奨学金ではお金が足りず、食料品店から便宜を図ってもらったりブースターから一五〇ドルを受け取っていたりしたことが問題になり、一試合出場停止になった。ヒュマはこのことに怒りを覚え、選手の搾取に抗議するため College Athletes Coalition を結成した。この団体は National College Players Association（NVPA）となり二一世紀に入ってからは、待遇改善を求める選手を支援したり、議会で彼らのために発言するなど、存在感を増している（Southall, et al. 2023, pp.51-52）。

ＮＣＡＡは、アマチュアである選手がスポーツを行っていることから恩恵を得ることを禁止している。プロ選手のように自分のサインやユニフォームを売ってはならない（大学は選手の背番号・名前の入ったレプリカを売っている）。それほど重い罰則ではないが違反者は処罰されてきた。テキサス農工大学のマンツェル（Todd Manziel）は、二〇一二年に一年生でハイズマン賞を受賞したが二〇一三年にサインを記念品として売ったとして一試合の半分を出場できなくなった。ジョージア大学のランニングバックのカーリー（Todd Curley）は、サインを販売して二年間に三〇〇〇ドル以上を得ていたので、二〇一四年に四試合の出場停止となった（Southall, et al. 2023, p.171）。美術専攻の学生は自分の描いた絵を売ってよいし、演劇専攻の学生が映画に出演してもよいのに比べて不公平な扱いである。スポーツは専攻ではないとの解釈も成り立つが、演劇や音楽の課外活動をしている学生が自分のパフォーマンスから金を稼ぐことは妨げられないので、やはり不公平である。

ＮＣＡＡはまた、選手が肖像権（Name, Image, and Likeness: NIL）を利用して報酬を得ることは、選手という立場の利用なので禁止してきた。他人が選手のＮＩＬを使用しても選手は使用料を請求できなかった。オバノン（Edward O'Bannon）は、ＵＣＬＡのバスケットボール部の元主力選手で、一九九五年の March Madness

優勝に貢献した。在学中の膝の怪我がもとでプロとしてはそれほど活躍できなかったが、トヨタのディーラーで第二の人生を送っていた。ある日、友人から「子供のコンピュータゲームに君が出ている」と伝えられた。見てみると、大学バスケットボールのゲームで選手名や背番号は書いていないが、UCLAのユニフォームで背格好から自分であることは明らかであった。彼はこのゲームに出演すること許可を求められてもいなかったし、出演料も得ていなかった。そこで、彼はNCAAとゲームのメーカーを訴えた（O'Bannon 2018）。

一方、アメフト選手でアリゾナ州立大学から転校してネブラスカ大学でも活躍したケラー（Sam Keller）が、エレクトロニック・アーツ（EA）社が彼のNILを無断使用し、NCAAとNCAAの子会社でライセンス業務を担当していたカレッジ・ライセンシング・カンパニー（CLC）社がこれを黙認していたので訴えた。ケラーの裁判とオバノンの裁判は統合され、集団訴訟となった。しかし、二〇一三年に原告がEA社と六〇〇〇万ドルで和解した。選手一人当たり一六〇〇ドルだが、多く使用された有名選手には数千ドルが支給された（Solomon 2018）。原告はオバノンだけとなり、NCAAが主導してNIL使用料を選手に支払わないよう大学間で申し合わせていたことは、カルテル（共謀）であり反トラスト法違反だとして訴訟を続けた。

裁判では第1章で述べた次の三つのステップを踏んで「合理の原則」の審理が行われた（Hording 2022）。ステップ一において、原告は明確に定義された市場において被告が競争を阻害していることを示す。ステップ二では被告が当該行為の競争促進性の存在を示し、さらに競争促進性が競争阻害性を上回っていることを示す。ステップ三では再び原告が、同じ競争促進性は当該行為よりも弊害の少ない方法で実現できることを示す。

二〇一四年八月の一審のカリフォルニア北地区連邦地裁のウィルケン（Claudia Wilken）判事は、高校の選手はプロにすぐに入れず、大学でプレーするしかないので、大学側は買手独占であることを認定した。

ＮＩＬの使用はゲームを消費者にとって魅力的にすることも認めたが、ＮＣＡＡが大学同士でＮＩＬの使用料を無料にするよう取り決めることは、競争阻害的だと認定した。この取り決めがなければ大学は競い合って学生選手にＮＩＬ報酬を与えるであろう、と述べられた。

ステップ一における、原告による競争阻害性の主張が認められたので、ステップ二では被告（ＮＣＡＡ）が競争促進性を主張しなければならない。ＮＣＡＡは四点をあげた。①アマチュア主義の維持（ＮＩＬの報酬を選手に与えれば、彼らはアマチュアとはいえなくなり、ファンが失望する。消費者の利益を損ねる）。②戦力の均衡（大学がＮＩＬの使用料を選手に与える程度によって選手を勧誘するのは好ましくない）。③スポーツと学業との両立（選手に一般学生が得られないような報酬を与えるべきでない）。④大学教育市場でのアウトプットの増加（ＮＩＬの使用料を払わないですむならば大学がスポーツを提供しやすくなる）。一審は①と③を認めた（United States Court of Appeals for the Ninth Circuit 2015）。

①に関しては、アマチュア主義の堅持が大学スポーツの人気を支えている、報酬を得ているとわかれば大学スポーツはセミプロとみなされ人気がなくなる、という主張を認めた。②については、大学はＮＩＬの支払いをしなくても、監督の給与やトレーニング施設にカネを使うことで、戦力に差が生じているので、ＮＣＡＡの主張を認めなかった。③については、一般学生が得られない報酬をスポーツ選手にＮＩＬを通して与えると、選手は報酬だけ得て勉学に励まなくなるので好ましくないというＮＣＡＡの主張を認めた。④のＮＩＬを支払うことになるとコストが増加し、多くの大学がスポーツを提供できなくなるという主張は、説得力がないとされた。

競争促進性が部分的には認められたので、ステップ三として原告は、同じ競争促進性がより競争阻害性が少ない方法で達成できることを示す必要がある。奨学金を授業料、寮費・食費だけでなく、教科書以外の参考図書代、交通費など含んだ大学生活のフルコスト（Full Cost of Attendance）にすることが一つである。年間数千ドルの増額になる。もう一つがスポーツでの収益を学生選手に分配することで、年五〇〇〇ドル程度の支払いを行う（大学卒業時に支給されるための基金を創設する）。二〇一四年八月の一審判決では、オバノン勝訴となり五〇〇〇ドルの支払いも認められた。

二〇一五年九月の控訴審判決も二対一でオバノンが勝訴となった。NILの支払いをしないという大学間の申し合わせはカルテルであって競争阻害性があることを認めた。NCAA側の競争促進性の主張については、一審と同様、選手が一般学生の得られないような報酬を得ることは好ましくないことと、選手が報酬を得るとファンは大学スポーツをセミプロのゲームとみなすようになって魅力的でなくなることは認めた。

ただ、ステップ三における競争阻害性の小さい代替案について、控訴審は一審と異なる立場を取り、フルコスト奨学金は認めるが五〇〇〇ドルの報酬は認めなかった。スポーツの収入を選手に分配するようになると、選手の要求は大きくなっていくであろう。控訴審は、教育関連の奨学金を増額するのと、教育と関係なくスポーツ選手に報酬を与えることとは別次元のことだと解釈した。裁判所は五〇〇〇ドルの支払いという細部にまだ立ち入るべきでないとされた。そもそも五〇〇〇ドルというのは、NCAA側の証人のへの反対尋問の中で、「五〇〇〇ドル程度ならば問題ないであろう」という流れで出てきた額で、根拠が弱いとされた（United States Court of Appeals for the Ninth Circuit 2015; O'Bannon 2018）。

少数派意見は、多数派が五〇〇〇ドルの支払いは認めなかったことを批判した。反トラスト裁判では消費者の利益が重要である。選手のNIL使用料の受け取りがゼロの状態と比較して、少額、五〇〇〇ドル程度の報酬によって大学スポーツのファンが失望して人気を下げるかどうかは検証すべきと主張した。控訴審の証言では少額の報酬は大学スポーツの人気に影響を与えないと主張がされていたのであった。オリンピックがアマチュア基準を緩めてスポンサーがついていても出場できるようになったが、人気は落ちていないという主張に対して、多数派はオリンピックと大学スポーツは違うと主張した。少数派意見はこの違いを主流派が説明してないと批判した。[2]

五〇〇〇ドルの報酬は認められなかったが、裁判は実際にはオバノン勝訴であった。NCAAは上告した。オバノンもより多くの支払いを求めてやはり上告した。二〇一六年一〇月に最高裁は双方の上告を棄却した。最高裁は上告された事案の一%程度しか取り上げないし、とくに判決で影響を受ける当事者が多い場合は、取り上げないので、オバノン判決でも予想通り控訴審判決が最終判断となった(McCann 2016)。

(3) アルストン裁判

ウェストバージニア大学のアメフト選手だったアルストン(Shawne Alston)とUCLAの女子バスケットボール選手だったハートマン(Justine Hartman)は二〇一四年に、奨学金の上限を大学間で申し合わせているNCAAのルールを反トラスト法違反だとして訴えた。二〇一九年三月、一審のカリフォルニア北地区連邦地裁は、「合理の原則」を用いてNCAA敗訴とした(Harvard Law Review 2021)。

一審の連邦地裁はステップ一として、原告(学生)側の主張を受け入れ、高卒の選手はすぐにはプロ入りできないので大学でプレーをするしかなく、選手市場はNCAAの買手独占であり、報酬を低く抑えることが可能であると認めた。ステップ二としてNCAA側がスポーツ選手が自由競争で高い報酬が得られるようになると、財務力の強い有力大学が高い報酬を提示して有力選手を集めて戦力のバランスが取れなくなり、このことは大学アメフトやバスケットボール全体の魅力が減じることになると主張した。「オクハラホマ裁判」と同様に戦力バランスを強調した。また、報酬を与えると大学スポーツはアマチュアでなくセミプロ(またはレベルの低いマイナーリーグ)となる、ファンが幻滅して離れる可能性がある、ファンが求めているのはプロと異なるアマチュアのアメフトとバスケットボールであるので、報酬の規制はこの要望に応えているので競争促進的である、という「オバノン裁判」と同様の主張もなされた。裁判所は戦力バランスの意義をあまり受け入れなかった。裁判所は、教育と関係ない報酬は、セミプロというイメージを与えてしまうかもしれないことは理論的には認めたが、NCAA側が実証できてはいないとも述べた。むしろ原告選手側の証言者が選手への支払いは少しずつ緩和させているが、ファンは減っていないことを明らかにしていた。

NCAAがステップ二で証明すべきだったのは、報酬を与えるようになるとアメフトもバスケットボールもセミプロのゲームとみなされるようにファン離れが起きる、報酬の制限は消費者の要望に応えるものである、また、報酬の支払いに苦しくなった大学の中からスポーツの提供を止めるところが出る、このように需要と供給の両方が減退することによって大学スポーツ市場が縮小することは、消費者にとっても好ましくないはずである、という点であった。しかし、NCAAは充分な証拠をもってこのことを主張することはできなかった。すでに多くの大学スポーツファンは、選手がスポーツ漬けであることを知っているが、ファンであることをやめないのである。

ステップ三として選手側は、奨学金は教育に関係ある報酬（選手引退後の大学院に進学するための奨学金、パソコン、教材など）のみに限定していることを撤廃するという、より競争阻害性の小さい代替案を提示した。裁判所は選手側の言い分を認め教育に関係した報酬支払の制限の撤廃を命じた（判決を受けてNCAAは二〇一九年三月に発表し、二〇二〇年八月に発効した）。しかし、選手側はすべての報酬支払の自由化を求めていたし、NCAAは支払い規制のいかなる緩和にも反対だったので双方が控訴した。

二〇二〇年五月、第九巡回区控訴裁判所は一審を支持し、地裁は適切に「合理の原則」を適用していると認めた。「オクラホマ大学判決」の主文でない意見書（dicta）に、「NCAAが産出物（大学スポーツ）の性格を考慮し、その質を維持するために、選手は支払いを受けてはならず、授業に出席しなければならないという取り決めは必要である」と述べていた（Supreme Court of the United States 1984, p.102）。意見書だが、最高裁の意見なので連邦地裁や巡回区裁判所には影響力を持った。しかし、第九巡回区控訴裁判所はこれに距離を置いていた。この結果、授業料、寮費・食費を超えた教育全般に関係ある費用の支払いが認められた。しかし、スポーツの収入を報酬として分配することは引き続き禁止となった。NCAAのみが控訴した。

最高裁は全会一致で二〇二一年六月にNCAA敗訴の判決を下した（Supreme Court of the United States 2021）。その中で改めて「オクラホマ大学判決」にある「選手は支払いを受けてはならない」というのは、意見書の中の記述で重みはない、その裁判は放送回数制限についてであって大学選手への報酬ではない、とした。NCAA側はNCAAはカルテルではなくジョイントベンチャーであり、大学スポーツの恩恵を消費者に届けるためには協調行動が必要だ、と主張した。最高裁はジョイントベンチャーは「当然違法」ではないが、逆にジョイントベンチャーによるすべての協調行為が認められるわけでもない、と述べた。シェアの小さな企業同士のジョイントベンチャーは問題ないが、生産量を抑え価格を上昇させることが明白な、市場シェアの大きな企業間の協調行動は認められない。大学スポーツ市場は買手独占であるので、そこでの協調行動は競争阻害性を持つわけで、反トラスト法の適用は当然ということになる。NCAAはまたNCAAの規制は、競争促進よりも重大な目的（大学スポーツの商業化を防ぎ健全さを維持する）のためにあるので、反トラスト裁判の対象にならないと主張したが、最高裁は反トラスト法裁判は非営利組織であっても、収入を上げる過程での競争を促進しているか否かだけで判断すると述べた。

さらに最高裁は一審と控訴審が、選手への報酬の規制が競争阻害的であるか否かが問題なのに、比較衡量する競争促進性の理由としてアマチュアの試合を好む消費者の利益を持ち出したことを批判した。この裁判では選手の利益が問題である。レストランが申し合わせてコックの賃金を抑えている時に、安い料理が提供されて消費者に恩恵がもたらされているから問題ない、というわけにはいかないのである。アマチュアの試合を提供する意義が否定されると、競争阻害性のみが際立つのである。

「アルストン判決」で、選手に対して教育に関係するもの以外の支払いは禁止され、在学に必要な費用(Full Cost of Attendance)のみが支給されることが引き続き行われることとなった。上限は年五九八〇ドルとされたが、ミシシッピ大学を嚆矢に支給する大学が現れた（Ramsey 2023）。在学に必要な費用は大学が定めたら、アメフトとバスケットボール以外のスポーツ含めてスポーツ奨学金受給者全員に支給される。後述するがスポーツにおける男女差別は教育法修正第九条で禁止されているので、男女とも同額である。一方で、「オバノン判決」を受けてのNIL使用料の受け取りは、全選手が対象となるが、同額である必要はない。

アメフトや男子バスケットボールのスター選手は一〇〇万ドル以上得るといわれる。二〇二一年のNIL解禁時の推定額の第一位はコロラド大学クォーターバックのサンダース（Sheduer Sanders）（アメフトと野球でプロ選手として活躍した「二刀流」で、プロとカレッジでアメフト殿堂入りしたDeion Sandersの息子）の四六〇万ドル、女子はアイオワ大学のバスケットボールのクラーク（Caitlin Clark）の三一〇万ドルであった（Wile 2024）。一般的にはほとんどの選手は少額しかえられないが、それでも、NIL使用料を得ることで在学費や部活動費の補填に充てることができる。

2　NCAAによる規制と選手からの訴訟

（1）NCAAの法廷闘争

前述した裁判以外にも、選手はNCAAの規制を反トラスト法違反だとして裁判を起こしてきた。時代は遡るが判例を振り返りたい。「オクラホマ大学判決」前の一九七五年に、ホッケーの選手が金銭を受け取っていたため試合に出られなくなったことでNCAAを訴えた（Jones v NCAA）が、マサチューセッツ連邦地方裁判所で却下された。一九九〇年にNFLのドラフトに参加した選手の出場禁止措置が訴えられた（Gaines v NCAA）が、テネシー中地区連邦地裁で、NCAAが勝訴した。一九八八年には現役・元選手、チアリーダーたちが、奨学金による報酬が自分たちの労力に比して少なすぎるとNCAAを訴えた（McCormack NCAA）が、第五巡回区控訴裁判所はNCAAの勝訴とした。一九九二年には第七巡回区控訴裁判所が、プロのドラフトにかかったり代理人を雇った選手が出場禁止になったりするNCAAの規定を支持した（Banks v NCAA）。

これらはプロと一線を画しアマチュア主義を守るための規制として正当化されてきたが、コストを抑えたいがゆえにアマチュア主義を強調しているともいえる。一九九八年に大学院生は学部と同じ大学の大学院に在籍している場合のみ、選手として出場できるというNCAAのルールが訴えられた（Smith v NCAA）が、

第三巡回区控訴裁判所はNCAA勝訴とした。選手は四年間のみプレーできるので、このルールは、学部で四年間プレーせず卒業した選手を、他大学が大学院に在籍だけさせてプレーさせることを防ぐためのものである。自分の大学院に行く学生は勉学のためとみなされていた。ただ、選手の中には本当に勉学のために他大学の大学院に進学することもあるので、選手の自由を奪っているといえる。

第七巡回区控訴裁判所は二〇一二年のアグニュー裁判（Agnew v NCAA）で、NCAAがスポーツ選手向け奨学金の件数の上限を定め、複数年での奨学金契約を禁止していることは問題ないとされた（連邦地裁が訴えを取り上げなかったことに同意した）。奨学金の件数はスポーツの過熱を防ぐため、制限することが認められた。その前の二〇〇五年にはスポーツ推薦でない選手（Walk-on Playersと呼ばれる）が、スポーツ奨学金の件数が制限されているゆえに自分たちに奨学金が来ないとして件数の制限を訴えたが、制限がなくても希望者全員がもらえるわけでないとしてワシントン西地区連邦地裁はNCAAの勝訴とした（NCAA v. A Walk-on Football Players Litigation）。

実は、元々は奨学金は四年間支給されていたのだが、怪我をしたりやる気をなくしたり期待外れに終わった選手にまで奨学金を出すことを大学は嫌がった。一九六七年から自発的に退部した選手には支払わないことになり、一九七三年から一年ごとの更新になっていた。これはアマチュア主義の維持のためというよりは費用を削減し、新しい有望な選手に奨学金を回したかったからである。更新するか否かは監督が判断するので監督の権限が強くなり、自主的なトレーニングへの参加が義務に近いものになる恐れがあった。また、怪我や期待外れに終わった選手が奨学金をもらえなくなれば、在学そのものが難しくなった。アグニュー裁判には勝ったものの奨学金の単年度更新には批判も高まっていたので、NCAAは二〇一二年に四年間の奨学金を給付してよいこととした。すべての大学に対する「義務」ではなく「許可」なので、豊かな大学が四年間のスポーツ奨学金を提供することで、優れた高校生選手を勧誘できるので戦力格差を拡大する懸念はある。しかしながら、制度としては解禁されても実際の支給件数ベースでは一〇％程度で大学の動きは鈍かった（Grant, Leadley, and Zygmont 2015, p.102）。大学側は一年更新制の下でも実際には学業・素行で問題がない限り、奨学金は更新されていると主張する（Ellis 2013）。ノースカロライナ州立大学、ミシガン州立大学、アリゾナ州立大学、オバーン大学（アラバマ州）など、元ランドグラント大学が旗艦州立大学に追いつくために、選手勧誘手段として積極的に複数年制契約を採用した（Ellis 2013; Wolverton and Newman 2013）。次第に、複数年奨学金を認める有力校が増え、Power 5 は裁量権が認められるようになったので、二〇一五年秋から複数年奨学金を採用することにした。同時に Power 5 大学では、スポーツでの実績が悪い、怪我をしてプレーできなくなったという理由で奨学金を更新しないということも禁止された、奨学金について選手を守るこのポリシーは二〇二四年秋からは Power 5 以外の Division I 大学でも実施が求められる（Durham 2023）。

選手だけでなくコーチについての規制も裁判になった（Hannessy v. NCAA）。NCAAは Division I-A でのアメフトやバスケットボールで大学が採用できるコーチの人数を制限していた。これをオクラホマ大学とアラバマ大学が反トラスト法違反として訴えた。NCAA側は有力校が多くのコーチを雇うと、弱小校に人材が回らず戦力の不均衡になると主張した。また、大学スポーツの過熱を防ぐ必要があるとも主張した。一九七七年、第五巡回区控訴裁判所は（「オクラホマ大学判決」では否定されることになる）「戦力の均衡のため」というNCAA側の言い分を認め、また Division I-A の大学以外でもコーチの仕事はある、としてNCAA勝訴とした。

しかし、NCAAが Division I ではアメフト以外の種目で一番ランクの低いコーチを特定し、その人の給与の上限を年間一万二〇〇〇ドル（一九九五年の金額だとして、二〇二〇年実質ドルでは二万四〇〇ドル）、夏の期間は四〇〇〇ドル（同六八〇〇ドル）と定めていたことが問題となった。この Law v. NCAA 裁判において、カンザス地区連邦地裁は一九九五年に、「オクラホマ大学裁判」を踏襲して、NCAAには必要な水平共謀があることを認め「当然違法」でなく「合理の原則」を用いた。NCAA側は安い給与が嫌ならば、Division I-A 以外でもコーチの仕事はあるので、市場支配力はないと主張した。裁判所は“Quick-Look Approach”

を用いて、原告にステップ一での市場支配力の証明を求めることなくステップ二に進み、NCAAに競争促進性の説明を求めた。NCAAは給与を抑えることで採用される人数が増え、これはコーチさらに監督になっていく人材の育成にプラスである、費用を削減し商業化の歯止めになる、予算が潤沢な有力校が優秀なコーチを高給で集めることを防ぐことで戦力の均衡を図れる、と主張した。しかし、これらの説明は説得力がないとしてNCAA敗訴となった（Schiff 1995）。NCAAは控訴したが、一九九八年に第一〇巡回区控訴裁判所は戦力均衡の理由は理解できるが、この取り決めはこの目的の達成に貢献せず、価格共謀に過ぎないと判断し、NCAA敗訴となった（Fellin 2006, Lazaroff 2007）。NCAAは控訴はせず一九九九年に和解に至り、五四五〇万ドル（同八四七〇万ドル）をコーチたちに払うことになった（Smith 2011 p.231）。

Law v. NCAAは、「オクラホマ大学」を継承して、戦力の均衡、アマチュア主義の維持というNCAAの抗弁は受け入れなかった。また、のちの「オバノン」「アルストン」と同様、金銭の支払い抑制につながる申し合わせは違法とされた。NCAAのような非営利組織は利潤極大化以外の目的があるが収入はあげている（名声を得るなど、利潤以外の目的を達成するために費用抑制に積極的ではないが収入は増やそうとしている）。その中での競争阻害的行為があれば、反トラスト法違反となる。

（２）一年生と転校生の出場資格規制

一年生は大学生活に慣れることを優先すべきだとして、試合に出ることを禁止することは、一八八九年にハーバード大学のエリオット学長が提案し、同大学では一九〇三年から実施し、追随する大学も現れたが、一九〇六年、設立されたばかりのNCAAは統一したルールは作らず大学任せにすることにした（Shropshire 1997）。しかし、NCAAは一九三九年から一九六八年までは選手権試合での一年生の出場を禁止していた（Sanderson and Siegfried 2018a）。戦後、アイビーリーグが正式に発足し、一九五四年に一年生の試合出場を禁止し、選手として活躍できるのは三年間と定めた。一九六一年にNCAAは、入学五年後までは選手でいられるが、出場できるのは四年間とした。名選手が留年を重ねてプレーし続けることはできなくした。一年目に試合には出ず、二年目から（四年では卒業せず）五年目までプレーできる（Smith 2011, pp.223-224）。一年目は奨学金を受け、練習は行う（遠征には帯同しない）。そのような一年生をRedshirt Freshmanと呼ぶ[3]。実際には監督から厳しい練習課題を与えることも多い。大学はプレーをしない選手に奨学金を出していることを無駄に思えてきたので、一年生のプレーの解禁の声があがった。

一九六七年の総会では解禁が否決されたが、翌一九六八年にはアメフトとバスケットボール以外での解禁を一六三対一六〇の僅差で可決した。一九七二年にアメフトでの解禁が九四対六七で、バスケットボールでの解禁が挙手多数で承認され、一九七三年から実施された（Byers 1995, pp.162-163;Crowley 2006, pp.45-46）。一九六〇年代末にはリベラル主義が退潮し保守主義が台頭し、個人の自由が尊重されるようになっていた。NCAAの規制でなく選手の自由にさせるべきとの論調が強まった（McGregor 2015）。解禁後もアイビーリーグは独自に一年生の出場を禁止していたが、一九九三年から解禁した。

大学に慣れるために一年目の負担を小さくする理由は理解できるが、練習が厳しいのならばあまり意味はない。また、四年間プレーをしたい選手は一年は留年して五年で卒業することになり、奨学金を得ているとはいえ選手は一般学生に比べて不利益を被る。むしろ、学力不足の学生をきちんと特定して一年目は試合に出さない、練習量も制限することが重要である。学力水準は大学によって異なるので、一般学生の標準テストの点数の平均よりも標準偏差一個分下の学生は学力に不安があると判定してよいであろう。

裁判にもなっている出場資格の問題が転校生である。NCAAは一九六一年にDivision Iの大学からの転校生は一年間試合に出られないことにした。その後、一回目の転校ならば、すぐに試合に出られることになったが、アメフト、男子アイスホッケー、男女バスケットボールは例外とされた（奨学金をもらい、練習することは認められる）。

転校生の試合出場の規制については次の三つの理由が考えられる（ガーニー・ロピアノ・ジンバリスト 2018,

pp.132–133)。大学は勧誘や奨学金に費やしたお金を回収できなくなるのを嫌う、選手が転校してしまい戦力が下がることを嫌う、そして、有力校の草刈り場になることを嫌う、である。高校時代無名だったので有力校に勧誘されなかった選手が活躍すると、有力校が転校で引き抜いてしまうと戦力格差が広がる。しかし、最後の点は引き抜きをする監督や大学を罰するべきで、選手に不利益をもたらせるべきでない。また、有力校でレギュラーになれなかった選手が転校して活躍の場を持つことは、戦力格差の是正につながるかもしれない。転校生は転校先で試合には出られなくても、厳しい練習には参加するので、勉強時間が増えるわけではない。「転校先の環境になじむ」という理由に説得力はない。監督が良い待遇を求めて大学間を（場合によってはプロも選択肢として）渡り歩いているのだから、選手も規制すべきでない。

タナカ（Rhiannon Tanaka）は優秀な女子サッカー選手だった。南カリフォルニア大学（USC）に入学するが、二年目からカリフォルニア大学ロサンゼルス校（UCLA）に転校することを希望した。女子サッカーはＮＣＡＡの転校規制の対象ではなかったが、ＵＳＣとＵＣＬＡが属するPac 10コンファレンスはPac 10内の大学に転校した場合は、どのスポーツでも一年間は試合に出ることはできないと定めていた。タナカは反トラスト法違反でＵＳＣを訴えたが、敗訴した（Tanaka vs. USC）。一九九九年にカリフォルニア中地区連邦地裁はPac 10の規定は商業的な取り決めでないので、反トラスト法違反を問えないとした。第九巡回区控訴裁判所も二〇〇一年にTanaka敗訴とした。ただ、判決理由では、Tanakaが反トラスト法違反を充分に証拠立てて説明できていないことが指摘された。ＵＳＣがPac 10の規定を適用したのはTanakaに対してだけだったので、Tanakaは彼女が転校することへのＵＣＳによる報復である、ということを主張した。裁判所は彼女は競争阻害性を証明していない、ＵＣＳからは転校したいが、ロサンゼルスから離れたくないのでＵＣＬＡに移りたい、というのも反トラスト法訴訟の主張としては弱い、反トラスト法は消費者の利益のために競争を保護するのであって、個々の競争者を保護するのではない、と結論した（Yasser and Fees 2005）。

アメリカでは、会社を辞めた従業員が元の勤務先で得たスキル・情報・人脈を用いて起業して元の雇用主に損害与えることを規制する規定がある。Covenant not to compete（就業禁止特約）と呼ばれ、同じ事業内容では、半径何キロ以内、何年間かは元従業員は起業してはならない、と定めるのである。規制する事業の範囲を狭く限定すれば起業しやすいので、その分、開業禁止地域を広くしたり禁止期間を長くしたりするなど、バランスをとる。就業禁止特約は連邦政府ではなく州政府の管轄なので、州によって執行に濃淡があり、裁判でも元雇用主が勝ちやすい州と元従業員が勝ちやすい州とがある。[4] 反トラスト法が企業側に厳しかった一九六〇年代までは、就業禁止特約は競争を阻害するとして批判されていたが、しだいに「合理の原則」を用いて合理性があるとみなされる場合も多くなった。しかし、それでも司法省と連邦取引委員会の二〇一六年一〇月のガイドラインでは、企業同士が共謀して雇用条件を決めるのは違法であり、企業間の露骨な給与取り決めや引き抜きの禁止は「当然違法」であると述べている（US Department of Justice and Federal Trade Commission 2016）。就業禁止特約を企業間で申し合わせることは禁じられる。アップル、グーグルなどＩＴ系企業七社による技術者の引き抜き自粛協定は問題となり、二〇一〇年に廃止された。二〇〇五年から二〇一〇年までに勤務した六万五〇〇〇人が、不当に給与を抑制されたとして集団訴訟を起こし、二〇一五年に四億一五〇〇ドルの支払いで和解した（Whitney 2015）。転校生の試合出場規制は、転校した選手が元の大学との試合で活躍するのを防ぐ、就業禁止特約の面もある。Yesser and Fees（2005）も Tanaka は反トラスト法違反でなく、就業禁止特約の過度の適用だとして訴えた方が勝訴の可能性があった、と述べている。

転校生の出場規制については、転校先の大学に慣れるためという理由付けがあるが、これは説得力がない。おそらく高校から大学に進学したときや、短大から四年制大学に編入したときの方が環境の変化は大きい。そのような選手を一年間待たせることはしていないのに、Division I の四年制大学の間の転校生は出場させないのは整合性に欠ける。転校生が学業の理由でなく活躍の場を求める理由だけで、チームを渡り歩くという弊害も二度目からの転校での出場機会を厳しく規制すればよい。「学生選手」と言いながら一般学生は転校が自由なのに選手に規制をかけるのはおかしい。また、アメフト、男子アイスホッケー、男女バスケットボールは過熱して勉学が軽視されがちであるが、これらの種目の選手だけに特別な規制をするのも不自然である。

「Tanaka判決」後も、転校生への出場資格を巡る裁判では選手側の敗訴が続いたが、裁判によってこの問題が注目されるようになったので、NCAAは二〇二一年四月にDivision Iにおける一回目の転校における一年間の試合出場停止措置を、アメフトを含むすべてのスポーツで廃止することになった。「アグニュー裁判」で、奨学金を一年ごとに更新することは裁判では認められたが、NCAAが修正したのと同様、批判が大きくなる前に先手を打って改革した。二〇二一年一月に司法省反トラスト局のデルラヒム（MakanDelrahim）が、NCAAのエメルト会長に、NILの使用料のこととともに、転校生の出場規制にも反トラスト法違反になる懸念を表明した（Berkowitz and Brennan 2021）ことも影響したと考えられる。さらに、二〇二三－二四年度からは二回目以降の転校生も一年待つことなく、二〇二四－二五年のシーズンから出場できるようになった。

すでに二〇二〇－二一年のシーズンにDivision Iの男子バスケットボールでプレーしていた選手の四分の一が翌年にはチームを移っていた。転校したい選手がオンラインで登録し、監督も欲しいポジションを提示するようになり、"Transfer Portal"と呼ばれるオンライン上のフリーエージェント市場が形成されている（Southall, et al. 2023 pp.308-309）。二回目の転校以降もすぐにプレーできるようになれば、選手が勉学のためでなくプレーの機会を求めて転校することに拍車がかかるでろう。一般学生との差別をなくすためとはいえ、ここまでになると、これが望ましい姿かどうか疑問が残る状態である。

（3）選手の労働組合

二〇一四年、ノースウェスタン大学のアメフト部の選手が労働組合を結成しようとした。大学が認めなかったので、全米労働関係局（National Labor Relations Board: NLRB）に救済を求めた。同大学はシカゴにある私立の名門大学だが、スポーツもI-Aで強豪ひしめくBig Tenに所属していた。戦績はいまひとつだが、選手には強豪校と同様のアメフト漬けの学生生活を強いていた。組合結成運動の中心人物はクォーターバックのコルター（Kain Colter）であった。彼の叔父はUSCでプレーしたが、怪我のためプロ入りできず卒業もできず、痛みと治療費だけが一生続いた。また、彼の友人の父親はプロで活躍したが、脳震盪から慢性的なうつ病になり自殺してしまった。これらの話から、彼は選手が大学から搾取され、使い捨てにされていることに疑問を持っていた。彼は労働環境のセミナーに参加し、大学のアメフト選手はブルーカラーの労働者と境遇が同じだと考えるに至り、前述のヒュマからアドバイスを受け組合結成を目指した。全米鉄鋼組合が支援してくれた。

ＮＬＲＢは一九三八年の労働関係調整法（ワグナー法）によって設立され、民間企業の労働係争の裁定を行う。裁判所のように地区のＮＬＲＢと連邦のＮＬＲＢがあるが、裁判官と異なり連邦ＮＬＲＢの五人の委員は大統領による交代が可能なので党派色が現れる。民主党系の委員は労働者寄りで共和党系の委員は企業寄りである。

労働組合の結成が認められるか否かは、選手が大学の被雇用者と判断されるか否かによる。被雇用者ならば組合を作れるのである。大学院生が教員の教育業務を補助するティーチングアシスタント（TA）や研究を補助するリサーチアシスタント（RA）として大学のために働き給与を得ている場合、被雇用者に当たるかどうか、ＮＬＲＢは判断してきた。一九七二年にはアデルフィ大学のＴＡは、将来自分が教壇に立つための訓練の機会であるとして、被雇用者と認められなかった。一九七四年のスタンフォード大学のＲＡも、自分の学位につながる研究を行っているとして被雇用者と見なされなかった。

ところが、一九九九年のボストンメディカルセンターの研修医は、勤務実態に鑑みて被雇用者であると見なされた。二〇〇〇年に、ニューヨーク大学のＴＡも研修医ほどではないが拘束時間が長く被雇用者だとされた。二〇〇二年のブラウン大学のＴＡも第一地区ＮＬＲＢは被雇用者と見なしたが、連邦ＮＬＲＢは見なさなかった。当時はブッシュ・ジュニア政権下でＮＬＲＢの委員も三人が共和党系で二人が民主党系であったので、労働側に厳しい判断が下った。ブラウン大学では博士号取得のためにはＴＡの経験が義務付けられていたので、ＴＡは院生の教育スキルの訓練のためのものと判断された。また、支払われる額も連邦政府からの奨学金と同額で、労働報酬というより経済支援の意味合いが強かった。

その後、オバマ（Barak Obama）政権下の最後の二〇一六年には、連邦ＮＬＲＢがコロンビア大学のＴＡ・ＲＡを被雇用者と認めた。大学が大学院生の仕事の内容をコントロールし、この仕事と引き換えに報酬を得ていると判断された。また、教員や州立大学の（選手でない）院生が組合を作っているが、師弟関係がぎくしゃくしたり、雇用主の大学に遠慮して言論の自由の行使を自制するなどの問題は起きていないことも指摘された。「ブラウン大学裁定」ではどちらかというと法律解釈が重視されたが、「コロンビア大学裁定」では、実際に何が起こっているかという実証分析重視であった。実証分析重視はデータの選択が裁量的・恣意的になる恐れがあるが、具体的な大学院生の勤務実態や他大学での弊害の有無などが考慮された。

ＮＬＲＢがノースウェスタン大学のアメフト選手をどう見なすか注目されたのだが、二〇一四年にシカゴの第一三地区ＮＬＲＢは、スポーツ奨学金を得ているアメフト選手は被雇用者だと判断した（Shimabukuro and Bradley 2014）。シーズン中は週に四〇－五〇時間チームに拘束され、勉強の二〇時間よりもはるかに多い。ＮＣＡＡの規則ではチームへの拘束時間（Countable Athletically Related Activities：CARA）は二〇時間で、これにはグランドでの練習だけでなく、監督やコーチの指示に基づくウェイトトレーニング、コーチとのビデオ視聴やミーティング（作戦会議）も含まれる。ただ、監督・ミーティングがいない（「実施した」と監督に報告する必要もない）、大学のジムでのトレーニング、走り込み、選手の発案による選手だけによる練習などは、Voluntary Athletically Related Activites（VARA）と呼ばれ、二〇時間に含まれないが、実際にはかなりの時間を割いて行われている。選手の提案した「自主的な」練習があることをチームのスタッフが選手に周知することは認められているので、参加が期待されていることになる（NLRB 2024）。ゲームのある週末は二日間拘束される。NCAAは四・八時間分としてしか換算しないが、ホームゲームであっても前日からホテルに宿泊し、ノースウェスタン大学は名門大学であるが選手による宿題の持ち込みは、禁止ではないが奨励されない。遠征の目的は「勝利」と明記されている。さらにスキャンダルを避けるため、選手には一般学生には課せられない門限やアルバイト禁止などの行動規制がある。このような実態から選手は被雇用者であると判断された。大学側は「ブラウン大学裁定」を引用して、被雇用者でないと主張したが認められなかった。「ブラウン大学裁定」ではTAとしての勤務は院生の教育スキルの向上に貢献しているが、アメフトのプレーは本人のためでなく大学のためだと判断された。人格形成に資するという大学側の主張も認められなかった。また、プロと異なりクォーターバックもラインマンも報酬（奨学金）が同じなのも、報酬ではない証拠だと主張したが、NLRBは、そもそもスポーツ奨学金を受けている学生は、アメフトをプレーする条件でもらっている奨学金なので、奨学金はプレーの報酬だと見なした。

大学側が控訴すると、二〇一五年に連邦NLRBは裁定を拒否した（被雇用者と見なされなくなったので実際には大学の勝利である）。オバマ政権下だったので民主党系三人、共和党系二人だったのだが、全会一致であった。連邦NLRBは民間企業の労使係争のみを裁定できる。ノースウェスタン大学は私立大学なので裁定の対象だが、NCAAのI-Aの強豪大学の多くは州立大学である。このような状況下で私立大学のチームだけに労働組合を認めることは一部の大学だけ選手の報酬が高くなり（それによって選手を惹きつけ）混乱を起こすだけというのが理由であった（Corrada 2020）。実際、二〇一四年の被雇用者判断を受けて、ミシガンやオハイオでは州法で州立大学の選手による労働組合を禁止した。ノースウェスタン大学ではアメフト部が組合結成の可否を投票していたのだが、この制定を受けて開票せずに廃棄した。しかし、コンファレンスの対戦相手が州立大学だから私立大学での組合を認めない、という理由に対しては、鉄鋼会社が州政府と取引したらその会社では労働組合が結成できないのか、州立大学との対戦を選択しているのは大学であって選手ではない、との批判もあった（Southall, et al. 2023, p.179）

民主党バイデン（Joe Biden）政権下の二〇二一年九月、ＮＬＲＢの顧問弁護士のアブルーゾ（Jennifer Abruzzo）が、選手は被雇用者と見なせるという意見を表明した（Golen 2021）。顧問弁護士（General Council）からのメモ“GC”で、二〇一七年のもの（GC17-01）は二〇一四年の裁定を受けて被雇用者とみなしていたが、それを二〇一八年のGC18-92が覆していた。今回のGC21-08はGC18-92を否定し、GC17-01を復活させ、選手は被雇用者という立場を取った。前述のオバノン判決やアルストン判決で、大学スポーツが営利事業として行われており、選手への報酬が不当に低く抑えられていることが、最高裁でも認められたためだとしている（Abruzzo 2021; NLRB 2021）。また、前述のように、二〇一六年に連邦レベルのＮＬＲＢはコロンビア大学のＴＡやＲＡとして働く大学院生を被雇用者とみなし、ブラウン大学の時の判断を覆していた。

ダートマス大学の男子バスケットボール部は組合を組織（学内の食堂でアルバイトしている学部生が入っている労働組合に参加することを希望）しようとしていた。二〇二四年二月にＮＬＲＢボストン支部は彼らを被雇用者と認定した。ダートマス大学はアイビーリーグ所属なので、スポーツ奨学金は支給していない。しかし、スカウトされた高校生は学力で問題なければ早い段階で合格内定を知らされ、入学後も学習支援やスポーツウェアなどの支給があり、恩恵を受けている。スポーツ部は赤字だが、選手は広告塔の役割を果たし、大学に収益をもたらせている。ノースウェスタン大学のアメフト部ほどではないが、一般学生にない拘束と管理を受けていることが理由となった。さらに、ノースウェスタン大学はBig Tenの中で唯一の私立大学だったが、アイビーリーグはすべて私立大学（コーネル大学の一部の学部は州立）なのでダートマス大学のバスケットボール部が組合化しても、他大学も追随できるので混乱は少ないと判断された。この裁定を受けてバスケットボール部は選手の投票によって、一三対二で組合を結成することとした（NLRB 2024）。

議会下院では多数派を占める共和党が、バイデン政権下のＮＬＲＢは労働組合寄りすぎると批判していた。「ダートマス大学裁定」に反発して、二〇二四年三月に公聴会を開催した（US Congress 2024）。選手に報酬を与えれば、支払金額だけでなく、事務作業が煩雑になり人件費も増加する。この費用増加によって、中小大学のチームや大きな大学でも収益の上がらない種目が廃止になり、スポーツをしたい学生の利益に反する。NCAAがアマチュア主義を掲げている以上、賃金を払うことにした大学はNCAAの規定違反になる。賃金をもらってプレーするようになれば、スポーツで活躍できていない選手は退部させられたり、奨学金をもらえないことになったりする、といった反対意見が出された。せっかく奨学金更新を判断する際には、スポーツの成績は含まないことになったのに、逆行することになる。また、NLRBの委員は大統領が変わると交代するので、共和党系委員会だと組合が認められず、民主党系委員会だと組合が認められるという繰り返しが起こることは好ましくないともされた。アメリカ総合大学協会やアメリカ教育評議会など、大学の六つの団体が連名で、選手の労働組合に反対する声明を議会に提出した。

一方、民主党は選手の搾取をやめさせるためには、選手に団体交渉権を持たせる必要がある、と反論している。また、民主党は共和党が組合化の影響を大げさにして騒いでいるとも批判している。図書館でアルバイトする学生が（奨学金は課税対象でないが、アシスタントやアルバイト給与は課税対象となる）給与をもらい税金を払うのと、選手がプレーから報酬を受けることに変わりはないと主張する（Knott 2024, Smith 2024）。

さらに、NCAAやコンファレンスがメンバーの大学の選手の雇用者とみなされると、これらは民間の組織なので、州立大学の選手もNLRBの対象となる。前述の二〇二一年のNLRBのメモ（GC21-08）でも大学、コンファレンス、NCAAを共同雇用者とみなす可能性が言及されていた（Abruzzo 2021）。二〇一九年の第九巡回区控訴裁判所による判決（Dawson v. NCAA）では、NCAAやPac 12（コンファレンス）は選手の共同雇用者ではないと判断されたが、全米大学選手協会が南カリフォルニア大学の男女バスケットボールとアメフトの選手は、（私立の）同大学、NCAA、Pac 12が共同雇用者だとの申立てをNLRBに対して行っている（US Congress 2024）。州立大学の選手も組合が認められるのならば、ノースウェスタン大学の組会を検討した時の、私立大学の選手だけが組合を認められれば混乱するという懸念が払拭されることになる。

ビラノバ大学の元アメフト選手のジョンソン（Trey Johnson）ら六人が、NCAAは共同雇用者であるので、選手に少なくとも最低賃金は支払うべきだとして裁判をおこした（Johnson v. NCAA）。NCAAは、前述のDawson v. NCAAや（前例から逸脱したくない傾向の第七巡回区控訴裁判所）のBerger v. NCAAで、NCAAが雇用者で選手が被雇用者という関係は認められないという判決が出ているので、ジョンソンの訴えを取り上げないことを主張した。しかし、二〇一九年にペンシルベニア東部地区連邦地裁は、アマチュア主義の堅持というだけでは、最低賃金を払わないことは正当化できない、被雇用者であるかはケースバイケースで多面的に分析してきめるべきだとして、NCAAの請求を却下した。NCAAは控訴して第三巡回区控訴裁判所で係争中である。

NCAAは囚人は労働しても賃金をもらえないという一九九二年の判決（Vanskike v. Peters）を持ち出している。囚人の労働は雇用関係に基づくものでなく、懲罰や矯正という意味があるので、賃金が払われないのである。同様に、大学スポーツの目的は正課外教育であり、本人の娯楽と鍛錬の機会であるので、経済的な労使関係は生じないと主張する（Laurenzi 2021）。一方、学生側はキャンパスで図書館や食堂でアルバイトするのと同じであるので、最低賃金レベルで良いので報酬を求めている。大きな収益を得ている強豪校のアメフトやバスケットボールの選手が報酬の分配を求めているのではない。図書館や食堂は利潤を上げていなくても労働に対しては対価を払っているので、黒字でないスポーツチームの選手も報酬を与えられるべきだと主張する（ダートマス大学のバスケットボール部も黒字ではない）。NILの使用料もスター選手以外はそれほどの金額は得られないが、Johnson裁判において選手たちは、最低賃金を得ることを求めている。したがって、判決次第ではきわめて多くの選手が賃金を求めることとなろう。また、巡回区控訴裁判所の判断はその地域の大学にしか適用されないので、混乱が生じる恐れがある。したがって、最高裁まで係争は持ち込まれることになるであろうが、NCAAとしては議会に陳情して、選手が被雇用者でないことを定めた法律が制定されることを望んでいる（Johnson 2023）。

第8章でも述べるように、民主党は黒人選手が学生、管理職に白人が多い大学によって搾取されている

（スポーツで稼いだ金が白人の恩恵につながるが、黒人選手には還元されない）として、選手への報酬を高めることを主張する。共和党はこれには賛同せず、労働運動そのものにも冷淡である。大学スポーツは政治対立とも関係を深めている。

3 監督と選手の待遇の格差

（1） 監督の給与

大学スポーツの収支構造については第7章で述べるが、アメリカの大学スポーツの支出項目で大きいのが監督への給与支払いである。すでに一九二九年のカーネギー財団のレポートでも監督の高給は指摘されていた。NCAAはプロアメフトが始まったときは、その増大を警戒していたので、プロ経験者が大学の指導者や審判になることを歓迎していなかった。その後、大学はアメフトやバスケットボールの二軍（マイナーリーグ）の役割を担うことになり、監督に関してもプロとアマ（大学）との間で移動が活発に行われるようになった。プロ向きの監督と大学向きの監督もあるようなので、プロの監督が大学で成功するとは限らないし、逆もまた然りである。アメフトにおいて大学でもプロでもチャンピオンになった監督は四人で、バスケットボールでは一人である。それでも、大学でもプロでも監督になれるという自由競争の下では、大学の監督の給与も増加していった。

表5-1は大学のアメフトとバスケットボールの監督の年収である。大学からの支払いの中では、テレビ出演料、スポーツグッズ・アパレルメーカーとの契約など副収入が含まれる。大学と監督の契約で、監督が職務として行い、原資はスポンサー企業、テレビ局、寄付金などだが大学を通して支払われる。高額年収の監督では、大学自身が負担している部分より副収入の方が大きくなっている場合もある（Belzer 2018）。ただ、実際の年収と大学からの支払いの差はほとんどないので、副収入は大学経由で支払われており、この点では透明性がある。契約にはボーナスが含まれているので記載したが、実際にボーナスの条件をクリアして

得た金額は大きくないこともわかる。一方、契約期間中に戦績不良やスキャンダルで大学が監督を解雇した場合に、監督に支払われる違約金は高額である。それでも大学は監督を交代したがる。表5-1で注目すべきはアメフトの方がバスケットボールよりも高額になっていることである。とくにケンタッキー大学はバスケットボールの名門でバスケットボール監督の年収は第一位だが、第八位になっているアメフトの監督の年収の方が大きい。アメフトの監督年収は下位なので表5-1には載っていないが、ノースカロライナ大学、UCLA、カンザス大学といったバスケットボールの伝統校でも、その大学の中ではアメフトの監督の方がバスケットボールよりも高くなっている。第7章で述べるようにMarch Madnessの放映権収入はNCAA本部に行き、Division IIやDivision IIIを含めて、さまざまな用途に支出される。March Madnessの戦績に応じた分配もあるが、March Madnessの収入がすべて有力校に回るわけはない。その点、アメフトのボウルゲームやプレーオフの放映料はNCAAに行かず、有力コンファレンスのところに行く。大学はアメフトを重視する誘因を持ったのである（Schad and Berkowitz 2023）。

プロのアメフトとバスケットボールの監督の年収はトップクラスでは、大学のトップクラスよりも高いが、アメフトの監督の年収の最下位クラスは三五〇万から五〇〇万ドルレベルであり（Abdalazem and May 2023）、バスケットボールでは二〇〇万ドルから四〇〇万ドルである（Lee 2023）。I-Aの上位校では、監督の年収はプロと同等と言ってよいであろう。しかし、プロのアメフト（NFL）全チームの平均収入は二〇一九年で四億六〇〇〇万ドルで、大学の上位三二大学の平均は九〇〇〇万ドルで五倍の格差がある。バスケットボールでは差は九倍である（Drake Group 2020, pp.2-3）。収入が少ないのに監督の給与は変わらないというのは、大学は選手への報酬の支払いを抑えているからである。

第二次大戦前にアメフトやバスケットボールの監督の年収は、すでに学長に追いついていたが、今日でははるかに高くなっている。学長はスポーツの監督以上に、大学からの年俸以外での手当てやボーナスが多い。一流校への地位向上を狙って、大学はしばしば、出来高払いボーナスを含めた高額な契約で、優秀な学

表 5-1　大学のアメフトとバスケットボールの監督の年収（2023 年秋、万ドル）

	アメフト							バスケットボール						
順位	監督名	大学名	年収	大学が支払った額	最大限のボーナス	実際支払われたボーナス	違約金	監督名	大学名	年収	大学が支払った額	最大限のボーナス	実際支払われたボーナス	違約金
1	Nick Saban	Alabama	1141	1111	110	30	4480	John Calipari	Kentucky	853	850	5	5	4134
2	Dabo Swinney	Clemson	1088	1076	138	50	6400	Bill Self	Kansas	596	566	68	58	541
3	Kirby Smart	Goeriga	1071	1051	153	135	9263	Tom Izzo	Michigan State	574	531	75	3	700
4	Ryan Day	Ohio State	1027	1020	80	25	4622	Rick Bames	Tennessee	545	545	300	110	2385
5	Mel Tucker	Michigan Stte	1002	1002	155	2023 年 8 月 30 日解雇		Bruce Pearl	Auburn	545	543	93	28	1745
6	Brian Kelly	Lousiana State	998	998	133	58	7002	Chris Beard	Texas	501	501	85	15	n/a
7	Jimbo Fisher	Texas A&M	915	915	150	0	7756	Tony Bennett	Virginia	483	483	145	0	1329
8	Mark Stoops	Kentucky	901	900	305	15	5119	Brad Underwood	Illinois	460	460	108	30	2534
9	Josh Heupel	Tennessee	900	900	170	40	4650	Bob Huggins	West Virginia	415	415	65	5	259
10	Lane Kiffin	Mississippi	900	900	260	45	n/a	Mlck Cronin	UCLA	410	410	35	12	2000
11	James Franklin	Penn State	850	850	140	30	6467	Eric Musselman	Arkansas	410	410	80	28	1172
12	Jim Harbaugh	Michigan	825	819	328	220	2724	Buzz Willams	Texas A&M	410	410	85	0	1314
13	Luke Fickell	Wisconsin	763	763	145	n/a	3968	Dana Altman	Oregon	401	400	58	0	1960
14	Mike Gundy	Oklahoma State	763	763	90	63	2498	Tommy Lloyd	Arizona	400	360	126	31	1540
15	Mike Norvell	Florida State	730	730	140	23	4221	Kevin Willard	Maryland	390	390	70	n/a	2295
16	Billy Napier	Florida	727	692	160	20	3238	Ed Cooley	Providence	375	375	n/a	n/a	n/a
17	Brent Vanables	Oklahoma	710	710	99	0	3059	Scott Drew	Baylor	371	371	n/a	n/a	n/a
18	Kirk Ferentz	Iowa	700	700	250	20	3700	Greg Gard	Wisconsin	364	355	50	12	1200
19	Dean Lanning	Oregon	662	662	188	20	4433	Juwan Howard	Michigan	362	362	60	10	400
20	Hugh Freeze	Auburn	650	650	330	n/a	2519	Jeff Capel	Pittsburgh	361	361	n/a	n/a	n/a
タイ	Bret Bielema	Illinois	650	650	160	43	3575							

n/a：非公表

出所：UAA Today（2023a, 2012c）

長をスカウトするので、大学のランキングと学長の年収は完全には一致しない。学長の給与は一般的に私立大学の方が高いが、私立大学の中ではI-Aか否かはあまり関係ない（私立大学の中にはジョンズホプキンス大学やカーネギーメロン大学など、スポーツ重視でない名門大学がある）。しかし、州立大学で学長の給与が高いのはすべてI-A校である。監督の年収は、私立・州立大学の学長の五倍から一〇倍である。ケンタッキー大学は、学長（Eli Capilouto）の年収は二〇二二年で一三八万ドルで州立大学ではトップクラスだが、表5-1にある同大学のアメフト監督（Mark Stoops）の年収は九〇一万ドルで学長の六・五倍、バスケットボールの監督（John Callpari）の年収は八五三万ドルで学長の六・二倍である（Chronicle of Higher Education 2023b）。四年制大学で年間に二〇件以上の博士号を授与する大学（ほとんどのI-A大学）の教授の年収は、二〇二一－二二年度において、州立大学で一三万九六五七ドル、私立大学で一七万一一〇一ドルであった（NCES 2022, Table 316.20）ので、同じ大学の被雇用者でも、花形スポーツの監督の年収は別次元である。

「（テニュア取得した）[6]大学教授は教育での目的を達成できなくてもクビにならないが、監督は結果が出なければクビになる（ハイリスク・ハイリターンな仕事なので高収入は当たり前である）」（キース［Floyd Keith］黒人監督協会常任理事）、「英語の授業に五万人も見に来ない（大学に大きな収入をもたらせているので高収入は同然である）」（アラバマ大学アメフトの名将ブライアント［Paul Bear Bryant］監督[7]）というロジックによって、高収入が正当化される（Grant, Leadley, and Zygmont 2015, p.271）。スポーツ部は、あの名監督を雇ったのに負けてしまった、自分たちは精いっぱいやったのにだめだった、と責任回避をするため、監督の契約金を高くする。また、「ライバル校がこれくらい出しているのだから、ウチも出さなければならない」「あの強豪大学が監督に出している金額に比べたら、ウチのこれくらいの支出はたいしたことない」と、スポーツ部は何かにつけて、他大学を例にして高給の監督との契約や自分たちのスポーツ予算の増加を正当化する。

Leeds, Leeds and Harris（2018）によれば、アメフト監督の給与は長期契約で決まっていることもあり、前年の戦績の給与への影響は大きくないが、通算戦績は給与に大きな影響を持つ。長く勤めていると給与は高くなるが、逆U字型で、一三‐一五年目当たりピークになりその後は減少する。長く勤めている監督は、トップレベルの大学の監督を除いては、他の大学からのオファーがないともいえるわけで、評価は必ずしも高くないのである。

表5‐2は一九九五‐二〇〇七年で、学長、アメフト監督、スポーツ部長の平均在職年数を、I‐A校全体、有力校（第4章で述べたBCS校）、非有力校（非BCS校）に分けて記載した。名物学長が何十年も君臨したというのは二〇世紀前半までの話で、学長とスポーツ部長・アメフト部長の在任期間はそれほど変わらない。ただ、監督とスポーツ部長は有力校の方が在任期間が長い。これは有力校は安定した戦績と収入を上げているので地位が安定しているが、ランキングが高くなれず、収入も多くならない非有力校では戦績の振るわない監督やスポーツ部長の交代が頻繁なためである。もちろん、戦績の良い非有力校の監督やスポーツ部長は有力校に引き抜かれてやめる場合もある。ただ、引き抜きがあるのは非有力校の学長も同じである。スポーツの有力校は旗艦州立大学が多く、その学長にはなりたがるはずである。非有力校では学長より監督やスポーツ部長の在任期間が短いのは、やはり戦績が悪く解任されることが頻繁に起きているためであろう。スポーツ部は芳しくない戦績を監督のせいにしたいので、違約金を払ってでも契約途中でも監督を交代させる。

（2）選手の市場価値

大学スポーツの収益は、テレビ放映料収入を増やすこととともに、選手に奨学金しか与えないことで費用を抑制することでも得られる。監督の年収は、プロも含めた市場での自由競争の結果、高騰していくが、その原資を支えているのは、選手への報酬が低いことである。選手の正当な市場価値は二つの方法で推定できる。一つはプロと同じ様な報酬が与えられた場合を推定することである。プロでは選手組合とリーグとの団体交渉で、収入の五〇％が選手に回っている。これを当てはめて

表5-2　学長、アメフト監督、スポーツ部長の平均在職年数（1995-2007年）

	学長	アメフト監督	スポーツ部長
I-A大学全体	8.13	7.04	8.37
BCSコンファレンス校	8.06	7.58	9.79
非BCSコンファレンス校	8.22	6.40	6.67

出所：Hoffman（2012, pp. 20-21）

みると、表5-3のようになる。アメフトは八八人、バスケットボールは一三人なので一人当たりではバスケットボールの方が大きな値になる。とくにACCの大学はバスケットボールの方がアメフトより上位にランクされているので収入も大きく、アメフトでは最下位でもバスケットボールではトップになる。一方選手は、在学に必要な費用（Cost of Attendance）が支給されるようになったとはいえ、数万ドルなので、市場価値の五分の一程度である。

もう一つのアプローチが、選手は勝利に貢献することで、チケット売り上げ、グッズの売り上げによって収入を増加させるので、この関係から選手の金銭的価値を推定するものである。しかし、野球では投手と打者が一対一で対決しその結果が試合結果につながることがわかるが、アメフトやバスケットボールは集団で助け合うので個人の貢献は測定しにくい。クォーターバックがタッチダウンパスを成功させたとしても、キャッチしたレシーバーの貢献もあるし、クォーターバックを守ったオフェンスラインマンの力もある。さらにランニングバックが優秀で相手の注意をひきつけたので、パスが成功したともいえる。また、秀逸な選手が大学の収入を増やすだけでなく、収入の大きな大学は選手への報酬は増やせないが、トレーニング施設や寮を整備したり、有名監督を雇うことで秀逸な選手を集めることができる、という内生性の問題もある。これらの点を考慮したBorghesi（2007, 2008）によれば、一年生を五段階に分け、トップクラスの三二人のアメフト一年生は（寄付金を除いた）チームの収入を平均で一二〇万ドル増加させ、次のランクの二五四人は平均で五三万ドル上昇させると予想される。バスケットボールでは最上位の二一人は六二万ドル、次の一〇四人は一八万ドル上昇させると予想される。アプローチは異なるが、Brown（2011）はプロ入りできそうなアメフト選手のチームへの貢

表5-3　スポーツ収入の50％を選手に分配した時の報酬と現在のフルコスト奨学金（2018－19年度、ドル）

	50％分配の推定報酬（A）		現行フルコスト奨学金（B）		アメフトでのA/B		バスケットでのA/B	
	アメフト	バスケット	平均値	中央値	対平均値	対中央値	対平均値	対中央値
全体	374,061	587,978	54,271	51,230	6.89	7.30	10.83	11.48
ACC	272,136	724,787	59,203	57,373	4.60	4.74	12.24	12.63
Big 12	408,743	543,855	49,975	44,617	8.18	9.16	10.88	12.19
Big Ten	460,046	716,258	54,656	52,314	8.42	8.79	13.10	13.69
Pac-12	291,972	386,345	51,930	50,936	5.62	5.73	7.44	7.58
SEC	417,589	570,455	52,469	48,989	7.96	8.52	10.87	11.64

出所：Garthwaite, et al.（2020, p.50; Online Appendix Table 16）

献を一〇〇万ドルと推定している。Lane, Nege, and Nefz（2014）もプロ入りできそうなバスケットボール選手は、収入が一〇〇〇万ドルを超えないチームでは、一五万ドルから二七万五〇〇〇ドルの収入増加をもたらし、一〇〇〇万ドルを超えるチームには一〇〇万ドルから一四〇万ドルの収入増加をもたらすと推定した。このようなトップクラスの選手は当然、表5-3の平均値や中央値よりもはるかに大きな市場価値を持つ。

第6章で述べるように、大学は有力選手やその親に裏金を渡して入学を勧誘する。この不正の根絶は難しい。一〇〇万ドルを超す価値のある選手のためならば、数十万ドルの裏金は経済的には割が合うのである（Rascher, et al. 2019）。露呈してもよほど悪質でなければ大学の処分とはならず、実際に金を渡したコーチが処分されるだけである（しばしば将来、大学スポーツ業界で生きていくために、コーチは濡れ衣を着せられても我慢して、監督を告発したりしない。我慢していれば、次の就職口は監督が世話してくれる）。金を出したのがブースター（大口寄付者）ならば、大学自らがその人物からの寄付の受け入れやチームとの接触を禁止する。NCAAは大学関係者のみを処分できるので、ブースターの処分はできない。

これも第6章で紹介するが、監督は高給取りであるとともに権力者である。勝たなければ自分の地位が危ういので、勝利至上主義に走る。大学の教育者の役割は果たしていない。大学は高校までと異なり、一般教員も教員免許がなくてもなれる（博士号が必須のようでも、大学が認めれば学歴も問われない）が、スポーツの監督も教員としての資格も（多くの種目で）スポーツ指導者としての資格が求められるわけではない。

さらに、大学や監督は選手を子ども扱いする。監督の専横性は、チームは家族であり監督は父親代わりであるので、選手は監督に逆うべきでないという風潮に由来している。とくに、黒人選手は父親がいない環境で育つことが多いので、監督がその代わりになるというステレオタイプ的な発想が監督の権限を正当化している。放送でも選手はしばしば“kids”と呼ばれる（Southall, et al. 2023, pp.166, 278）。また、選手は未熟な子供だから選手に大金を持たせるべきでない、という考え方がＮＩＬの使用料の支払いの禁止、さらには第8章で述べるアメフトやバスケットボールの報酬の分配への反対につながる。しかし、その未熟な青年が複雑なルールブックを理解してプレーしている。また、同じ年齢の一般の若者が、高度な武器を扱い国家安全保障に貢献している。にもかかわらず、大人は選手を子ども扱いしてプレーに対する報酬は与えたがらない(Southall, et al. 2023, p.64)。

注

1 大学関係者はスポーツ批判を行うが、彼らは大学内でスポーツと予算を取り合っているので、スポーツ批判に転じているとの意見もある(Dosh 2013, p.128)。利益相反問題が存在しているということである。

2 第8章で述べる「スーパーコンファレンス構想」のときにも論じるが、オリンピックは選手が報酬を得ても得ていなくても、世界一を決める場であることに変わりがないので人気が落ちないのである。オリンピックでもサッカーは開催年の前年末に二三歳未満であることが出場条件である。アンダー二三のチームは、フル代表よりも劣ったチームだとファンからは認識されているので、オリンピックのサッカーはワールドカップの盛り上がりには及ばない。

3 一九三七年にネブラスカ大学のアルフソン(Warren Alfson)が、背番号のない(チームカラーの)赤色のシャツを着て練習だけしていたので、この名称がついた。

4 歴史の古いマサチューセッツ州では元雇用主に有利で、新しい州のカリフォルニアでは元従業員に有利だった。シリコンバレー開発のためにこうしたわけではないが、結果としてシリコンバレーでの活発なスピンオフ起業に貢献した(Gilson 1999)。

5 南北戦争後の一八六五年に制定され、奴隷を禁止した憲法修正第一三条は、本人の意思に反する苦役を禁止しているが、例外として「犯罪の処罰」を明記している。

6 アメリカでは助教授として七年勤務すると、教育・研究業績が審査され、充分だと判断されると准教授に昇進するとともに、テニュア（終身在職権）が与えられ、簡単には解雇されなくなる。これは、「学問の自由」を保障するための制度である。

7　ブライアント監督は「学長がキャンパスで最も給与が高いことが大学としての矜持を示すことになる」として、在任中、常に自分の給与は学長よりも一ドル安くしていた（Weisband 2014）。

第6章　選手の厚生と大学の不正

1　名ばかりの「学生」選手

（1）選手の学力水準

カルテルには裏切りがつきものである。放送での売手カルテルでは裏切りをして他の放送局と契約すればすぐに露呈してしまう。しかし、買手カルテルではひそかな裏切りが行われる。第一が大学で学ぶだけの学力がない学生を選手として、入学・進級させ試合に出場させることである。第二が選手勧誘の際や入学後の裏金である。まず、第一の点から考察する。

第5章で述べたように、NCAAは選手は学生であるとして報酬を奨学金に限定していた。しかし、大学で勉強していない、正当な学生でない人物を選手に含めることは一九世紀から行われてきた。また、第二次大戦後にテレビ中継でヒーローインタビューが放送される機会が増えると、答えている選手の英語が稚拙であることが露呈した（Zimbalist 1999, pp.26–27）。ACCコンファレンスは、一九六〇年にSAT（Scholastic Aptitude［現在はAssessment］Test）一六〇〇満点で七五〇点を新入生の出場基準の最低ラインに定め、一九六四年に八〇〇点に引き上げた（Smith 2011, p.128）（SATと並ぶ三六点満点のACT（American College Test）というものもあり、両者は、高校在学中に受験して大学への出願の際に点数を提出するもので、日本の共通テストに相当する。以下、これらを「標準テスト」と呼ぶ）。

一九六二年からNCAAも基準作りに着手して、一九六五年の総会では一・六〇〇ルール（one six-hundred rule）を制定した。高校のGPA（各科目の四・〇満点の成績を単位数で加重平均したもの）や標準テストの成績から判断して、大学入学後にGPAが一・六を取れる可能性がある学生のみを入学させる、ということである。

アイビーリーグはこのルールを導入しないと宣言した。学力レベルが高く、選手が一・六を維持するのは難しいからである。この基準の導入には、大学の裁量権を尊重したHome Ruleへの介入だとの反発があった。また、GPAが一・六というのは「Cマイナス」に相当するので、その程度で満足させるのは好ましくないという批判もあった。また、学力と親の所得は関係する（裕福な家庭の子弟は、良い私立高校で質の高い教育を受けることができる）ので貧しい家庭の出身者に不利だ、ともいわれた。さらに、一九六〇年代と一九七〇年代は学生運動が高揚して、厳しい入学基準は大学を閉鎖的にするもので非民主的だとして批判された。こうして、一九七三年に二〇四対一八七で一・六〇〇ルールは廃止された。大学ごとに基準を作るようにしたが、高校をGPA2.0で卒業すればよいというのが主流となった。すると、選手の学力の低さが問題になり、学長たちが動きだした（Crowley 2006, p.50; Fizel and Bennett 2016, p.314）。

一九八〇年代にはまた、信じられないほどの極めて低学力の選手の存在が明るみに出た。クレイトン大学のバスケットボール選手のロス（Kevin Ross）や、オクラホマ州立大学とプロで活躍したアメフトのマンレイ（Dexter Manley）は、字を読めないことが明らかになった。出身高校・大学は彼らがプレーさえしてくれれば、勉学に目をつぶっていたことが批判された（ガーニー・ロピアノ・ジンバリスト 2018, p.91）。マンレイは一九八九年に議会で字が読めないのに大学でプレーできたことを証言した。ミクルスキー（Barbara Mikulski、民主党、メリーランド州選出）上院議員から「あなたが落ちこぼれたのでなく、制度があなたを落ちこぼれにした」と慰められた（Phillips 2009）。一方、ロスはクレイトン大学の入学審査が杜撰だったので、入学後に学業についていけず精神的な苦痛を受けたが、大学は適切な質の教育を提供しなかった、として大学を訴えた。ロスは宿題もテストもすべて大学のスタッフが代筆していたが、怪我でプレーできなくなると支援がなくなり、退学した。彼は小学生と一緒のクラスで勉強し直した。裁判（第七巡回区控訴裁判所）では一九九二年に大学側勝訴となったが、法廷外で和解して、大学は彼に三万ドル（二〇二〇年実質ドルで五万五三〇〇ドル）を支払った（Hawkins 2010, p.68）。

一九八三年の総会で五二%という僅差の賛成で可決され、一九八六年秋から実施されたProposition 48は、学長が参加するアメリカ教育協会（American Council on Education: ACE）の提案に基づくものであった（Crowley 2006, p.65）。高校で一一の主要科目（コア科目）のGPAが二・〇で、標準テストの成績がSATならば一六〇〇点満点で七〇〇点、ACTならば三六満点で一五点以上でなければならないというものであった。標準テストで高い得点を取れない黒人選手に不利との批判があった。

標準テストであるSATは優生思想に基いており黒人に不利だと批判されてきた（Stoskopf 2002）。第一次大戦後（最初の実施は一九二六年）にSATを開発したブリングハム（Carl Bringham）は優生思想の持ち主で黒人の知性を蔑視していた。英語のテストは白人中流家庭の文化に基づいていて黒人は高い点が取れないとの批判があった。また、ブリングハムは試行段階で行われた設問で黒人の正答率の高い問題は削除し、白人が正答率の高い問題を残したともいわれる（Rosales and Walker 2021; Silva 2022）。ただ、一九六〇年代の公民権運動の時代には、個人は出自でなく成績だけで評価されるべきと考えられたので、むしろ標準テストのスコアは重視されるようになった（Crouse andTrusheim 1988）。

選手の出場資格に標準テストを用いることには批判があったので、学力の低い選手の救済のために"Partial Qualifier"という身分が設けられた。Proposition 48を満たしていなくても入学でき、奨学金はもらえ練習はできるが試合には出られない。入学一年目の全科目のGPAが二・〇ならば二年目から試合に出られる。しかし、一九八九年に一六三対一五四で可決されたProposition 42は"Partial Qualifier"への奨学金を廃止した（Crowley 2006, p.74）。黒人選手を多く抱え、自らも黒人のジョージタウン大学バスケットボール部のトンプソン（John Thompson）監督はこれに抗議して、試合開始と同時に指揮をとらず退場した。妥協案として一九九〇年一月の総会で、Partial Qualifierへはスポーツ部からでない奨学金は支給しても良いことにした。選手が大学本体（一般学生の奨学金を担当する学生課）からの奨学金を受けるということは、本当に経済的に困窮していたり、学業が優秀な学生に与えられるべき奨学金が、学力が不充分で本来ならば入学が許されていないスポーツ選手に渡ることになり好ましくない（Zimbalist 1999, p.29）。

一九九二年に二四九対七二で可決され一九九五年から実施予定となったProposition 16では、高校での一三の主要科目の成績とSATの点数の組み合わせとなった（Smith 2011, p.230）。スライド制（Sliding Scale）と呼ばれたが、GPAが二・〇ならばSATは九〇〇点、GPAが二・五ならばSATは七〇〇点というように、GPAの〇・〇二五の変化がSATの一〇点の変化に相当し、片方が高ければもう一方は低くてもよいのである（Shropshire 1997）。コア科目は二〇〇三年に一四科目、二〇〇八年に一六科目となった。

Proposition 16に対しても黒人に不利だとの反対意見があがった。下院の商業・消費者保護・競争力小委員会のコリンズ委員長（Cardiss Collins、民主党、イリノイ州選出）はProposition 16がSATのスコアを用いることを人種差別的だと批判した。彼女によれば、NCAAのデータ分析部門の長であるバージニア大学の心理学の教授のマッカードル（Jack McArdle）は、Beyondismという優生思想の団体のメンバーであった（Smith 2011, p.160）。

一九八八年に設立された黒人監督協会もProposition 16ならびにバスケットボールの奨学金件数が一五から一三に減らされたことに強く反発した。March Madnessを含めた試合のボイコットを示唆した。ブッシュ・シニア（George H. W. Bush）政権まで仲裁に乗り出し、NCAAがNCAAの運営において非白人を重視することを約束してボイコットは回避された（奨学金件数は、第8章でも述べるように総会で元に戻すことが可決された）。また、Proposition 16の施行は一年間延期され、一九九六年となった。これに対しては学力重視を求めていた、第8章で述べるナイト員会やNCAA内の学長委員会は反対した（Smith 2011, p.161）。

一方、選手による訴訟も起きた。Cureton v. NCAAでは、黒人選手に不利な標準テストの点数を出場基準に用いることは、人種差別を禁止した一九六四年の公民権法違反だとして一九九七年にNCAAが訴えられた。一九九九年三月に一審のペンシルベニア東地区連邦地裁のバックウォルター（Ronald Buckwalter）判事が標準テストの点数は教育上の必要性から見て正当化できないと判断したので、NCAAは高校の成績と標準テストのスライド制の基準を緩和して、ある程度の高校の成績があれば、SATは四〇〇点、ACTは三七点で一年生としての選手基準を満足することとなった。標準テストでのこの点数は、実際には全問不正解と同等である。結局、同年一二月の控訴審（第三巡回区控訴裁判所）ではNCAAが勝訴した。しかし、勝訴理由は、NCAAのメンバーの大学は連邦政府資金を受けていてもNCAA自身は受けていないので、公民権法を順守する義務はないということだった。標準テストの正当性についてはバックウォルター判事と同様の判断が繰り返される可能性は残ったので、NCAAは緩和した基準を変更しなかった。Pryor v. NCAA も女子サッカー選手による、Proposition 16 は人種差別だという訴えであった。NCAAは二〇〇一年の一審（ペンシルベニア東地区連邦地裁）で勝訴し、二〇〇二年に第三巡回区控訴裁判所でも勝訴判決を受けたが、標準テストの成績が全問不正解でも良い、という方針は継続した（Smith 2011, p.163）。

「スライド制」はレベルの高い高校の選手がGPAが低くなり不利になるので、標準テストの高得点で補えるようにした面があったのだが、人種差別問題と絡んだため、学力のない選手を入学しやすくした面も否定できない。

（2）入学選抜での不正

高校の成績が良ければ標準テストの点数は無視することになったのだが、カリフォルニア大学の全キャンパスの一般学生を対象にした調査では、標準テストの点数よりも高校のGPAの方が、入学したのちの一年生での成績、さらに四年間の成績を正確に予測することができる（Geiser and Sangellces 2007）。成績は親の所得や学歴とも関係するので、それらを考慮に入れても、高校のGPAの高い学生が大学でもGPAを高くする傾向は、標準テストの影響力よりも強い。もちろん、高校の成績の場合、高校のレベルが異なると、レベルの低い高校のGPAでは学力が担保できない。しかしながら、おそらくレベルの低い高校でもトップ一〇％になる生徒の方が、学力の高い高校の最下位の学生よりは周りに惑わされず勉強しているので向学心はあるのかもしれない。ただ、問題なのはレベルの低い高校で有望な選手に対しては成績付けが甘くなっている可能性である。後述するように高校生選手は簡単には大学でスポーツ奨学金をもらえるわけでないので、強豪校を目指す有名選手でなくても、スポーツ奨学金をもらえるか否かで大学に進学できるかどうかが決まる場合、高校の教員も選手のことを考えて、甘い成績をつける可能性はある。

さらに、名ばかりの授業を提供し単位を授与することによって、いわば高校の卒業証書を偽造しているDiploma Mill（卒業証書偽造工場）という組織もある。フロリダ州にある通信制のユニバーシティ・ハイスクールという名の高校は、ほとんど授業も行わず、持ち込み可の試験を行い、四‐六週で高校の卒業証書を与えていた。料金は何科目履修しても三九九ドルであった。以前に大学の卒業証書偽造で収監されたことがあるシモンズ（Stanley Simmons）が設立したものである。フロリダ州では公立高校には卒業学力試験が課されているが、私立高校は対象外であり、むしろ私立学校には州政府は介入してはならないという法律がある。そのためユニバーシティ・ハイスクールには検査が入らなかったのである。二〇〇四年のフロリダ州のアメフト優勝校のキリアン高校では最上級生三八人のうち一三人は卒業していないが、多くがユニバーシティ・ハイスクールに転校した。そのうちの一人、モーリィ（Demetrice Morley）は、キリアン高校ではGPAが二・〇九だったので、NCAAの定めたスライド制では大学進学のためにはSATで九六〇点が必要であった。それがユニバーシティ・ハイスクールでは、NCAAが求める主要一四科目のうち七科目の単位を取り、GPAが二・七五に上昇したので、SATは七二〇点で良いことになり、テネシー大学に進学することができた。テネシー大学も怪しいと思ったので、スタッフをマイアミに派遣したが、宿題や試験は本人が行っていたので、入学を認めてしまった（Thamel and Wilson 2005）。

ユニバーシティ・ハイスクールは、National Coalition of Alternative and Community SchoolsとAssociation of Christian Schools Internationalという二つの認証協会から認められていると、州には届けていたが、前者はそもそも高校を認証評価しない団体で、後者は認証していない（認証の依頼も受けていない）と主張しており、高校側の虚偽である。また、コミュニティカレッジの教員がサインをコピーされ校長としてパンフレットにあいさつ文を掲載されていた。ユニバーシティ・ハイスクールからは一四人の選手がDivision Iの一一大学に進学していることが明らかになった。受け入れた大学側はこの高校の存在は知らなかったと述べている（Thameland Wilson 2005; ガーニー・ロピアノ・ジンバリスト 2018, p.55）。

高校の卒業証書の偽造に関しては、古くは一九七〇年代末の事件だが、Diploma Millでなく大学側が関与したこともあった。州立ニューメキシコ大学バスケットボール部は、優秀な選手を入れるために自ら不正を行った。ギルバート（Craig Gilbert）は短大から編入してプレーしていたが、実際には短大を卒業してはいなかった。ゴールドスタイン（Manny Goldstein）コーチはカリフォルニアのOxnart Junior Collegeの学部長に賄賂を贈って、ニュージャージーの短大の偽の成績をOxnartで読み替えてもらった。さらに、もう一人の選手（Andre Logan）も出場するには単位数が足りず、短大を卒業したことにする必要があった。ゴールドスタインはMercer County Community Collegeから白紙の成績証明書を盗み出し、偽の科目を記載し、学校の印はブースターの印刷業者が偽造したものを押印した（Dowling 2007, pp.20–23）。

NCAA本部も大学の入試部も、全米の多数の高校の成績証明書が本物かチェックしきれないので、Diploma Millの根絶は難しい。それでもNCAAは『ニューヨークタイムズ』によるDiploma Millの存在が報道されたこともあり、Diploma Millの調査を行い、二〇〇七年に、フィラデルフィアのLutheran Christian Academyとサウスカロライナ州ピケンズのPrince Acenve Prepの成績表・卒業証書は認定しないと発表した（Thamel 2007）。

新入生の出場資格は定められたが、一般学生ならばその成績では当該大学（強豪アメフト校の多くは、その州の州立大学の中で一番入学が難しい旗艦州立大学）には入学できない。スポーツ選手は特別選抜（Special Admission）によって入学が許可される。特別選抜は、様々な才能のある学生を入学させるためのものだが、スポーツ選手にも広範に適用され、スポーツ奨学金を出していないDivision IIIやアイビーリーグ校でも、スポーツ重視をやめたシカゴ大学でも行われている。スポーツ部の監督が入学させたい学生を入試部に提出するのである。全員が認められるわけではないが、配慮される。スポーツ強豪校ではスポーツ部長や監督から入試部に強い圧力がかかる。

二〇一九年にはこの制度を悪用し、裕福な親（著名な俳優も含まれていた）が監督やスポーツ部長を買収し、スポーツの実績のない自分の子弟をスポーツ推薦で南カリフォルニア大学などに入学させるという事件が明るみに出た。首謀者のシンガー（Rick Singer）は二〇一一年から一人当たり二五万ドルから四〇万ドルを受け取り、大学関係者側に合計で二五〇〇万ドルの賄賂を贈っていた。シンガーは懲役三年六か月、罰金一九〇〇万ドルの有罪となった。五〇人の保護者も起訴され有罪となったが、ほとんどが罰金刑か執行猶予付の判決であった（ただ、彼らの社会的名声は大きく失われた）（Durkin 2021, Drozdowski 2023, Smith and Diaz 2023）[2]。

一般に誰を入学させるべきかの判断は、大学の裁量権だと解釈される。学問の自由を支持した、一九五七年の Sweezy v. New Hampshire 事件の最高裁判決において、フランクファーター（Felix Frankfurther）判事は、学問の自由には、誰が、何を、いかに、誰に、教える自由が含まれる、と定義した。彼は南アフリカの自由大学のポリシーを引用したのだが、黒人差別が行われていた南アフリカでは「誰に教える」は重要であり、大学が黒人を入学させる裁量権を持つという立場を意味していた。入学選抜は大学の裁量権ということになれば、スポーツ選手に対して入学の学力基準を緩和することに問題はない。スポーツ能力を個性の一つとして人物評価でプラスにするのは認められるであろうし、少なくともスポーツは本人の努力の結果なので、黒人であるとか卒業生や大口寄付者の子弟であるという「属性」で入学が許されるよりも好ましいという考え方もある[3]。

（3）卒業率の上昇と欺瞞

スポーツ選手の卒業率の低さが問題になり、そもそも卒業率の数字が明らかでないことが批判された。

一九八七年にマクミラン下院議員（Tom McMillan、民主党、メリーランド州選出）は、大学に選手の卒業率を開示させる法案を提案した。ＮＣＡＡは反対しロビー活動も行ったが、一九九〇年に、キャンパスの犯罪の記録の開示も含んだ、Student Right to Know and Campus Security Act として成立した。[4] 一九九一年の議会の公聴会では、選手の卒業率の低さが問題になった。一九八〇‐八一年度から一九八四‐八五年度に入学した選手の卒業率は、男子選手全体では四六％であり、黒人選手は三六％で白人選手は六〇％と差がある。そもそも黒人は全学生の七％なのに、アメフトでは三七％でバスケットボールでは五六％を占める。バスケットボールとアメフトの選手の二一％は特別選抜で入学しているが、一般学生の中では三％のみが特別選抜による入学である。卒業率はアメフトやバスケットボールの選手になると低く、一九八四‐八五年度での卒業率は四二・一％だが、黒人は二五％で白人は六四％と、さらに大きな差になっている。今日にもつながる（解決できていない）問題点が指摘された（US Congress 1992, pp.128–129）。

ＮＣＡＡとしても卒業率の改善に取り組んできた。学長委員会の提案で、一九九二年から Division I に適用された「二五‐五〇‐七五ルール」では、入学後、五年間で学士号取得するのに必要な単位を各学年で取得していることが出場資格になった。三年目の初めには卒業要件の二五％、四年目の初めに五〇％、五年目の初めに七五％の単位を取得していなければならなくなった。この基準は二〇〇三年に改訂され、二年目の終わりに四〇％、三年目の終わりに六〇％、四年目の終わりに八〇％となった。数字が高くなっただけでなく、二年目の終りと三年目の初めの間には、夏学期で単位を取れるので、二年目の終わりに四〇％というのは三年目の初めに二五％より厳しい基準といえる。

これも一九九三年に導入された基準として、選手は取得単位数だけでなく各大学のＧＰＡ基準に応じた成績を満たすことが求められている。しかし、一般学生が退学を勧告させられるのは、累積 GPA2.0 を下回った場合という大学が多いが、選手は四年生の初めまでこの基準を免れていることが多い。二年目の初めでは一般学生退学基準の九〇％（大学が累積ＧＰＡを二・〇と定めているのならば一・八）、三年目の初めは九五％（同じく一・九）を満たしていればよい（ガーニー・ロピアノ・ジンバリスト 2018, p.76）。

卒業率の改善を主張するため、ＮＣＡＡは独自の卒業率の尺度を用いるようになった。一般に連邦政府の尺度は Federal Graduation Rate（FGR）というもので、大学に入学した学生が六年以内にその大学を卒業する比率である。転校してしまうと卒業率は下がる。またスポーツ奨学金を受けていない選手は、スポーツ選手でなく一般学生として扱われる。これに対してＮＣＡＡは二〇〇三年に Graduation Success Rate（GSR）を設けて、そこでは出場資格を維持したまま（一定の成績を維持したまま）転校していった学生は分子からだけでなく分母からも除く。[5] 転校していった学生は転校先を卒業していると想定している。また、アイビーリーグと士官学校の選手はスポーツ奨学金をもらっていないので、ＦＧＲでは一般学生に含めるが、ＧＳＲではスポーツ選手の中に含める。彼らが選手全体の卒業率を引き上げる（ガーニー・ロピアノ・ジンバリスト 2018, pp.77–82）。

さらに、ＧＳＲは一般学生に対して集計していないので、選手の卒業率が一般学生に対してどうなのかは比較できない。卒業率は大学によって異なる。有名私立大学は授業料は高いが奨学金も整備されており、卒業証書に価値があるので、学生も卒業を目指す。州立大学は授業料が上昇しているのに奨学金が不充分なので退学するケースが多い。したがって、一般学生と比較してのスポーツ選手の卒業率を見ることが重要であるが、ＧＳＲではそれができない。

表６‐１はＧＳＲであるが、二〇〇二年に比べて上昇していて二〇二二年には九〇％になっている。ＮＣＡＡがさかんに「選手の卒業率は九〇％近くに達している」と主張するのは、この数字を根拠にしている。しかし、黒人は白人より低く、男子は女子より低く、バスケットボールやアメフトのような収益を上げているスポーツは低い。表６‐２はＦＧＲである。これも過去三〇年、上昇傾向にあるが、表６‐１のＧＳＲに比べて二〇ポイント近く低い。注目すべきことに、一般学生と比較のできるＦＧＲでは選手と一般学生とで卒業率にほとんど差がない。黒人ではむしろ選手の方が高い。これはスポーツ学生は奨学金をもらえるの

表 6-1　Division I の卒業率（GSR、%）

人種別	2002 年	2022 年	男子種目別	2002 年	2022 年
全体	74	90	野球	66	89
黒人	56	81	バスケット	56	84
白人	81	94	陸上	72	85
黒人男子	51	77	アメフト（I-A）	63	84
白人男子	76	91	アメフト（I-AA）	62	78
黒人女子	71	90	ゴルフ	77	89
白人女子	88	97	アイスホッケー	78	90
アメフト（I-A）	63	84	ラクロス	91	92
黒人アメフト（I-A）	54	81	サッカー	75	88
白人アメフト（I-A）	76	94	水泳	81	92
男子バスケット	56	84	テニス	85	92
黒人男子バスケット	46	81	レスリング	61	85
白人男子バスケット	76	92			
女子バスケット	80	93			
黒人女子バスケット	70	91			
白人女子バスケット	87	96			

出所：NCAA（2022a）

表 6-2　Division I の卒業率（FGR、%）

		1992 年	2002 年	2012 年	2022 年		1991 年	2022 年
全体	選手	52	60	65	69	アメフト（I-A）	47	65
	一般学生	54	58	63	70	黒人	35	60
黒人	選手	36	48	54	59	白人	56	76
	一般学生	33	41	44	52	男子バスケット	38	47
白人	選手	59	65	69	74	黒人	29	42
	一般学生	56	61	66	72	白人	53	58
黒人男子	選手	34	43	49	55	女子バスケット	57	59
	一般学生	30	34	39	46	黒人	42	55
白人男子	選手	55	59	63	68	白人	66	67
	一般学生	55	59	64	70			
黒人女子	選手	44	60	64	67			
	一般学生	36	45	48	56			
白人女子	選手	65	72	75	78			
	一般学生	58	64	68	75			

出所：NCAA（2022a）

で、授業料が払えないという経済的理由で退学したり、学費を工面するためのアルバイトに忙しく学業成績が悪くなって退学するということがないためである。二〇二二年において、白人と黒人それぞれで選手の方が一般学生よりも卒業率が高いのに、全体では一般学生の方が卒業率が高いのは、後述（表6-10）のように、「白人・黒人以外」は選手では二〇％なのに、一般学生では留学生を含めて三分の一以上を占めているので、彼らの卒業率が高いためと考えられる。

表6-3はDivision II、表6-4はDivision IIIの卒業率である。Division IIとDivision IIIではGSRに対応するものとして、ASR（Academic Success Rate）というものがある。GSRはアイビーリーグと士官学校のスポーツ奨学金を受けてない選手を含めているが、Division IIではスポーツ奨学金を受けてない、または半分だけ受けている選手が多い。Division IIIでは全員がスポーツ奨学金を受けていない。したがって、ASRではチームに所属していれば、スポーツ奨学金を受けていない選手も全員含めている。スポーツ奨学金を受けていない選手は経済的負担から卒業できなくなる可能性があるが一方、彼らはそれほどスポーツに傾倒しておらず勉強熱心なので卒業率を高めるかもしれない。表6-3と表6-4からは、ASRはGSRと同様、FGRよりも高くなっているが、Division IIやDivi-

表6-3　Division IIの人種別・性別・種目別卒業率（％）

	ASR	FGR 選手	FGR 一般	種目（男子）	ASR
全体	77*	60	52	野球	78
男子	70*	53	47	バスケットボール	66
女子	88*	69	56	陸上	72
黒人	56	44	36	アメフト	56
白人	84	66	57	ゴルフ	82
黒人男子	50	39	30	アイスホッケー	89
白人男子	77	60	53	ラクロス	75
黒人女子	76	58	41	サッカー	77
白人女子	92	72	61	水泳	80
				テニス	84
				バレーボール	73
				レスリング	57

*は2022年単年。それ以外は2019年から2022年の平均。
出所：NCAA（2022b）

表6-4　Division IIIの卒業率（％）

	選手 ASR	選手 FGR	一般 FGR		FGR（男子）			
					選手	アメフト	バスケット	一般学生
全体	88	70	67	全体	70	53	58	67
男子	84	64	63	黒人	48	37	45	50
女子	94	78	70	白人	74	60	67	70

2012年から2015年の4年間に入学した学生が、2019年から2022年に卒業した率の平均
出所：NCAA（2022c）

sion III でのＡＳＲとＦＤＲの差はDivision ＩのＧＳＲとＦＧＲとの差ほど大きくはない（ＡＳＲの水増し効果はＧＳＲよりは小さい）ことがわかる。スポーツ奨学金を受けていない勉強熱心な選手が卒業率を引き上げているのである。Division II でもDivision III でも、選手全体の卒業率（FGR）は一般学生より高い。選手には克己心と競争心があるので、卒業という目標も達成できるのであろう。一方で、男子が女子より低く、黒人が白人より低く、（黒人の多い）バスケットボールとアメフトは他のスポーツに比べて低いという傾向は変わらない。表６-５は二〇一九年のMarch Madnessで、ベスト一六に入った大学の卒業率である。選手ＦＧＲは一般学生に比べて極めて低く一〇％台の大学も多い。ＧＳＲとＦＧＲの差も極めて大きい。多くの選手が卒業できていない。しかも、彼ら全員がプロ入りしたわけでもない。

さらに、ＮＣＡＡは卒業までの進捗率として、二〇〇三年にＡＰＲ（Academic Progress Rate）を設けて（二〇〇五年からの実施）、満たさない場合には制裁を課した。ＡＰＲでは、奨学金をもらっている選手が在学していれば一ポイント、出場資格を満たしていれば一ポイントが得られる。これをチーム全体で合計して、選手全員が満点を得た場合の得点（二点Ｘ選手数）で割って一〇〇〇をかけたものである。過去四年間の平均点での基準を満たさないとそのチームはＮＣＡＡから処分される。基準点は当初は九〇〇点だったが、二〇一一年に九三〇点にする（厳しくする）ことが決められた。

処分としては、チームの練習時間をシーズン中は週六日から五日、二〇時間から一六時間にして、浮いた時間を勉強に向ける。改善が見られなければ、また極端に悪い平均点（四年平均が悪いということは改善の意欲がないと解される）の場合、練習活動の更なる制限（オフシーズンでも

表 6-5　2019 年の March Madness 出場校ベスト 16 の卒業率（％）

大学	一般学生 FGR	選手 FGR	選手 GSR
Auburn	76	29	71
Duke	95	69	100
Gonzaga	85	54	100
Florida State	81	64	90
Houston	54	15	79
Kentucky	64	16	75
Lousiana State	65	17	86
Michigan	91	47	100
Michigan State	79	54	100
North Carolina	90	44	73
Oregon	72	15	33
Purdue	78	46	67
Tennessee	70	60	90
Texas Tech	60	23	73
Virgina	94	47	100
Virgia Tech	84	33	73
出場 64 大学	76	48	87

出所：Gill, et al.（2021, pp.21-22）

練習時間削減）やレギュラーシーズンの試合数が削減される。高校選手の勧誘活動の制限が加わることもある。最悪はNCAA主催の選手権試合（レギュラーシーズンで戦績の良かった大学が出られるポストシーズン試合であるMarch Madnessや、NCAA主催ではないがアメフトのボウルゲームも含む）への出場禁止やNCAAのメンバー資格の停止になる。ただ、NCAAは「ポストシーズン試合の出場禁止は、低いAPRに対する罰則」でなく、「APRは選手権に出ることの条件なのだ」（学力が良いのが当たり前）と解釈している。種々の罰則は整えられているが、APRの九三〇でもGSRの五〇％に相当するので、それほど達成が難しい基準ではない。移行措置として暫定的な基準をはさんで、二〇一五－一六年度からAPRの基準を九三〇にするポリシーが実施された（Hosick 2011; MCAA 2015; Assoidiated Press 2016）。

二〇一一年のMarch Madnessで優勝したコネチカット大学は、二〇〇九－一〇年度が八二六だった。あわてて二〇一〇－一一年度は九七八まで上昇させたが、直近二年平均で九〇二、四年平均では八九〇をも下回ることとなり、直近二年平均で九三〇、四年平均で九〇〇という移行期間の基準をクリアできず、二〇一三年のMarch Madnessが出場禁止になった（ESPN News Service 2012）。

ただ、コネチカット大学は例外的で、一般にAPRを満たせないのは中小大学のマイナースポーツが多い。資金の豊富なチームは、試合に出場する機会はほとんどないが、成績の良い学生にスポーツ奨学金を与えてチームに入ってもらう。選手に夏学期にも奨学金を与えて、何とか単位を取ってもらい、出場資格のある成績で転校していってもらいAPRが下がらないようにする。また、選手が学習障害があることが示されれば、単位取得基準が緩和されるのだが、有力大学はスタッフの数が多く、書類作成にも長けているので、選手の学習障害の認定を可能にしてしまう。選手が休学しているとAPRの対象にならない（学業で不正を働き休学処分になっている場合も含む）。これも事務処理能力の高い大学ならば簡単に手続きができる。選手は入学して五年の間で四年間プレーできる。四年間の選手資格が終わった学生にも奨学金を与えて何とか卒業させる。その代わり、最初の五年間、特に一、二年生の間は出場資格ギリギリを維持してプレーに専念させる。

これは選手が後述の楽勝学科を専攻するのでなければ、プロ入りできない選手がたくさんいるので、キャリア形成のために悪いことではないが、資金の豊富な大学でしかできない（ガーニー・ロピアノ・ジンバリスト 2018, pp.82-85）。

多くの高校生はプロ選手になることを夢見ている。第1章で述べたように、アメフトは高卒後三年、バスケットボールは一年待てばプロ入りできるので、卒業する見込も意志もなくてもとにかく大学進学してプレーしてプロのスカウトに注目されたいと思う。しかし、現実は厳しい。表6-6が示すように、まず高校生の選手が大学の選手になるのは容易ではない。ここでNCAA選手というのは奨学金を受けてない選手も含み、とにかくチームの一員であることが条件である。奨学金を受けない（スカウトされない）飛び込み組（Walk-on）は二〇一六年において、Division Iでは四六％、Division IIでは三九％である。Division IIIでは奨学金そのものがないので統計がないが、大学からスカウトされない（入学部に推薦されない）という意味でのWalk-onの比率は高いと考えられる（Segura and Willner 2019）。表6-6によれば、ラクロス、アイスホッケー、女子陸上ホッケーを除くと、三つのDivision全体でも高校生が大学でも選手になれる確率は一ケタ台である。Division IIIは奨学金を出さないので、大学側の予算の制約によって入部できないことはない。そのため、選手になる確率がやや高い。ただ、選手は自分の実力に見合ったDivisionで選手になろうとするので、選手になる確率がDivision Iで極端に低くなるわけではない。ただ、Division Iでなければプロ入りの確率はかなり低くなる。また、高校生でも大学生でもアメフトの選手数が多いことがわかる。

表6-7はプロになれる確率であるが、選手の中から限られた数のみがプロによる指名（ドラフト）候補になる。さらに、ここから実際にプロチームに指名されるのはわずかである。ドラフト総数というのはプロチームが合計で何人を指名したかである。これと指名されたNCAA選手数を比べると、アメフトでは全く同数であり、男女バスケットボールではほぼ同数だが、野球とアイスホッケーでは差異がある。後者二つはマイナーリーグがあり大学を経由しないでドラフトされてプロになる選手が多く、プロチームは必ずしも大

学のみを、選手の供給源とみていない。ドラフトで指名された選手が条件が合わず入団しないことはあまりないので、全員プロ入りしたと仮定し、ドラフト候補になった選手のうちプロ入りできたのは、野球とアイスホッケーで一桁台後半だが、アメフトとバスケットボールは一％台である。ただし、バスケットボールの場合、最近は海外でのプロリーグが活発なので、世界のどこかでプロ選手になる確率は男子で

表 6-6　高校選手が NCAA 選手になれる比率（2018－19 年度）

種目	高校生選手数	NCAA 選手数	NCAA 選手になれる比率（%） Division I	Division II	Division III	合計
男子						
野球	482,740	36,011	2.2	2.3	2.9	7.5
バスケットボール	540,769	18,816	1.0	1.0	1.4	3.5
長距離陸上	269,295	14,303	1.8	1.4	2.1	5.3
アメフト	1,006,013	73,712	2.9	1.9	2.5	7.3
ゴルフ	143,200	8,485	2.0	1.6	2.2	5.9
アイスホッケー	35,283	4,323	4.8	0.6	6.8	12.3
ラクロス	113,702	14,603	3.1	2.5	7.3	12.8
サッカー	459,077	25,499	1.3	1.5	2.7	5.6
水泳	136,638	9,799	2.8	1.2	3.2	7.2
テニス	159,314	7,785	1.6	1.0	2.3	4.9
陸上（フィールド競技）	605,354	28,914	1.9	1.2	1.7	4.8
バレーボール	63,563	2,355	0.7	0.7	2.3	3.7
水球	22,475	1,072	2.7	0.8	1.3	4.8
レスリング	247,441	7,300	1.0	0.8	1.2	3.0
女子						
バスケットボール	399,067	16,509	1.3	1.2	1.7	4.1
長距離陸上	219,345	15,624	2.7	1.7	2.7	7.1
陸上ホッケー	60,824	6,119	2.9	1.4	5.8	10.1
ゴルフ	79,821	5,436	2.8	1.9	2.1	6.8
アイスホッケー	9,650	2,531	8.9	1.1	16.2	26.2
ラクロス	99,750	12,452	3.7	2.6	6.2	12.5
サッカー	394,105	28,310	2.4	1.9	2.9	7.2
ソフトボール	362,038	20,419	1.8	1.7	2.2	5.6
水泳	173,088	12,980	3.3	1.2	3.0	7.5
テニス	189,436	8,596	1.5	1.0	2.0	4.5
陸上（フィールド競技）	488,267	30,326	2.8	1.5	1.9	6.2
バレーボール	452,808	17,780	1.2	1.1	1.6	3.9
水球	21,735	1,217	3.3	1.1	1.2	5.6

出所：NCAA（2020）

二一・三%、女子で六・九%となる。さらに、ドラフトにかかるのはNCAAの選手の一部であるから、プロになれた選手の、NCAAの選手に対する比率は、一%を下回る。

高校生が大学で選手になって、ドラフトの対象になり指名されてプロになる確率は、表6-6と表6-7の数字の積であるから極めて低い。アメフトでは高校生選手一〇〇万六〇一三人のうち二五四人がプロになれるので、〇・〇二五%で、バスケットボールでは高校生選手五四万〇七六九人のうち五二人がプロになれるので〇・〇一%である。一万人に数人のレベルである。Division Iの中のPower 5のアメフト選手でもプロ入りできるのは一一・一%、バスケットボール選手では一八・〇%なのである。(NCAA 2020)。

このような厳しい現実にも関わらず、NCAAの調査によれば表6-8が示すように、Division Iのバスケットボール選手の七六%とアメフト選手の五二%がプロになれると思っている(NCAA 2013)。Division IIやDivision IIIの選手も楽観的である。大学で選手になれるわけではないので、おそらくより悲観的であるべき、高校生選手も少なからずの数が自分がプロになれると信じて

表6-7　プロになれる比率(2018-19年ドラフト)

種目	NCAA選手数(A)	ドラフト候補者数(B)	ドラフト総数(C)	指名されたNCAA選手数(D)	プロ入り比率(D/A, %)	プロ入り比率(D/B, %)
野球	36,011	8,002	1,217	791	2.20	9.90
男子バスケットボール	18,816	4,181	60	52	0.28	1.24
女子バスケットボール	16,509	3,669	36	31	0.19	0.84
アメフト	73,712	16,380	254	254	0.34	1.55
男子アイスホッケー	4,323	961	217	71	1.64	7.39

出所：NCAA(2020)

表6-8　自分がプロになれると思っている選手の比率(%、2013)

	男子バスケットボール	女子バスケットボール	アメフト	野球	男子アイスホッケー	男子サッカー
Division I	76	44	52	60	63	46
Division II	48	25	41	43	n/a*	43
Division III	21	5	15	19	28	17

*：Division IIのアイスホッケーは参加校も少なく活発でない。
出所：NCAA(2013)

いるであろう。さらに、プロになったとしても、プロの選手寿命は平均三・五年で、引退後五年以内に六〇%の元NBA選手と八〇%の元NFL選手が破産する（Williams, Jr. 2015, p.161）。プロ選手のうち大学を卒業した選手の方が選手寿命が五〇%長く、収入も二〇－三〇%高くなる。おそらく卒業できた選手の知性、克己心、集中力がプロ入り後の活躍にも資するのであろう（Graham, Pryor, and Gray 2015, pp.279-280）。

スポーツ選手に比べて、医師や弁護士の方が生涯にわたって活動できることもあるが、黒人においても前者よりも後者の方が人数は多い。黒人の男子高校生にとってプロスポーツ選手を目指すよりは医師や弁護士を目指した方が、希望がかなう可能性は高いのであるが、スーパースターに憧れる黒人高校生は理解してくれない（US Congress 1992, p.201）。

選手にはもちろん文武両道の人もいるし、ナショナルチャンピオンやMarch Madnessには全く縁がなく、プロになれなくても、また収益性のないスポーツをしていても、スポーツによって得た資質や人間関係によって豊かな人生を送ることもできる。一九七五年以降に卒業した人から二〇一四年から二〇一九年にかけて無作為抽出した七万五〇〇〇人弱を対象にした調査（Gallup 2020）では、（Division や種目は問わず）四八八九人の元選手が含まれている。卒業率だけでなく、大学院進学率、卒業した時点で就職先が決まっていた率も、いずれも選手の方が少しだけ高かった。奨学金を得ているし、選手資格維持のため勉強しているので、全体的に選手の学びは劣っていない。「目的を持って生きている」「幸せな暮らしができている」「コミュニティとつながっている」「健康である」についてはいずれも元選手の方が肯定的な回答が多かった。唯一、有意な差がなかったのが、「経済的安定」であった。これは白人も黒人も関係なかった。[6]

（4）専攻のクラスター化

選手の卒業率は上昇しているが、問題は教育の質である。スポーツ推薦でもそうでなくても、チームに入ると練習・遠征の拘束時間が長く、勉学に時間を割けない。また、取りたい授業が練習時間とぶつかっていて取ることができない。前述のように、NCAAの規定は、Countable Athletically Related Activities（CARA）は、週に二〇時間（一日四時間）以内でなければならない。ここには、練習・試合だけでなく、監督・コーチがその場にいるトレーニングやミーティングも含まれる。それ以外の選手だけの自主的な活動が、Voluntary Athletically Related Activities（VARA）である。第5章で述べた選手が最低賃金をもらえる被雇用者かどうか争っている、Johnson v NCAAの一審では、CARAとVARA含めて、選手の拘束時間は三〇時間以上、I-AとI-AAのアメフト選手ならば四〇時間である、と指摘された（US District Court of East District of Pennsylvania 2021）。

傭兵選手の存在は一九世紀から指摘されていたが、実は第二次大戦までスポーツ選手の学業成績についてはそれほど問題になっていなかった。第2章で述べた一九二九年のカーネギー教育振興財団のレポートは、選手が裏金をもらって入学したりプレーすることを批判していた。しかし、Davis and Cooper（1934）は、一九〇三年から三二年までの様々な研究論文を調査した。調査時期、調査対象の大学・種目や調査方法は統一されていないので、単純な比較はできないが、一三本が一般学生の方が成績が良い、八本で選手の方が成績が良い、一〇本で両者は同等という結論だった。総括としては「一般学生の方がわずかに成績が良いが、統計的に有意な差ではない」ということであった。

第二次大戦後は高等教育が拡大した。交通機関と通信手段（電話）の発達（親と話ができる）で、優秀な大学には遠い地域からも学生が進学するようになった。全米規模の学生獲得競争が活発になると、広告塔として大学スポーツの役割がますます大きくなった。また、テレビ中継が活発になり、強豪校の露出が多くなった。大学スポーツの商業化が進んだ。一方、後述するように黒人選手が選手として入学するようになったが、残念ながら彼らの学力は低かった。こうして、一般学生とスポーツ選手、とくにアメフトとバスケットボールの選手との学力差が問題になった。NCAAが選手の卒業率や在学中の単位取得の進捗状況に注目するようになり、基準を満たさない選手は出場できなくなった。このような事態を避けるため、選手が楽勝科目・学科に集中する（コーチや運動部担当の教務アドバイザーによって履修を誘導される）という、クラスター化が起きた。

クラスター化の実態調査は Case, Greer, and Brown（1987）が嚆矢だとされる。それまで選手に特定の専攻が多いことは「噂」にはなっていたが、この論文がその存在を明らかにした。この調査では、一つのチームの選手の二五％超が一つの専攻に集まっているのを「クラスター」と定義したが、その後の研究でもこの定義が使われる。Division I の一三〇のバスケットボールチーム（男子七七、女子五三）のうち、七一％でクラスターが起きており、男子が女子より、黒人が白人より高くなる傾向がみられた。その後の調査でもクラスター化の存在が明らかになり、NCAAが卒業に向かっての単位取得を厳しくする一方で、入学する選手の学力基準はそれほど厳しくせず、前述の特別選抜が行われているので、出場資格を維持するためにクラスター化は改善の兆しがみられない。

一つの専攻に学生が集まることは、就職に人気の科目がその時代ごとにあるので、不自然なことではない。しかし、問題はスポーツ選手が一般学生からは人気のない科目に集まることである。楽勝学科への集中は選手同士での情報共有の場合もあるが、スポーツ部（または教学部内の選手担当）の教学アドバイザーが誘導していることが考えられる（Lederman 2008）。テキサス農工大学のアメフト選手の二五％近くが、Agricultural Development と Agricultural and Life Science に集中していた時に、一般学生は三％しか専攻していなかった。農学科はGPAが二・二五未満の学生も入れるからである。ジョージア工科大学ではアメフト選手の五六％が経営学を専攻していたが、一般学生では一一％である。同大学の経営学はレベルが低いわけではないが、実験・実習がないので学内ではスポーツの活動に支障をきたさない楽勝学科なのである。バージニア工科大学ではアメフト選手の一二％が住宅・不動産経営学を専攻していたが、一般学生は一％しか専攻しない（Suggs 2003）。表6-9は有力コンファレンスのアメフト選手の専攻だが、黒人選手の方がクラスター化が進んでいる傾向はあるが、白人選手でも多くの大学で二五％超のクラスターが起きていることがわかる

(Houston and Baber 2017)。専攻では社会学、犯罪学、スポーツ経営・管理論、コミュニケーション論が多い。一般教養(General Studies)専攻は語学の履修が義務でないまま、卒業できる大学もあるが、上級生になり専攻を決める段階になると別の楽勝学科を新たに選ぶこともある。有力コンファレンス(BCS)所属の大学(匿名)では、一年次には多少分散していた専攻が、四年で在学しているアメフト選手の間では、半数以上が衣服・住居・資源学科というところに集まっている(Fountain and Finley 2011)。

ただ、クラスター化は強豪校に限ったわけではなく、I-AAでもクラスター化は起きている(Paule-Koba 2020)。アメフト、男女バスケットボール、男女サッカー、野球、ソフトボール、女子バレーボールの選手を対象にした調査では、Division Iでは四六チーム中、三二チーム、Division IIでは五三チーム中、三七チームでクラスターが起きており、どちらも発生率は七〇%である。Division IIIになると四八チーム中、一五チームで三一%とぐっと低くなる。Division IIIはスポーツ奨学金を出しておらずスポーツの過熱がそれほどではないので、クラスター化は起こりにくい。スポーツではほとんど収益があがらないDivision IIでもクラスター化が起きていることは驚きである(Miller 2022)。

アラバマ州のオバーン大学では、二〇一四年にスポーツ関係の代表教員が大学評議会で「クラスター化は起きていない」と発言したことに、経済学科長ステルン(Michael Stern)が反論し、アメフト選手の公共政策学科へのクラスターを指摘した。選手四八人中の二三人(四八%)が専攻するが、一般学生一万一四〇二人中では八八人(〇・八%)しか専攻しない学科であった。しかも、この学科の半数がスポーツ選手だった。NFLの現役選手で数学者のアーシャル(John Urschel)はオバーン大学とは直接関係なかったが、選手と一般学生の比率の違いは偶然ではありえない(どちらかが意図的に少なくしたか多くしない限り起こりえない)と発表した。アイストラップ(Joseph Aistrup)学部長はステルンを学科長から解任しようとしたが、経済学科の教員はステルンを支持した。[7] 彼は自分の発言に対して嫌がらせを受けたので、言論の自由を侵されたとして二〇一八年に裁判を起こし、二〇二一年に六五万ドルの賠償金を得た。雇用主である大学の利益に反する内

コンフェレンス	大学	白人		黒人（非白人）	
		専攻	比率（%）	専攻	比率（%）
	アリゾナ大学	経営学（教養課程）	20.0	家族・人間発達論	28.6
	南カリフォルニア大学	社会学	18.2	社会学	36.4
	カリフォルニア大学（バークレー校）	アメリカ学	23.1	アメリカ学	18.9
	オレゴン州立大学	体育	11.1	社会学	25.9
	コロラド大学	コミュニケーション論	28.2	社会学	33.3
	オレゴン大学	社会学	17.9	社会学	34.8
	スタンフォード大学	経営・科学・工学論	25.8	科学・技術・社会論	30.0
	ワシントン州立大学	犯罪学	26.1	犯罪学	12.5
SEC	ミシシッピ大学	犯罪学	25.0	犯罪学	18.4
	ルイジアナ州立大学	一般教養	43.8	スポーツ経営・管理論	45.5
	サウスカロライナ大学	スポーツ経営・管理論	29.4	犯罪学	20.0
	アーカンソー大学	経営学	20.0	社会学	46.9
	ジョージア大学	スポーツ経営・管理論	15.0	住宅論	19.4
	フロリダ大学	経営学	11.8	社会行動学	65.4
	テネシー大学	コミュニケーション論	15.8	社会学	23.1
	オバーン大学	経営学	12.5	一般教養	23.8
	バンダービルト大学	人間・組織発達論	60.0	人間・組織発達論	60.0
	ケンタッキー大学	農業経済学	23.1	コミュニティ指導者論	28.1
	（アラバマ大学とミシシッピ州立大学未集計）				

出所：Houston and Baber（2017）

容でも、市民としての言論の自由が優先された（Flaherty 2022）。

アメフトやバスケットボールの選手にはスポーツ部の資金で家庭教師がつくのだが、家庭教師が代筆、なりすまし受講をする。ミネソタ大学では一九九三年から一九九八年にかけて男子バスケットボール部のスタッフが、二〇人の選手のために四〇〇件の宿題を代筆した（Sperber 2000, p.130）。学習指導担当者の指示で行われ、監督も黙認していた。二〇〇〇年に奨学金削減などの処分が下された。近年問題なのは、オンラインでのなりすまし受講・受験である。技術は進歩しているが、本人認証は完全ではない。コロナ禍以前から、アメリカではオンライン授業が普及しつつあった。特にアメフトの強い大規模な州立大学で

表6-9　主要コンファレンス所属大学のアメフト部における専攻のクラスター化（2011-12年度）

コンファレンス	大学	白人		黒人（非白人）	
		専攻	比率（%）	専攻	比率（%）
ACC	メリーランド大学	犯罪学	21.4	アメリカ学	21.6
	ノースカロライナ大学	コミュニケーション論	22.0	コミュニケーション論	39.1
	ジョージア工科大学	経営学	42.1	経営学	56.8
	バージニア工科大学	財務論	26.3	人間発達論	32.4
	クレムソン大学	経営学	33.3	社会学	53.8
	ノースカロライナ州立大学	経営学	29.4	スポーツ経営・管理論	20.7
	ウェイクフォレスト大学	コミュニケーション論	69.6	コミュニケーション論	50.0
	デューク大学	経済学	20.0	社会学	31.0
	ボストンカレッジ	コミュニケーション論	18.2	コミュニケーション論	29.4
Big Ten	イリノイ大学	コミュニケーション論	23.5	コミュニケーション論	34.5
	ミネソタ大学	経営学	20.8	若者学	32.1
	ミシガン大学	一般教養	9.7	一般教養	47.1
	パデュー大学	社会学	13.9	組織指導者論	35.1
	ペンシルベニア州立大学	犯罪学	16.7	犯罪学	28.6
	オハイオ州立大学	コミュニケーション論	11.1	コミュニケーション論	12.5
	インディアナ大学	スポーツ経営・管理論	20.7	犯罪学	16.0
	ミシガン州立大学	犯罪学	12.5	社会科学学際研究	30.8
	ネブラスカ大学	経営学	28.0	社会学	33.0
	ノースウェスタン大学	経済学	28.2	組織変化論	36.8
	ウィスコンシン大学	生命科学 コミュニケーション論	13.9	生命科学 コミュニケーション論	23.5
	アイオワ大学	学際研究	36.1	学際研究	41.6
Big 12	ベイラー大学	一般教養	42.9	一般教養	61.3
	テキサス大学	企業 コミュニケーション論	25.0	若者・コミュニティ論	22.7
	テキサス工科大学	体育	42.1	人間発達論	17.6
	オクラホマ州立大学	経営学	23.1	教育学	30.4
	オクラホマ大学	人間関係論	20.0	コミュニケーション論	25.0
				学際研究（同率）	25.0
	テキサス農工大学	一般教養	18.2	農業指導者論	45.5
	カンザス大学	経営学	23.5	コミュニケーション論	26.1
	ミズーリ大学	経営学	12.0	ホテル・ レストラン経営論	14.8
	カンザス州立大学	運動生理学	11.5	社会科学	28.6
	アイオワ州立大学	コミュニケーション論	16.2	一般教養	62.0
Pac 12	アリゾナ州立大学	運動生理学	21.1	探索的データ解析	35.1
	カリフォルニア大学 ロサンゼルス校	歴史	53.3	歴史	62.1
	ユタ大学	コミュニケーション論	25.0	社会学	30.4
	ワシントン大学	公共政策学	25.0	公共政策学	26.1

は予算が削減されていて教室に学生を収容しきれないので、全面オンライン授業を開講し単位を認めるようになっていた。するとコーチやスタッフ、アルバイトの家庭教師がなりすましを行っている。近年のNCAAの規則違反の多くがオンライン授業関連である（ガーニー・ロピアノ・ジンバリスト 2018, pp.262-280）。さらに、スポーツ部が教員に選手の成績改竄の圧力をかけることが起こるが、立場が弱い非常勤講師、任期付き教員が対象とされやすい（Henry 2018）。

(5) ノースカロライナ大学チャペルヒル校の「楽勝学科」

ノースカロライナ大学チャペルヒル校（以下、UNC）には、公民権運動の高まりの中で、一九六九年にアフリカ・アフリカ系アメリカ研究コース（African and Afro-American Studies、以下「アフリカ学科」）が設立された。初代コース長のパルマー（Collin Palmer）と次のハリス（Trudier Harris）は、厳格なカリキュラム運営を行っていた。しかし、一九七九年から同学科に職員として勤務していたクラウダー（Debby Crowder）は、自身が同大学の出身だったが、成績が良くなかったので優秀でない学生が苦労していることに同情していた。また、同大学のスポーツのファンであった。スポーツ選手が学業で苦労しないようにしたかった。学科長のニャンゴロ（Julius Nyang'oro）はアフリカ出身で大学院からアメリカで学び、一九八四年にポスドクとして同学科に来たが、その後、一九八九年に客員教員として採用され、一九九〇年に正規教員となり、一九九三年にテニュアを取得してプログラムの責任者となった。一九九七年にアフリカ「コース」は正式な学科となった（Smith and Willingham 2015）。この二人によって、一九九三年から二〇一一年まで二〇年近くにわたる不正が行われた。

ニャンゴロがクラウダーに学科運営を任せたところ、楽勝科目の巣窟となりスポーツ選手が履修することになった。ニャンゴロは当初は厳格であったが、コンサルティングで忙しくなったことと、かつて二人の学生を落第・退学させたところ一人は殺され、一人は逮捕されたので、学生を退学させることに躊躇し、クラウダーによるカリキュラムの軽量化を黙認した（Wainstein 2014）。クラウダーはスポーツ選手学業支援プログラム（Academic Support Program for Student-Athletes: ASPSA）と協力し、ニャンゴロに個人指導科目（Independent Study）を開講させ、選手を受講させた。これは、日本の卒論指導に当たるもので、本来は学生を個人的に指導してレポートを書かせるのだが、実際には学生は教員と会うことなく、レポートを提出したらクラウダーが詳細まで読まず甘い成績をつけていた。二〇〇四 - 〇五年度からニャンゴロとクラウダーは成績分布の規制を廃止し、多くの学生にAを与えることを可能にした。また、提出されたレポートが剽窃であっても（剽窃でありそうでも確認をせず）問題にしなかった。

二〇一〇年八月、マッカドー（Michael McAdoo）というアメフト選手は、学業不振で出場資格停止になっていたが、裁判を起こした。その過程で、楽勝科目の存在が明らかになり、地元の新聞（Raleigh News & Observer: N&O）が報道した。さらに、二〇一一年夏にN&O紙は、アメフトの選手（Marvin Austin）はSATの点数が低く補習対象者であるのに、アフリカ学科の四〇〇番台（四年生が取る科目）でB＋を取っていたことを報道した。地元メディアはノースカロライナ大学のスポーツ部との関係を良好に保ちたいので不正の報道に消極的だったが、N&O紙は報道を続けた。スワヒリ語の科目がクラウダーによって開講され、受講生は全く勉学していないのに単位を与えられていた疑惑が浮上した。ソープ（Halden Thorp）学長は理事会に対して、スポーツ部のアドバイザーはスワヒリ語のことは知らなかったと報告したが、N&O紙はアメフト部のために開講されたと報道した。

事件発覚当初の二〇一二年にUNCは、教学はNCAAの管轄ではない、楽勝科目は一般学生も受講できるのでスポーツ選手だけに恩恵をもたらしているわけでない、不正を行ったのはニャンゴロとクラウダーだけで、スポーツ部の関係者は関与していないので、問題ないと述べていた。NCAAもこの説明を受け入れて二〇一二年には規則違反とはみなさないと結論した（Smith and Willingham 2015）。しかし、ニャンゴロが実際に指導を行っていない科目から、手当てをもらっていたのは給与の詐取であり、犯罪の可能性があった。

二〇一三年末に州の捜査局がニャンゴロを起訴して刑事捜査が終わったので、捜査資料が大学に引き渡された。また世論の批判はUNCの予想より大きくなったので、二〇一四年にUNCは司法省出身の法律家ワインステイン（Kenneth Wainstein）に、警察から引き渡された資料に基づく再調査を依頼した。Wainstein（2014）はクラウダーがスポーツ部のアドバイザーと連携していたこと、Independent Studyだけでなく中身のない講義科目を勝手に開講して単位を与えていたことを明らかにした。一九九〇年代末には大学全体で、学生が取得できるIndependent Studyの上限を定めたので、アフリカ学科では、講義科目として時間割に記載しながら実際には、Independent Studyのような中身のない個人指導を行う科目を開講した。

UNCは選手を支援するのが目的でないと主張したが、恩恵を受けていたのは選手であった。一九九九－二〇一一年の期間で三九三三人が楽勝科目に登録していたが、一八七一人（四七・六％）が選手であった。選手の二一％が楽勝科目を履修していたが、一般学生では二％のみが履修していた。選手のうちアメフトが五一・五％、男子バスケットボールが一二・一％、女子バスケットボールが六・一％、その他のスポーツが三〇・四％であった。また、アフリカ学科の中で通常科目の一般学生のGPAは三・二八だが、楽勝科目では三・六二であった。これがスポーツ選手だとそれぞれ二・八四と三・五五になり増加幅が大きい。出場資格のGPA2.0をクリアするために楽勝科目は重要であった（Wainstein 2014, pp.2-3,47-48）。

クラウダーは二〇〇八年に翌二〇〇九年に早期退職すると発表した。この知らせを受けたASPSAのアメフト担当アドバイザーは選手に早く履修するよう指導した。ASPSAのスタッフがアメフトの監督・コーチに対して、楽勝科目があったので選手の出場資格が維持されてきたと説明している。これらのことはパワーポイントスライドとして証拠が残っていた。スタッフは、ニャンゴロに頼んで六つのIndependent Study科目を開講してもらった（Wainstein 2014, pp.21-24; Davis 2017, pp.402-403）。ASPSAとアフリカ学科の楽勝科目とは密接な関係があったのは明らかである。学内でもアフリカ学科の楽勝科目のことは噂にはなっていたが、誰も真剣には調査しなかった。「学問の自由」の名のもと、他の教員の授業内容をチェックすることはタブー視されていた。[8]

UNCによる一般学生にも開放しているという主張は、大学の学位を評価する認証協会（Sothern Association of Colleges and Schools）が関心を示した。二〇一三年の時点では問題なしと判断していたが、Wainstein（2014）で明らかになった情報を受けて、二〇一五年にUNCに対して二〇一六年六月までの保護観察処分（Probation）の処分を下した。保護観察処分は、NCAAでは頻繁に行われる処分だが、認証協会では認証取り消しの一段階前の処分である。認証取り消しになれば、卒業しても学位として認められなくなる。学士号に値しない楽勝科目を提供したことへの処罰である（New 2016, Thomason 2016, Titus 2017）。

大学は二〇一四年の報告書には真摯に反省する姿勢を示していたのだが、NCAAの調査が改めて行われると、一般学生も受講できるので、スポーツを行うことへの報酬ではないという従前の反論に戻った。NCAAも二〇一七年一〇月に、選手だけが恩恵を受けていたわけでないとして、処分できなかった。ただ、不正の調査に協力する義務を怠ったとして、ニャンゴロは一番重いレベルⅠの違反、クラウダーは最後は協力したのでレベルⅡの違反と認定された。ただ、両者とも引退しており、ニャンゴロにも、今後五年以内に彼を雇う大学は彼をスポーツ関係の活動に関わらせるのならば、そのことをNCAAに説明しなければならないという軽い処分（show cause order）であった。連邦捜査局（FBI）が、後述するアディダスから大学コーチへの賄賂を捜査し始めていたので、NCAAは新たにUNCとの訴訟を抱えたくないと思い軽い処分にしたとも考えられる（Bauer-Wolf 2017）。ただ、ソープ学長は二〇一二–一三年度末に辞任した。教育や研究の促進の面では、評価の高かった学長が、自分が充分に監督しなかったスポーツのスキャンダルで失脚したのである。また、ソープ学長によってアメフト監督（Butch Davis）はすでに解任されていた。彼は、二〇〇九年にクラウダーの引退後に楽勝科目がどうなるかについて、スタッフと話し会いをしていたことが明らかになっていたからである（Thomason 2016）。

UNCの楽勝科目への批判が高まっていたので、二〇一六年にNCAAは規定を改定し、大学に対して一般学生も対象とした教学の健全性のポリシーを制定することを求めた。選手がこれに違反したら、NCAAも選手を処分することとした。NCAAのアマチュア主義維持のポリシーでは、スポーツ選手がスポーツを行っていることから恩恵を得ていなければよい。スポーツ選手だけが楽勝科目を受けていれば問題だが、一般学生も受講可能ならば問題ないのである。ポリシーの内容は大学に任せたものであり、選手がこれに違反しているかは大学が判断する。(Bauer-Wolf 2017)。楽勝科目を大学が認めているのならばNCAAは介入しないが、楽勝科目を許す甘いポリシーを全学生を対象に行うのであれば、混乱は大きいし、認証協会が問題にするであろうから、大学はそのようなことはしないと期待される。

同時に、NCAAはそれまでの「教学での過剰な恩恵（academic extra benefit)」を「許可できない教学支援（impermissible academic assistance)」と改称し、選手が大学のポリシーを違反していなくてもNCAAが選手や大学を処罰する可能性を示した。これに該当するのはスポーツ選手だけが受ける教学支援（大学のお金で雇った家庭教師）が、出場資格の維持に影響を及ぼしている場合である。成績が悪くて試合に出られない選手が不当な学習支援のおかげで出られているのは、他大学に対して競技の上で不公平ということである（Hosick 2016a; Solomon 2018)。第8章で述べるように、NCAAが学業を加味した分配金を開始したり、学業成績が悪いとポストシーズンゲームに出場できないようにするなど、選手の学業成績を重視するのは好ましいように見えるが、かえって学業での不正が増える恐れもある（Davis 2017)。

(6) 選手の処罰

二〇一二年のペンシルベニア州立大学のアメフトコーチ（Jerry Sandusky）がアメフトのトレーニングプログラムに参加した男子児童に性的虐待を行ったケースは、大学が調査に非協力的であったことも考慮され、NCAAによる処罰は六〇〇〇万ドルの罰金、四年間のポストシーズンボウルゲームの出場禁止、四年間に渡り毎年一〇件の奨学金の削減、一九九八年から二〇一一年の勝利数一一二の取り消しであった。裁判になり、奨学金とボウルゲームの処罰は四年間でなく二年間になった。六〇〇〇万ドルの罰金はペンシルベニア州内で児童性的虐待防止の啓発活動や被害者救済に使われることになった。また、一一二の勝利は復活した。この勝利数はきわめて重要で、この勝利数の復活でアメフト最多勝監督の座は同大学のパターノ（Joe Paterno）が維持できることになった。本件に関して、コーチの不正は刑事罰で処罰されているのにNCAAがコーチさらに大学を処罰したことには疑問が呈された。それゆえ裁判では処罰が軽減されたのである（New 2016）。

二〇一七年にベイラー大学の選手が性的暴行で逮捕されたが、NCAAは大学の処分は行わなかった（Staples 2017）。NCAAはペンシルベニア州立大学のケースが不適切だったと認識し、スポーツ選手がスポーツをすることで恩恵を受けなければ問題なく、それ以外での選手や監督のトラブルは司直に任せる方針を取った。日本の場合は、選手の不祥事でチームが連帯責任として出場停止や活動禁止になるが、NCAAは選手個人の処罰は司直に委ねる。連帯責任は無実の選手のスポーツの権利を奪うので、第8章で述べる憲法で保障された「法の適正手続き」に反することになる。ただ、アメリカでも大学スポーツは、水泳や陸上競技といった個人種目であっても、総合点をチームとして競うことが特徴である（Beyer and Hannah 2000）。

二〇一六年にはハーバード大学の男子サッカー部、プリンストン大学の水泳部、コロンビア大学のレスリング部で、女性蔑視の発言がチームのSNS上に流れた。発言していなかった選手もいたであろうが、多くの選手がチームのSNS上で発言したので、個人種目のレスリングや水泳であっても、大学はチームを対外試合禁止にした（Thatcher, et al, 2022）。ただし、コロンビア大学のレスリング部は無実の選手は出場資格を復活させた。チーム全体を罰するのは、スポーツ重視をやめて奨学金も出さないようにしたアイビーリーグ校だからできたのかもしれない。これは例外的で、一般的には犯罪者が出てもあくまでも個人のみを司直が裁き、NCAAがチームを処分したり、大学に処分を求めたりすることはない。NCAAが処分するか否かはあくまでもスポーツ選手が選手であることで、裏金や教学支援で不当な利得を得ているか否かである。ただし、この違反もチームやスポーツ部といった組織ぐるみならば、本人の出場停止だけでなく、ポストシーズンゲーム出場禁止、テレビ中継禁止、最悪は対外試合禁止など、チーム全体の活動が規制される。

犯罪を行えば、処分は司直の手にゆだねられ、チームでなく選手個人が罰せられるわけだが、大学としては有力選手が有罪となり、出場できなくなったり退学したりしては戦力として困る。また、メディアに報道されることも大学全体の評判に好ましくない。したがって、大学は敏腕弁護士を選手のために雇う。また、大学のスタッフは、選手が警察に逮捕されていないかチェックしていて、すぐに対応できるようにする（選手が求めなくても弁護士が面会に行く）。また、スポーツ部はしばしば警察に非協力的で、選手の居場所を明らかにせず、簡単に身柄を引き渡さない。一般学生には与えられない大学からの支援であるから、選手であることとの特別な恩恵といえる。また、被害者も名前が出ると熱烈なファンから嫌がらせを受けるので、起訴を取り下げることが多い。その結果、学生全体の逮捕者に占める選手の比率は高いが、選手は不起訴になる比率も高い。フロリダ大学では選手の不起訴率は五六％だが、同じ地域（カウンティー）の同年代の男性の逮捕者が不起訴になる確率は二八％である。フロリダ州立大学でも選手が七〇％で、一般男性は五〇％であった（Lavigne 2015）。

Student Right to Know and Campus Security Act は、大学がスポーツ選手の卒業率を性別、人種別、種目別に公表することを義務付けた。一方で、Family Educational Rights and Privacy Act of 1974 によって、選手のプライバシーが保護されているので、個々の選手の成績についてはアクセスが難しい。それでも学生の履修科目の異常な集中（クラスター化）などは開示が可能なはずの情報である（Smith and Willingham 2015, p.245）。実際、連邦最高裁は一九七四年の法律の運用に歯止めをかけている。どちらも二〇〇二年の判決だが、Gonzaga University v. Doe では、学生が性的犯罪を起こした噂を聞いた教員が調査して、その事実を学部長に報告した。学生は学部からの推薦を得られず、教員免許を取得できなかったので、大学を訴えた。州の裁判所は学生勝訴としたが、連邦法の解釈なので連邦最高裁が判断し、大学勝訴となった。Owasso Independent School District v. Falvo では、小学校で生徒同士で課題を採点させたところ、自分の子供の成績を他の生徒に教えることになったとして親が学校を訴えたが、最終的には親が敗訴した（Salzwedd and Ericson 2003）[9]。

（7）不正な金銭授与

大学スポーツにおける今ひとつの大きな問題が、選手への裏金である。有望な高校生やその親に便宜を図って入学してもらう。入学後もお小遣いを渡す。多くはブースターと呼ばれる裕福で熱心なファンが行うが、大学が黙認したり関与したりする場合もある。裏金は大学が関与したり、監督不行き届きがあったりしたならば、チームが処分される。NCAAは選手に報酬を与えないアマチュア主義を維持したいので、裏金によって選手が報酬を受けていることを厳しく取りしまる。ただ、NCAAは大学関係者しか処罰できないので、裏金を渡すブースターはNCAAでなく、大学がチームへの接触禁止などの処分を科す。

裏金はNCAA発足時から問題になっていたが根絶できていなかった。そこで第8章で述べるように、一九八五年に繰り返し違反をしている大学には、対外試合禁止という「死刑判決」を下すことにした（Whitford 2013; Whitford and Elkund 2013; Dodds 2015）。テキサス州ダラスのサザンメソジスト大学（SMU）がその対象となった。SMUはメソジスト系の中規模大学（学生数六〇〇〇人）ながらアメフトの強豪だった。しかし、第二次大戦後、州立大学が規模を拡大する中で、テキサス州内では州立大学のチームが強くなっていった。SMUも良い選手を勧誘しようとしていたが、ダラスは大都市で裕福なブースターが多かったので、彼らが勧誘に裏金を出した。一九八一‐八四年に行われたこれらの目に余る規定違反を、コーチ陣も黙認していた。このことからNCAAは一九八五年にSMUに対して、一九八六‐八七年度の奨学金支給の完全禁止、一九八七‐八八年度は一五件のみとする、一九八六年と八七年のポストシーズンボウルゲームの出場を禁止する、一九八六年のテレビ中継を禁止する、と言い渡した。また、一九八六年から三年間の保護観察処分とした。過去一一年で四度目の保護管里処分であり、過去一四年間のうち一一年間がそれに当たっていた。

しかし、クレメンツ（William Clements）理事長（知事として再選を果たせなかったので、次の選挙までの間、理事長になっていた）の指示の下で、SMUは行動を全く改めなかった。選手が大学の勧誘担当スタッフやブースターから裏金を得たり、便宜を図ってもらったりしたことを、メディアが暴露した。ダラスは大都会で複数の新聞があり取材競争が激しかったのでスキャンダルが暴露されやすかった。

NCAAの調査によって、一九八五‐八六年のシーズンで一三人の選手が合計で四万七〇〇〇ドル（二〇二〇年実質ドルで一一万三〇〇〇ドル）を受け取っていたことが明らかになった。さらに、一九八六年の秋だけで別に一万四〇〇〇（同三万三〇〇〇ドル）が選手に渡っていた。これらは一九八五年からの保護観察処分の期間中に行われていたので、繰り返しの違反者として極めて悪質と判断された。こうしてNCAAはSMUに一九八七年の対外試合禁止を言い渡した。一九八八年はホームゲームのみ禁止となった。しかし、SMUは制裁後、良い選手は他大学に移ってしまったので、能力の低い（体も大きくない）選手が敵地でプレーするのは安全でないとして自ら全試合禁止ということにした（Grant, Leadley, and Zygmont 2015, pp.127–128）。しかし、第4章で述べたようにSMUの対外試合禁止は、所属するコンファレンスであるSWC全体でのファン離れを起こし、SWCの解体にもつながった。これにショックを受けたNCAAは積極的に死刑判決（対外試合の禁止）を下すことができなくなった。フロリダ大学の学長だったロンバルディ（John Lombardi）は、「第二次大戦で原子爆弾を使ったことで、その悲惨さが明らかになり、使うことを避けるようになったのと同じで、『死刑判決』のインパクトの大きさを理解したので、誰も二度と使いたいと思わなくなった」と述べた（Grant, Leadley, and Zygmont 2016, p.128）。

しかしながら、SMUの事件以後も、高校選手や入学後の選手への裏金は後を断たない。一九九〇年代には、テネシー大学のブースターだったアダムス（Roy Adams）は旧知のアラバマ大学のブースターのヤング（Logan Yong）と仲たがいしたので、ヤングが一九九九年に高校のコーチに二〇万ドル（実質二〇二〇年ドルで三一万ドル）を払って有望な選手（Albert Means）をアラバマ大学に進学させたことを暴露した。アーカンソー大学ではブースターのヘロッド（Ted Herrod）が、一九九四‐九五年に、二〇人以上のアメフトとバスケットボールの選手に名ばかりのアルバイトをさせて、合わせて四三〇〇ドル（二〇二〇年実質ドルで七五〇〇ドル）以上を毎週選手たちに支払っていた。一九九〇年代末には、ラキス（Josh Luchs）はプロになったときに代理人にしてもらう約束で、数百ドルずつを多くの選手に渡していた。親の借金の返済の肩代わりをしたこともあったことを告白した（Lucha 2010）。名指しされた元選手は多くがノーコメントか取材拒否だったが、中には金銭受け取りを認めた者もいた。

裏金は表に出てこないものなので怪しい資金源のときもある。アイオワ大学のランニングバックのハーモン（Ronnie Harmon）に裏金を渡していたのは、スポーツ・芸能関係のエージェント（代理人）（Norby Walters）と南米コロンビアの暴力団の組長（Michael Franzese）であった。後者はハーモンに一九八六年のローズボウルでの八百長を依頼した。彼らの告白に対して、ハーモンは疑惑を否定したが、ハーモンは四回もファウンブルして一回は簡単に取れそうなタッチダウンパスを落とした（試合は二五‐四八でUCLAに敗れた）（Southall, et al. 2023, p.170）。

二〇一〇年には名クォーターバックのニュートン（Cam Newton）がフロリダ大学に進学する際に、父親（ミシシッピ州立大学の元選手）に、代理人から一万二〇〇〇から一万六〇〇〇ドルの金銭が渡ったのではないか、という疑惑が出た。結局、証拠は見つけられずニュートン自身の関与もなかったので、処分されなかった。ただ、彼は寮からのPC窃盗のトラブルを起こし最終的にはオバーン大学に転校し、二〇一〇年のシーズンでバイズマン賞を受賞し同大学をナショナルチャンピオンに導き、ドラフトでは一巡目第一位で指名された。

南カリフォルニア大学のランニングバックのブッシュ（Reggie Bush）は、二〇〇五年には学生最優秀選手賞に当たるハイズマン賞を受賞したが、複数の代理人から彼と彼の家族が合計一〇万ドル以上を受け取っていたことが明らかになった。調査の結論が出た二〇一〇年に彼はハイズマン・トロフィーを返上した。また、NCAAは彼が出場した試合の結果を取り消すと発表したので、南カリフォルニア大学の二〇〇四年のシーズンのナショナルチャンピオンも正式には無効となった。連帯責任というよりも、出場資格のない選手が貢献していたのは不公平だからという理由である。しかし、同大学だけでなく大学アメフトのファン全体はあまり気にしておらず、ＵＳＣがチャンピオンであったことを受け入れている。

このような問題が散見されていた中、二〇一七年に大きなスキャンダルが起きた。南ニューヨーク州検察と連邦捜査局ニューヨーク支部は、賄賂などの罪で一〇人を逮捕した。その中には四人のDivision I のバスケットボールのコーチとアディダス社の幹部が含まれていた。罪状は二つあり、一つはエージェント（代理人）がコーチに金銭を渡し、指導している選手にプロ（NBA）入りしても引き続きそのエージェントを使うように依頼してもらった。エージェントは選手が学生時代はたいした収入は得られないのだが、プロになったときにエージェントになっていれば、巨額の契約金を基に大きな報酬を得ることができる。エージェントは有望な選手には学生時代から接近するのだが、プロ入り後に別のエージェントにされたら困るのでコーチに説得してもらったのである。もう一つがアディダスが有望な高校生だったボーエン（Brian Bowen）の父親に金銭を渡し、アディダスがスポンサー契約（アディダス製のシューズを履き、ユニフォームにアディダスのロゴが入る）をしているルイビル大学に進学してもらったのである。このことでは監督（Rick Pitino）が解雇され、ボーエンはオーストラリアでプレーした後、プロ入りしたがあまり活躍できなかった。今回はＮＣＡＡ規定違反での処罰でなく、不正が発覚すれば出場できない選手を大学に入れたことは、詐欺によって大学に損害を与えたことになるとして連邦司法当局が罪に問うた[10]。捜査の結果、多くの大学が不正に手を染めている実態が、全く変わっていないことが明らかになった（Southall, et al. 2023, pp.17-19）。ＮＣＡＡとしても、自身が二〇一七年に行った世論調査で、七九％の回答者が「強豪校は選手のことより金儲けを優先している」、六九％が「強豪校は問題解決の担い手でなく発生源である」、五一％が「ＮＣＡＡも共犯者の一人である」と答えたことを発表せざるを得なかった（Southall, et al, 2023, p.33）。

マーシャル大学のスポーツ職員だったリドパス（David Ridpath）は、さまざまな不正行為・隠蔽工作を肩代わりさせられたことをのちに暴露した。マーシャル大学はI-AAの強豪で二〇〇五年からI-Aに昇格した。昇格を目指していたので、不正をしていたともいえるが、勝利至上主義はPower 5に限らないのである。また、Division IIIではスポーツ奨学金はないが、入学をめぐってスポーツ選手の特別推薦は行われている。実はDivision IIIの小さなリベアルアーツカレッジは、全人教育として課外活動を奨励していることもあり、多くの学生がスポーツに参加している。NCAAの管轄するスポーツ部に属する選手の学生全体に占める比率は、リベラルアーツカレッジでは三〇%を超える（ボック 2004, pp.133, 195）。ミシガン大学のような強豪校は旗艦州立大学で学生数が多いので、学生数二万二〇〇〇人の中で選手は七〇〇人なので三・二%である（Duderstadt 2003, p.51）。Division IIIのリベラルアーツカレッジで、選手に対する入学、進級、卒業で不正なえこひいきがあれば、大学全体のモラルへの悪影響は、強豪校よりもむしろ大きいのである。

2　大学スポーツにおける黒人・女性差別

（1）黒人選手の境遇

人種と運動能力についてはさまざまな議論が行われてきた。そもそもスポーツ選手の能力は遺伝が三〇%、努力が七〇%と言われる（若原 2020, p.167）。二世選手が成功するのは、遺伝的要因とともに、選手だった親が幼少期から指導したり、子供がスポーツ選手になることに寛容であったりする面も大きい。

同じ黒人でもエチオピアは長距離選手、ジャマイカは短距離選手を輩出している。人類は今日のアフリカ・ウガンダ近辺で誕生したといわれる。その後、東アフリカに移動し高地サバンナで狩猟生活をおくるものと、西アフリカの低地の熱帯雨林で狩猟生活をおくるものに分かれた。環境に応じて遺伝子が変化した、また環境に適した遺伝子を持った種が生き残った結果、東アフリカのケニアやエチオピアでは長距離選手が輩出され、西アフリカの黒人は奴隷としてカリブ海諸島さらにはアメリカ大陸に移住して、ジャマイカやアメリカの黒人は短距離で秀でることになった（若原 2010）。ケニアでも長距離選手を輩出しているのは、牛の強奪の伝統があった（集団で逃げるため長距離を走ることを求められた）リフトバレー地区のナンディという集団である。また、今日でも学童期に通学歩行距離が長かった人が選手としても成功している。同じカリブ海でもジャマイカが陸上で秀でる一方で、ドミニカは野球選手を輩出しているのは、後者における野球の練習機会の豊富さのためである。このように、選手としての成功には人種だけでなく社会的・歴史的な要因が影響している。また、黒人には水泳選手が少ないが、アメリカでは奴隷制時代には黒人は潜水夫として水中作業でも秀でていた。しかし、二〇世紀に入り、黒人は肌を見せるプールでの活動の機会が乏しかったため、水泳では名選手が出ないという社会的理由が存在するとも考えられる（川島 2010）。

南北戦争まで、黒人奴隷は、農作業（家畜を殺したり、木を切ったり、砂糖をすりおろしたりする作業）のスピードを競う農場間の対抗戦に参加していた。当時は、黒人は知的だけでなく肉体的に劣っていると考えられていた。しかし、二〇世紀になって北部でスポーツが教育に導入されると黒人が活躍するようになった。しだいに、アメリカ国内において黒人は瞬発力を生み出す速筋繊維の比率が白人よりも高く、優れた酵素を持ち、体の構造が異なっているので身体能力が高いと主張されるようになった。その裏返しが知性では劣るということであった（Hawkins 2010, pp.63–64）。

南北戦争後、他人の私有財産となり強制労働をさせられる奴隷は廃止されたが、人種差別は続いた。一八九六年の Plessy v. Ferguson 裁判において、連邦最高裁は鉄道車両が白人用・黒人用となっていることは、奴隷を禁止した憲法修正第一三条に違反しないと判断した。黒人用の車両がなければ問題だが、黒人用のものがあれば白人と共用でなくても問題ないとされた。これは“Separate but Equal”（「分離すれど平等」）の原則と呼ばれたが、教育においても南部では黒人向け、白人向けと学校が分かれていた。第1章で述べたモリル法に、一八九〇年に第二モリル法が追加され、ランドグラント大学への連邦政府からの一般的な補助金が支給された。ただ、その条件として補助金を受ける州立大学では、教育における人種差別をしていないことが求められた。南部の州は人種融合をしたくなかったので、「分離すれど平等」の原則に基づき、白人だけの大学とは別に黒人だけの大学を作った。ただし、男女別学にするとさらに州立大学を作らなければならなかったので、同じ人種内では男女共学が進んだ。黒人向けの大学（Historically Black Colleges and Universities: HBCU）は南北戦争前に北部で始まった（南部ではそもそも黒人が大学進学しなかった）のだが、南北戦争後に南部で急増した。黒人は黒人大学に進学してそこでプレーしていた。一八九二年にノースカロライナ州で行われた、リビングストン・カレッジ対ビドル・カレッジの試合が黒人大学の最初のアメフトの試合といわれる。

二〇世紀に入ると白人の多い大学で黒人がプレーをするようになるが、対戦相手から執拗に暴力的なプレーを受けた。一九二三年、アイオワ州立大学の黒人選手のトライス（Jack Trice）はミネソタ大学によるラフプレーで死亡した。今日、アイオワ州立大学のアメフトスタジアムはJack Trice Stadiumと命名されている。北部の大学では黒人選手が入るようになったが、南部の大学は黒人選手を受け入れず、また黒人の選手のいるチームとは対戦しなかった。相手チームに黒人選手がいる場合はその選手を出場させない、遠征に帯同しないことを求めた。北部で行われる試合でも黒人選手を出場させないことを求め、北部のチームも同意していた。一九三四年、ミシガン大学はホームゲームにもかかわらず、南部のジョージア工科大学との試合で黒人を出場させなかった。

ニューヨーク大学のベイツ（Jeonard Bates）は入学時に南部のチームとの試合では出場できないと告げられ、同意して入学した。一九四〇年のミズーリ大学への遠征にベイツは帯同しなかった。これにニューヨーク大学の学生が抗議した。ニューヨーク大学のチェイス（Harold Chase）学長はノースカロライナ大学学長の時の一九三七年、ニューヨーク大学に遠征して黒人のいるチームと試合することを認めた人物で人種問題に理解があったが、学生の"Bates Must Play"運動は激化し七人の学生が退学処分となった。ただ、この運動は第二次大戦勃発とともに鎮静化した。

第二次大戦後、レギュラーシーズン終了後の異なるコンファレンスのチーム間のボウルゲームでは、南部のチームと黒人のいる北部のチームが対戦するようになった。そして、一九五四年の「ブラウン判決」で教育における人種差別が禁止された。一九五六年のシュガーボウルはジョージア工科大学対ピッツバーグ大学であった。後者には黒人選手がいたので、ジョージア工科大学が参加するか注目された。ジョージア州のグリフェン（Marvin Griffen）知事は大学に出場辞退を求めたが、一般学生はナショナルチャンピオンになる可能性もあったので出場を望んだ。結局、出場して勝利した（チャンピオンにはなっていない）。

一九六三年には南部のテキサス大学が混成チームを認めた。「ブラウン判決」後、高校のチームが混成チームになっていたので自然な流れであった。テキサスが所属するコンファレンスのSWCの四大学も続いた。SECではアラバマのワラス（George Wallace）州知事は人種差別維持を求めていたので、同州のアラバマ大学とオバーン大学は黒人選手を入れなかった。ミシシッピ大学、ミシシッピ州立大学も同様であった。北部と接していたケンタッキー大学は州内の高校での人種統合が進んでいて、また北部から良い黒人選手をスカウトできたので、チームに黒人を含めた。同大学がSECの他大学に混成チームと試合をするか尋ねたところ、ジョージア工科大学、テューレーン大学は「試合をする」と回答し、ジョージア大学とフロリダ大学は「たぶん試合をする」、残りのアラバマ、オバーン、ルイジアナ州立、テネシーの各大学は回答を保有した。一九六〇年代になると、南部でさえ黒人選手の排斥は難しくなってきていたが、対応は分かれていた（Watterson 2000, p.319）。

一九六七年に連邦司法省は混成チームを認めない大学には連邦補助金を打ち切ると発表した。南部の大学は反発した。一九六八年にはカリフォルニア大学で一四人の黒人選手が、自分たちのプレーしたいポジションについて発言させてほしいと訴え、春の練習をボイコットした。カンザス大学では、チアリーダーに黒人女子が入っていないことに抗議して、黒人選手が練習を欠席した。ミシガン州立大学でも黒人学生が、黒人の監督の採用など自分たちの要求がかなわないのならばすべての種目で参加をボイコットすると主張した。

一方、NCAAは一九六九年一月の総会で、監督は、スポーツ部の定めたポリシーに従わない選手のスポーツ奨学金を取り上げる権限を持つという Fraudulent Misrepresentation Rule[11]を決議して、学生の動きを封じ込めようとした。さらに一九七三年にスポーツ奨学金を一年更新制にした。監督の意に沿わない選手は奨学金が打ち切られるので、監督や大学に対して意見表明を控えるとともに、本来は監督に参加報告の義務のない「自主的な」練習にも参加せざるをえなくなった（Watterson 2000, p.321; Southdall et al. 2023, p.25）。

一九七〇年代初めに黒人選手による抗議行動は収まったが、黒人選手の活躍も顕著になってきた。March Madness のトーナメントで、黒人のホークネス（Jerry Harkness）は一九六三年優勝のラヨラ・シカゴ大学のメンバーだった。ハザード（Walt Hazzard）は一九六四年優勝のＵＣＬＡのメンバーだった。ラッセル（Cazzie Russel）は一九六五年の準優勝のミシガン大学のメンバーだった。そして、一九六六年の March Madness 決勝で、先発メンバーが全員黒人のテキサスウェスタン大学（現、テキサス大学エルパソ校）が、白人ばかりのケンタッキー大学に勝ったことは衝撃的であった。ケンタッキー大学の名将ラップ（Adolph Rupp）監督は、黒人は身体能力には優れているが、指示通り動く知性と規律に欠けているのでチームスポーツには向いていないと思っていた。彼の考えは多くの白人の監督の間で共有されているものだった。同じ考え方だったがゆえに、ＵＣＬＡの名将ウッデン（John Wooden）もテキサスウェスタン大学のハスキンス（Don Haskins）監督の手腕を「今まで見たことない」と高く評価した。一方、ハスキンスには多くの嫌がらせや脅迫の手紙が届いた（Smith 2001, pp.182–183）。

アメフトにおいても一九七〇年には黒人を含んだ南カリフォルニア大学のチームが遠征し、白人だけのアラバマ大学に大勝した（黒人を含んだチームとホームで試合をすること自体はアラバマ大学も認めるようになっていた）。これをきっかけについにＳＥＣも一九七二年の黒人選手を受け入れることにした。黒人は個人競技だけでなくチームプレーでも優れていることが明らかになったので、南部では人種差別は残っていたが、勝利至上主義の大学は身体能力に優れた黒人選手を歓迎するようになった。

一九六一年に黒人のディビス（Ernie Davis）がアメフトの学生最優秀選手のハイズマン賞を受賞した。彼はシラキュース大学のランニングバックだった。しかし、判断力・統率力が必要とされる司令塔の役割のクォーターバックには黒人はなかなかなれなかった（川島 2012, pp.180-181）。黒人は知性が足りないという偏見と、白人選手が黒人クォーターバックの指示に従いたくなかったからである。ウィッシュボーン・フォーメーションで走力が求められるクォーターバックには黒人がなれるが、パスを多用するチームでは黒人はクォーターバックに選ばれなかった。前者のようなタイプはプロのスカウトからは評価されない。

一九七七年、ワシントン大学は地元出身の白人クォーターバック（Chris Rowland）に代えて、ロサンゼルスの短大を出た黒人の編入生のムーン（Warren Moon）を登用した。地元のファンからの批判の声もあったが、ムーンの活躍の前に沈黙した（University of Washington 1990, pp.140-141）。翌年一月一日のローズボウルで予想を覆してミシガン大学を破った。しかし、NFLのスカウトたちはムーンの能力を疑問視していたので誰も指名しなかった。彼はカナダのアメフトリーグに行き、そこでの活躍が認められてNFL入りし、その後も活躍した。黒人クォーターバックとして初のNFL殿堂入りを果たした（私生活ではトラブルもあった）。ただ、彼はスーパーボウルで勝つことはできず、その栄冠は一九八六年のワシントン・レッドスキンズのウィリアムス（Doug Williams）が得て、しかもスーパーボウルの最高殊勲選手となった。

今日、大学だけでなくプロでも、パスを投げるだけでなく走れるクォーターバックは「モバイルクォーターバック」として評価されるようになり、黒人クォーターバックが活躍している（川島 2012, pp.170-171, 180-181）。二〇二三年二月のプロのチャンピオンを決めるスーパーボウルでは、史上初めて両チームの先発クォーターバックが黒人であった。

（2）黒人選手の搾取

黒人が選手として受け入れられるようになったことは好ましいが、白人がほとんどの名門大学に、学力だけならば入学できない黒人がスポーツ能力で奨学金を得て入学し、一般学生との交流はほとんどなくスポーツ漬けの生活を送り、大学からの手厚い学習支援（家庭教師）を受けて、かろうじて出場資格のための学力成績を維持している、という不自然な状態になっている。しかも、黒人選手が稼いで白人が恩恵を得るというパターンになっている。

テレビ中継されるアメフトやバスケットボールの強豪校の試合では黒人選手が目立つが、スポーツ全体では黒人の参加率は低い。表6-10は一般学生と選手の人種構成である。ヒスパニックやアジア系は一般学生に比べて、選手での比率が低く、黒人と白人は選手での比率の方が高い。とくにDivision Iでの黒人は選手での比率が一般学生での比率の二倍を超えている。どのディビジョンでも黒人男子はアメフト、バスケットボール、陸上に、女子はバスケットボールと陸上、（Division I以外での）ボウリングに集中し、男女ともゴルフ、スキー、水泳など黒人がほとんどいない種目もある。黒人はむしろ広範に大学スポーツに参加できていないことが問題なのである。二〇二〇年にPower 5コンファレンスの大学で、アメフトの先発選手の七〇・一％、バスケットボールの先発選手の八二・一％が黒人である。一方、Division IからDivision IIIまでで、二〇一二年から二〇二〇年の期間では、一一九種目のうち七九％に当たる九四種目で黒人選手の比率は一〇％未満である（Southall, et al. 2023, pp.280–281）。

第7章で述べるが、大学スポーツは多くの大学で赤字なのだが、I-A校の中にはアメフトとバスケットボールの収入で他のスポーツの赤字を埋め合わせてスポーツ部として黒字になる大学がある。そこでは、黒人が稼いで白人が多数を占めるスポーツや、やはり白人の多い監督やスポーツ部スタッフの給与を支えているのである。Garthwaite, et al.（2020, p.3）によれば、アメフトとバスケットボールの収入が一％増えると、アメフト部とバスケットボール部の支出は〇・八二％増える。弾力性は〇・八二ということにな

表6-10　学生の人種別構成（2018-19年度、％）

	全体		Division I		Division II		Division III	
人種	一般学生	選手	一般学生	選手	一般学生	選手	一般学生	選手
白人	55	64	55	56	51	59	58	74
黒人	10	16	10	21	12	19	9	10
ヒスパニック	15	6	14	5	18	7	13	6
アジア・太平洋島嶼	8	2	9	1	6	1	8	3
留学生	5	4	6	6	4	6	5	1
その他*	7	8	6	11	9	8	7	6

*：その他には混血、不明、先住民が含まれる。
出所：Gill, et al.（2021, p.3）

る。プラスの値だが、一より小さいのでアメフトとバスケットボール支出以外にお金が回っているのである、この値は、女子スポーツの支出では〇・四一で、他の男子スポーツでは〇・四二である。また、アメフトの監督・コーチの給与との弾力性は〇・四〇、アメフト以外の監督・コーチの給与では〇・三一、指導者でないスポーツ部のスタッフの給与は〇・四五、施設への支出は〇・八六である。いずれもプラスなので、アメフトとバスケットボールで稼いだお金で他の種目や監督やスタッフが恩恵を得ているといえる。これらの強豪校は大学からの補助金にまったく依存していない大学もあるが、大学からの補助金の弾力性はゼロに近く、収入に応じて大学からの支援は増減しない、スポーツ収入が増えても大学本体からスポーツ部への補助金が減って、その分が大学の他の目的への予算に回ることはないことを意味する。

アメフトとバスケットボールの黒人選手は貧しい家庭出身であることが多い。選手の各家庭の所得はわからないが、選手が卒業した高校の校区の所得はわかる。それによると、全選手では中央値六万七四五九ドル、平均値一一万二三五六ドル（極端に裕福な家庭があるので平均値の方が中央値より高くなる）である。アメフト・バスケットボール（人種は問わない）では中央値五万八三六一ドル、平均値九万九七八六ドルと低くなる。その他男子スポーツでは中央値六万九八九九ドル、平均値一一万四二六五ドルで全選手並みの値で、女子スポーツでは中央値七万一七一九ドル、平均値一一万八一四〇ドルで全選手の値よりかなり高くなっている。貧しい黒人選手がアメフトやバスケットボールで収入を稼いで、裕福な家庭出身の学生が、大学でスポーツを楽しむことを助けている（Garthwaite, et al. 2020, pp.27, 48）。

黒人選手は白人の多い大学で孤立し搾取されるよりも、学生のレベルは低いが、その分、学力の低い黒人学生のケアに長けている、前述の黒人大学（HBCU）に進学した方が良いともいえる。しかし、ＨＢＣＵは規模が小さく、アメフトもバスケットボールもほとんど中継されないので知名度が低く、プロを目指している（プロになれると思っている）黒人選手はＨＢＣＵには進学しない。

黒人選手が搾取されているのだが、黒人選手は大学をプロへの踏み台としか考えていない、プロになれば稼げるのだから良いではないか、という意見もあるが、前述のようにほとんどの選手はプロになれない。二〇一四－一五年のシーズンのアメフトチャンピオンのオハイオ州立大学でさえ、二二人の四年生のうちプロ入りできたのは五人のみで、一巡目の指名はいなかった（Ridpath 2018, p.132）。

黒人選手は、学力だけなら入学できない旗艦州立大学にスポーツによる特別選抜で入学できれば、社会階層を上げられるので恩恵を受けているとの意見もある。しかし、これについても前述のように強豪校の黒人選手の卒業率は改善されつつあるとはいえ低い。また楽勝学科・科目に誘導されているので、受けている教育の質は旗艦州立大学の一般学生のそれとは異なる。黒人選手は卒業できなかったり、キャリア形成に貢献しない学びをしている。

これは後述する女子スポーツと同様なのだが、黒人はスポーツ界で管理職・指導者から締め出されている。表6-11が示すように、監督やスポーツ部部長は白人が占めている。アメフトのプロリーグ（NFL）では**Rooney Rule**というのがあり、役職を選ぶ際には最終候補者の中に最低一人は非白人を含めることを求めている。「形式的」との批判もあるが、人種構成の多様化のために努力はしている。大学スポーツでは、West Coast Conference（Division I-AAA所属）とGreat Lakes Valley Conference（Division II所属）という二つのコンファレンスのみが似た制度（Russell Rule）を持っているが、NCAA全体にはない。NCAAは、学内組織の人種構成は大学が決めることでNCAAが関与すべきでないという立場である（Gill, et al. 2021）。

ミズーリ大学コロンビア校（メインキャンパス）では、二〇一五年の秋学期に黒人へのいやがらせ事件が相次いだ。コロンビア校のロフィン（Bowen Loffin）学長とミズーリ大学機構のウォルフ（Timothy Wolf）総長の対応が鈍かったので、学生からの反発が強まった。次第に学生の批判の対象は前者から後者になった。二〇一四年に“Black Lives Matter（BLM）”運動のきっかけになった、銃を持っていない黒人少年が警察官に射殺された事件が起きたのは、コロンビアから東に二〇〇キロほどの（アメリカの感覚では「近い」）のファーグソンという町であった。そのことに鑑みても大学の反応は鈍かった。黒人学生が中心となり“Concerned

Student 1950"という団体を設立し抗議活動を活発化させた（一九五〇年はミズーリ大学が初めて黒人学生を受け入れた年である）。一一月二日には一人の大学院生が総長退陣を求めてハンガーストライキを行い、支援する学生がテントを張って寝泊りした。

アメフト部は一二〇人のうち半分が黒人だったが、三〇人あまりの黒人選手が一一月七日に部活動に参加しないと宣言した。監督もスポーツ部長も理解を示した。通常の学生の抗議運動に比べて報道の度合いが格段に高まった。また、選手のボイコットの拡大次第では翌週一一月一四日のブリガムヤング大学戦が中止になる可能性が出てきた。違約金一〇〇万ドルを相手に払う必要があり、また試合はキャンパスのスタジアムでなくカンザスシティにあるプロのスタジアムを使って行われることになっていたので、入場料収入の遺失も大きかった。アメフトが絡んだことで、プレッシャーが高まり総長が一一月九日に辞任を表明した（学長も年末までに辞任すると発表した）。ハンガーストライキも終わり、アメフト部も一〇日から活動を再開した。アメフトの過熱は問題だが、一方で、メディアの注目度また経

表 6-11　スポーツの管理職・指導者の人種・性別構成（2018－19 年シーズン、％）

	白人（非ヒスパニック系）			黒人			その他		
全メンバー大学	全体	男性	女性	全体	男性	女性	全体	男性	女性
スポーツ部部長	85	66	19	10	8	2	4	3	1
副部長	84	55	29	10	6	4	5	3	2
監督	85	64	21	9	7	2	6	4	2
コーチ	75	53	22	16	12	4	10	7	3
Division I									
スポーツ部部長	79	69	10	14	12	2	6	5	1
副部長	84	58	26	11	6	5	5	3	2
監督	80	61	19	12	9	3	7	5	2
コーチ	69	50	19	21	16	5	11	8	3
Division II									
スポーツ部部長	82	68	14	13	10	3	5	4	1
副部長	84	51	33	9	4	5	6	4	2
監督	81	64	17	11	8	3	8	6	2
コーチ	69	50	19	17	13	4	13	9	4
Division III									
スポーツ部部長	92	63	29	5	3	2	2	2	0
副部長	92	46	46	5	3	2	3	1	2
監督	91	67	24	5	4	1	4	3	1
コーチ	84	58	26	9	7	2	7	5	2

出所：Gill et al. 2021, pp. 8-10）

済的利得の面から、大学を動かす力があるともいえる（ESPN News Service 2015; Nadkarni and Nieves 2015）。

（3） 教育法修正第九条と女子スポーツ

ＮＣＡＡは女子スポーツには無関心だったので、その間隙を突く形で一九六七年に大学女子スポーツ協会（Commission on Intercollegiate Athletes in Women: CIAW、一九七一年にAssociation of Intercollegiate Athletics for Women: ＡＩＡＷと改称）が設立され、一九八一年には九六大学が参加し、一九種目で選手権を実施していた。ＡＩＡＷはNational Education Assocaiton（NEA）のDivision of Girls and Women in Sports（DGWS）と連携した。ＤＧＷＳが女子スポーツの振興の役割を担うことについて、一九六六年の時点ではＮＣＡＡは反対していなかった。ＤＧＷＳはスポーツ奨学金は出さず、遠征も短距離に限定する方針であった。しかし、一九七三年のKellmeyer v. National Education Council, et al.の裁判によって、男子ではスポーツ奨学金が与えられているのに女子に支給されないのは不公平なことが問題になった。ＡＩＡＷはＮＥＡの勧めもあって和解に応じ、スポーツ奨学金を出す方針になった（Southall, et al.2023, pp.202-203）。

一九六四年の公民権法は、人種、民族、宗教、出身国で差別を行ってはならないと定めた。南北戦争後の憲法修正第一三条は奴隷制度を違法としただけで、人種差別は残っていたのだが、一〇〇年を経て人種差別が違法となった。一九六五年の大統領行政命令（Executive Order）一万一二四六号によって公民権法が実施され、連邦政府と取引のある主体での人種差別が禁止された。一九六七年の大統領行政命令一万一三七五号では性別での差別の禁止が加わり、一九六八年一〇月一三日から施行された。メリーランド大学の非常勤講師だったサンドラー（Bernie Sandler）は、大学は連邦政府から研究資金を受けたり、連邦政府からの奨学金を受けた学生を在籍させているので、男女差別は許されないはずだと主張した。一九七〇年三月にグリフィス（Martha Griffith、民主党、ミシガン州選出）下院議員が、議会で教育における男女差別廃止を訴えた。七月にはグリーン（Edith Green、民主党、オレゴン州選出）が、教育における男女差別を禁止する提案をした。上院では、バイ（Birch Bayh、民主党、インディアナ州選出）とマクガバン（GeorgeMcGovern、民主党、サウスダコタ州選出）が同様の提案をした。ただ、黒人団体は黒人差別禁止の条項に男女差別禁止を加えると、前者が目立たなくなることに懸念を表明した。そこで、グリーン議員は独立した教育法修正第九条として提案し、一九七二年六月に成立された（Valentin 1997）。当初は「女子にもアメフトをさせるのか」とも言われたが、スポーツ選手の一般学生に対する比率や、支出される予算で男女に格差がないようにする、というのが趣旨である。

ＮＣＡＡはこの法案に反対で、教育を管轄する保健・教育・福祉省（一九七九年に教育省が分離独立して教育省となる）に修正第九条からスポーツを除外するよう陳情した。また、保守派のタワー（John Tower、共和党、テキサス州選出）上院議員がアメフトと男子バスケットボールは対象にしないことを提案した。ＮＣＡＡはこの提案を支持したが成立しなかった。一九七二年から一九七四年でＮＣＡＡは陳情のために三〇万ドル（二〇二〇年実質ドルで一五七万ドル）を使ったと推定される。一九七六年に修正第九条を憲法違反で問おうとしたが失敗した（Zimbalist 1999, p.59）。一九七五年だけで五本の修正案が提案され、中には、教育における男女差別の禁止の中にスポーツは含まないようにするものもあったが、いずれも成立しなかった（Southall, et al. 2023, p.204）。

一九八四年の最高裁判決（Grove City College v. Bell）では、スポーツ部が連邦政府から補助金を受けていなければ、修正第九条の対象にならない（男女平等を達成しなくてもよい）と判断された。しかし、議会はCivil Rights Restoration Act of 1987（公民権回復法。レーガン大統領は拒否権を行使したが、上下両院が三分の二以上の賛成で再可決したので拒否権を覆して一九八八年に成立）によって、スポーツ部に限らずなんらかの形で連邦政府から財政支援を受けている大学には適用されることになった。連邦政府から研究開発費を受けていたり、連邦政府奨学金を受けている学生が在学していれば対象となるので、ほとんどの大学がスポーツにおける男女差別をなくすよう努めなければならなくなった。さらに、一九九二年の最高裁判決（Franklin v. Gwinnet County Public Schools, et al.）では、男女差別を行った人物が所属する大学は責任を有し、損害賠償請求の対象となりうることと判断された（Valentin 1997）。私立大学であっても連邦政府から資金を受けていれば、修正第九条を遵守しなければならない。しかし、メンバーである大学は連邦政府資金を受けていて、その大学が稼いだMarch MadnessがＮＣＡＡの主要な収入源になっていても、ＮＣＡＡ自身は連邦政府資金を受けていないのでＮＣＡＡは修正第九条の対象とはならない。このことは一九九九年の最高裁判決（NCAA v. Smith）で確定した。

修正第九条では、スポーツ奨学金を受ける選手数の全学生数に対する比率や、大学がチームを持つ種目数での男女平等が求められた。第５章で述べたＮＩＬ使用料を選手に還元するとき、コンピュータゲームにＮＩＬが利用されているのはアメフトと男子バスケットボールの選手なので、彼らだけに支払えばよいのか、女子にも分配しなければならないのか、が問題になるが、ＮＣＡＡが修正第九条の対象でないのならば、搾取されている（主に黒人）男子だけに還元するというポリシーを制定することは問題にならない。女子は女子で小規模に自分たちのＮＩＬを利用して稼いでいる。ただし、Power 5コンファレンスが認めた、大学による在学費用をカバーする奨学金（Full Cost of Attendance）支給は、女子選手にも支給される。

ＮＣＡＡによれば修正第九条は下記の三つの方法のいずれかで達成される（US Department Education 2003）。

（1）スポーツ選手の比率ならびに予算配分比率が一般学生の男女比率と同じである。
（2）比率の是正に向かって歴史的に努力していることが見られる。
（3）比率の低い側の要望を聴くしくみができている。

スポーツにおける男女平等というのは文字通り解釈すれば（1）であるが、一九七二年の公民権法修正第九条から二〇年経った一九九二年でも、選手数や奨学金件数の対一般学生比率で男女平等を達成していたのはDivision Iではワシントン州立大学だけであった。それも女子学生に訴えられて一九八七年に州の最高裁で敗訴（Blair v. Washington State University）したので、平等を達成せざるを得なかったからである。

（1）は満たせていないわけだが、満たせていない状況が長い間、改善されていないので、（2）を達成しているとも大学は主張できない。そこで（3）をもって達成していることにしている（ガーニー、ロピアノ、ジンバリスト 2018, pp.170-171）。コリンズ（Cardiss Collins, 民主党、イリノイ州選出）議員は、各大学に卒業率とキャンパスでの犯罪率の公表を義務付けた一九九〇年の Student Right to Know and Campus Security Act と同様の考えで、男女のスポーツ種目の収支、選手の数、奨学金の数、指導者の数の公表を義務付けた Equity in Athletic Disclosure Act（EADA）を提案した。法案は一九九三年に成立、一九九四年に執行され、一九九六年に最初の公表が行われた。ただ、同じ人物が二種目で出場した場合は、二人の選手と数えられる。アメフトやバスケットボールではこのような選手は稀だが、女子にいるのでので、女子選手の数が実際よりも多く見えるようになってしまう。

ブッシュ・ジュニア政権は、修正第九条の見直しの委員会を設置した。緩和に向かうのではないか、と女子スポーツ関係者は危惧していたが、結局、上記の三つの方法での執行を変更しなかった（Davis 2003）。ただ、二〇〇五年から（3）の基準として電子メールで女子選手の意見を徴収するという手法を認めた。その後、二〇〇七年にもこの方法が是認された。しかし、オバマ政権は二〇一〇年に、この方法は選手の意見を充分に徴収できないとして廃止した（Sander 2010）。

ＥＡＤＡについては大学の財務資料としての価値がある。第7章で用いる *USA Today*（新聞社）のデータは、情報公開法に基づいた請求によって開示されるデータであるので、私立大学は対象ではない。その点、ＥＡＤＡはすべての大学に公表が法律で義務付けられている。しかし、これも後述するが、ＥＡＤＡは *USA Today* のデータと同様、施設建設の費用や借入金返済が含まれていない。また、各チームでの男女別支出の合計であるので、スポーツ部が全種目対象に支出している部分が入らない。したがって、ＥＡＤＡの方が *USA Today* のデータに比べて支出が少なくなり、黒字が計上されやすい傾向はある。また、ＥＡＤＡには誤記があっても連邦政府からの処罰はないので、意図的な記載ミスの可能性も否定できない。（Staurowsky 2023）。

修正第九条から五〇年近く経った二〇二〇年でも表6-12が示すように選手数の比率は改善してきているとはいえ、男子の方が多い。実は一般学生では、(スポーツに関係ないパートタイム学生や短大生・営利大学生も含めてだが)女子比率は一九八二年で五一・五%、二〇二〇年で五八・六%なので、五〇%を達成しても不充分かもしれないのである(NCES 2022, Table 303.10)。表6-13が示すスポーツ関連支出でも男女格差は存在している。特にI-Aでの差が大きいが、これはアメフトでの監督・コーチの給与額、勧誘に使う金額において男女で大きな差が生じているからである。個々の選手への奨学金は授業料・寮費相当額で、同じ大学ならば男女で差が無いので、選手数の差が金額に反映されているだけで、それほど大きな差ではない。

男子しかプレーしないアメフトに多くの奨学金を出している大学は、奨学金を受けている選手の男女比率を一般学生での男女比率と同じにするためには、女子スポーツへの奨学金を増やす必要がある。しかし、それには費用がかかるので、アメフト以外の男子スポーツへの奨学金を減らそうとする。一九八八-二〇二〇年の間(コロナ禍の財政難によるチーム廃止の影響が出る前)Division Iの男子では三三九種目のチームが減少した。女子では七〇二チーム増えた。Division IIでは男子六〇二チーム、女子一二七五チーム、Division IIIでは男子八九七チーム、女子一四八五チームが増えた(NCAA 2022g, p.24)。Division Iは女子チームを増やすだけでなく男子チームを減らすことで男女のバランスを取ろうとしている。レスリング、体

表6-12 NCAA選手権に出場する選手数(カッコ内は男女比)

	年	男子	女子
全体	1982	167,055(72.2%)	64,390(27.8%)
	1992	183,675(65.9%)	94,922(34.1%)
	2002	209,890(57.7%)	153,601(42.3%)
	2012	257,690(56.8%)	195,657(43.2%)
	2020	282,411(56.1%)	221,212(43.9%)
Division I	1982	73,742(73.6%)	26,461(26.4%)
	1992	81,417(67.9%)	38,572(32.1%)
	2002	84,532(56.5%)	65,032(43.5%)
	2012	91,357(53.7%)	78,616(46.3%)
	2020	97,423(52.9%)	86,645(47.1%)
Division II	1982	35,548(71.5%)	14,158(28.5%)
	1992	36,692(65.9%)	18,974(34.1%)
	2002	45,181(60.1%)	30,021(39.9%)
	2012	63,587(59.1%)	44,077(40.9%)
	2020	71,737(57.7%)	52,524(42.3%)
Division III	1982	57,765(70.8%)	23,771(29.2%)
	1992	65,566(63.7%)	37,376(36.3%)
	2002	80,177(57.8%)	58,548(42.2%)
	2012	102,746(58.5%)	72,964(41.5%)
	2020	113,251(58.0%)	82,043(42.0%)

出所:NCAA(2022g, pp. 17-19)

操、水泳などの男子チーム（「オリンピック種目」と呼ばれ、オリンピックの年だけ注目される）が解散に追い込まれている。オリンピックのメダリストには大学生、大卒者が多いので、男子オリンピック種目の廃止は、アメリカの将来のメダル数を減少させるのではないかと危惧されている（Dure 2015）。しかし、現在までのところそれほど顕著の減少は起きていない。一九八〇年代以降は、オリンピック選手でもプロやスポンサーの付いた選手の参加が認められるようになっていることと、共産主義国が崩壊し国家によるスポーツ育成を行える国が減ったためであろう[12]。

I-A の大学では二〇一八-一九年シーズンで男子スポーツの予算の六二%がアメフトに投入されている。バスケットボールが一八%である。I-AA の大学ではそれぞれ四六%、二三%で、アメフトをしないI-AAA の大学では、その分バスケットボールに集中し、四六%である（NCAA 2022g, p.25）。アメフト偏重の状態を是正しないで、女子への予算分配比率を高めようとすれば、アメフト以外の男子スポーツが犠牲にならざるを得ないのである。アメフトは高校で活躍した選手が大学で活躍できるとも限らないし、プロと異な

表 6-13　2018-19 年シーズンの男女別スポーツ支出

		男子	女子	共用
Division I-A	中央値（万ドル）	3860	1300	2390
男女別比率（%）	総額	47	18	36
	選手勧誘	74	25	1
	奨学金	54	42	3
	監督給与	76	24	0
	コーチ給与	77	23	0
Division I-AA	中央値（万ドル）	870	520	570
男女別比率（%）	総額	41	26	33
	選手勧誘	66	32	2
	奨学金	54	43	2
	監督給与	59	41	0
	コーチ給与	68	32	1
Division I-AAA	中央値（万ドル）	640	600	610
男女別比率（%）	総額	36	32	32
	選手勧誘	57	39	3
	奨学金	43	56	2
	監督給与	62	38	0
	コーチ給与	55	45	0
Division II	中央値（万ドル）	260	220	180
男女別比率（%）	総額	40	32	28
	選手勧誘	61	36	4
	奨学金	54	45	1
	監督給与	51	49	0
	コーチ給与	65	35	0
Division III	中央値（万ドル）	135	95	135
男女別比率（%）	総額	33	25	42
	選手勧誘	59	34	6
	奨学金	0	0	0
	監督給与	52	48	0
	コーチ給与	67	33	0

出所：NCAA（2022g, pp.28-34）

りトレードやフリーエージェントで選手を獲得できない（前述のように編入生は一年間プレーできなかった）ので怪我をした場合の交代要員の確保も必要である。そのため大学のアメフトは奨学金を受ける選手だけで八五人となり、プロの支配下選手数の五三人より多くなっている。

二〇〇二年一月、全米レスリング監督協会は修正第九条が男子スポーツを差別しているとして連邦教育省を訴えた。前述の三つの達成基準は、教育省が修正第九条の執行方法として一九七九年に定め、一九九六年に再確認されたものである。同協会は修正第九条そのものでなく、教育省の執行によって損害を受けたとして裁判を起こした。二〇〇三年の一審も、二〇〇四年の控訴審（コロンビア特別区巡回控訴裁判所）でも敗訴した（Davis 2004; US Court of Appeals for the District of Columbia Circuit 2004）。種目の削減をしているのは教育省ではなく大学である、という理由であった。その他の選手個人での裁判も勝てていない。一方、男女平等が達成されていないという、女子選手からの訴訟もある。二〇二〇年にウィリアム・アンド・メアリー大学が、女子三種目（水泳、体操、バレーボール）と男子四種目（水泳、体操、屋内陸上、屋外陸上）のチームの廃止を発表したところ、修正第九条の目標達成がさらに難しくなるとして、女子選手が裁判を起こし、二〇二〇年に大学側が廃止案すべてを白紙に戻すことで合意した（Marsigliano 2020）。ブラウン大学でも、一九九二年に男女格差が是正されていないとして裁判になり、一九九八年の和解で大学は男女平等に努めることになった。女子学生側は大学がこの和解を遵守していないとして訴えを起こし、二〇二〇年の和解では廃止予定だった女子馬術とフェンシングを復活させ、今後四年間、大学が無断で女子スポーツを減らしたり男子スポーツを増やしたりしないことで合意した。大学側は原告の裁判費用四万ドルと弁護士費用一一三万ドルを支払うことになった（Fong 2022）。

（4）NCAAの女子スポーツ支配

修正第九条は前述のように一九七九年に実施規則が定められ、本格的に運用が始まった。このころから

NCAAは修正第九条を遵守するため、女子スポーツを直接管轄することにも関心を持ち始めた。しかし、NCAA内には反対論もあり、一九七八年にDivision IIIで、三種目での女子選手権を六大学が提案したが、否決された。一九七九年にはDivision IIでの提案も否決された。一九八〇年にIIとIIIで五種目の女子選手権開催が可決された。Division Iでの女子選手権は、一度目は同数（一二四対一二四）で、二度目は否決（一二七対一二八）され、ようやく三度目に可決（一三七対一一七）された（Crowley 2006, pp.130-132）。こうして、紆余曲折はあったが、一九八二年にNCAAの女子バスケットボール選手権が開催され、その後、女子スポーツでの花形イベントとなった。

しかし、一旦、女子スポーツに進出すると、NCAAは豊富な財力に物を言わせ、交通費を支給するなどして、大学に対してAIAWでなくNCAAの（とくにバスケットボールの）女子選手権に出ることを求めた。大学のスポーツ部は女子スポーツも管理していたが、部長は男性が多くNCAAと関係が強かったので、NCAAの選手権を選んだ。AIAWはメンバー数が減り、会費収入も減少した。このままでは財務がますます悪化すると考え、一九八二－八三年のシーズンから会員の更新を行わないこととし、一九八三年に活動を停止した。AIAWはNCAAを反トラスト法違反で訴えた。

NCAAは男子スポーツでのメンバー大学への分配額を少し減らすが、女子チームには実質的に無償で加入させていた。内部補助していたのである。NCAAは男子スポーツでは独占的地位を築いていたので男子チームはNCAAの方針に異議を唱えなかった。男子と女子と両方のチームを持つ大学は、男子チームだけがNCAAに入っていれば恩恵が減ってしまうが、女子チームはNCAAに入れれば恩恵を受けられるので、積極的に女子チームをAIAWでなくNCAAに入れた。AIAWは、NCAAが男子スポーツでの市場支配力を梃にして女子スポーツ市場に進出しているのは独占化の試みであり、費用を無視した女子スポーツでのサービス提供は略奪的価格である、と主張した。しかし、一審（連邦コロンビア特別区地裁）は一九八一－八二年のシーズンはAIAWはNCAAより多くの種目で女子の選手権を行っており、両者は市場で併存していた、NCAAが女子スポーツに進出してきたことで、AIAWは将来を悲観して自ら活動を停止したので、NCAAから被った損害を明確にしていない、と判断した。大学が女子スポーツでNCAAを選択したのは、NCAAの方が提供するサービスの質が良いからだ、という証言もあった。

またAIAWは、NCAAが放送局に対して男子バスケットボールのトーナメント（March Madness）を中継したければ女子バスケットボールのトーナメントも中継するよう求めたのは、「抱き合わせ販売」だとも主張した。この結果、放送局はAIAWでなくNCAAの女子バスケットボールトーナメントを放送するようになり、放送されたいので大学もNCAAのトーナメントに出ることを選択するようになったというわけである。実際、放送契約の交渉において、女子トーナメントに限ってはCBSよりNBCの方がNCAAに提示した金額が高かったのだが、CBSの方が男子バスケットボールでNBCより高い金額を提示したので、合計金額が大きいCBSが男子も女子も放送することになった。一審ではAIAWはNCAAが抱き合わせを強要した証拠を上げていないと指摘され、NCAAの違法性は認められなかった。AIAWは解散後も裁判を続けたが、一九八四年はコロンビア特別区巡回区控訴裁判所は一審を支持した（US Court of Appeals for the District of Columbia 1984）。

NCAAが女子スポーツも管轄するようになると、スポーツ部が男女両方のスポーツを管理するようになり、男性スポーツ部長が女子チームにも男子監督を採用することが多くなった。修正第九条施行前は女子チームの監督は九〇％以上が女性だったが、一九七八年までに五八％に低下し、二〇〇〇年には四六％になった（Wilson 2012, p.17）。二〇二二年において、女子チームにおける監督が女性である比率は、Division Iで四二・〇％、IIで三五・六％、IIIで四三・八％、全体では四一・二％である（Lapchick 2023, p.4）。表6-11が示したようにスポーツ界ではまだまだ女性の管理職・指導者の比率が低い。これは黒人の場合と同じである。スポーツ界は白人男性が管理職・指導者を占めているのである。

コロナ禍の中で行われた二〇二一年のバスケットボールトーナメントでの、コロナ感染の有無の検査方法として、男子選手はPCR検査なのに、女子選手は廉価だが精度に劣るAntigen Testingが用いられていたことが問題になった。トーナメントでは、感染検査方法以外にも会場でのトレーニング施設、支給される記念品や食事などで、男子と女子と大きな格差があることが、オレゴン大学の女子バスケットボール選手（Sedona Prince）によってSNS上で拡散され、NCAAは批判を受けた。NCAAが諮問した報告書（Kaplan, Hecker and Fink 2021）によれば、男子と女子ではバスケットボールトーナメントのスタッフが別々で全く交流がない。男子バスケットボールの放映料がNCAAの本部の収入にとって重要なので、NCAAはMarch Madnessに特に力を入れて盛り上げようとする。女子トーナメントにはMarch Madnessの名称の使用を認めていないことも明らかになった。女子バスケットボールは女子スポーツの中では収入を上げるスポーツであるが、男子バスケットボールには遠く及ばず、さらに男子にはより大きな収入をもたらすアメフトがある。スポーツの男女格差はスポーツの商業化が進むほど、収益性への期待が選手の扱い方の格差を拡大することにつながっている。

3　選手の安全・健康

（1）選手の安全性の軽視

勝利至上主義の下で監督はしばしば選手の人権・健康・安全を軽視する。NCAAは競争の公平さを保つためにアマチュア主義（スポーツをすることで奨学金・寮費・食費以外の報酬を得ることの禁止）にはこだわっているが、選手の安全・厚生については今日まで大学任せであった。一九六〇年代には監督の人種差別に基く高圧的な態度に対して黒人選手が抗議をしたが、白人選手もその運動に加わった。一般学生と同様、選手でも試合に支障が出なければ髪型は自由になったが、前述したように一九六九年一月総会で承認されたNCAAのFraudulent Misrepresentation Actと一九七三年の奨学金の一年更新制によって、選手は監督に逆らえば奨学金を更新してもらえなくなっていたので、監督の権限は強化され学生は抑圧された。ラトガース大学バスケットボール部のライス（Mike Rice）監督が、ボールを選手に投げつけたり同性愛を侮辱する発言をした。不満に思っていたスタッフが録画していたので、二〇一三年に明るみに出た。監督が解雇されて初めて、選手は安心して裁判を起こせるのだ（ガーニー・ロピアノ・ジンバリスト 2018, pp.141-142）。

二〇一五年イリノイ大学のアメフトのベックマン（Tim Beckman）監督は怪我をした選手に対して、校医の診断を受けさせなかったので、解雇された。ノースカロライナ大学が同氏を監督として採用するが、学内での反発が大きく一日で辞任に追い込まれた。二〇一八年、メリーランド大学のアメフト部のマクネア（Jordan McNair）が熱中症で死亡した。調査報告書では大学指導部の過失が認定されたが、アメフト部の問題とはならなかった。ダーキン（D. J. Durkin）監督は謹慎していたが復帰した。しかし、批判が高まったので大学は監督に契約の残りの分の給与五四〇万ドルを払って解雇した。練習が厳しすぎると筋肉の繊維が壊れて血液中に溶け込む労作性横紋筋融解症（Exertional Rhabdomyolysis: ER）が発症するが、二〇一一年にアイオワ大学のアメフト選手一一人が搬送された。

また、アメフトでは脳震盪も問題になる。プロのNFLでは往年の名選手だったウェブスター（Mike Webster）が五〇歳で死亡したが、原因が慢性外傷性脳症（Chronic Traumatic Encephalopathy: CTE）と診断され注目された。彼は廃人のようになりホームレスであった。CTEはまた、うつ病を引き起こし自殺にもつながる。さらに、元大学選手もCTEで死亡することが明らかになり、プロのように長期的に脳震盪を繰り返さなくても、脳に傷害が起こることがわかった。二〇〇六年にはワシントン州の高校生選手（Zachery Lystedt）が脳震盪から死亡した。同州は、脳震盪になった選手は医師の承認がないと試合や練習に参加できないという法律を成立させ、全米すべての州も同様の法律を作った。しかし、これは高校生以下が対象なのでNCAAには適用されない。オバマ大統領や元NFLのクォーターバックのワーナー（Kurt Warner）が「自分の子供にはアメフトをさせたくない（オバマには実際には息子はいない）」と発言して話題になった（Pretty 2014）。

社会的批判が高まり議会も動き出したので、NFLは二〇一一年に、シーズン前に選手を診断（base-line

test）し、脳震盪になったらそのときの受け答えをシーズン前のそれと比べて症状の重篤さを判断できるようにした。また、二〇一三年には神経外科医を試合中、常駐させることにした。しかし、ＮＣＡＡの動きは鈍く二〇一〇年に各大学に脳震盪に関するポリシーを制定することを求めただけであった。二〇〇六－〇七年の調査によれば、三分の二の大学しか、ＮＦＬのようなbase-line testをしていないし、四一％の大学は脳震盪になった選手を試合に戻すことを認めていた（Pretty 2014）。各大学で充分な対策がなされていないことは明らかになったが、ＮＣＡＡは統一ポリシーを設けなかった。

選手は怪我を申告して試合に出場できなくなったり、奨学金の更新をしてもらえなくなることを恐れ、申告しない。とくにプロ入りしたい選手は、怪我しやすいという印象をスカウトに持たれたくない。校医・トレーナーはチームに雇われているし、場合によっては監督の推薦によって採用されているので、監督のために勝利を優先することになりかねない。選手の厚生とチームの戦績の板ばさみになると、選手の厚生を優先できないでいる。Kroshus, et al.（2015）は、二〇一三年に行われた校医・トレーナー対象の調査だが、脳震盪になった選手を試合や練習に早く戻すことについて、六四・四％が選手から、五三・七％が監督から促されたと回答している。Division IのほうがDivision IIIよりは強い圧力を受ける。女性・経験の浅い校医ならびにトレーナーへの圧力が強い。

（2）改善への動き

ＮＣＡＡは選手の安全・健康は大学の責任であることを規程に明記しており、何もしてこなかった。これは、ＮＣＡＡがアメフトの暴力性を抑制するために設立されたことに鑑みれば理解に苦しむ。選手は保険に入らないと出場できないが、それは大学もＮＣＡＡも提供してくれず選手が払っていた（大学が肩代わりして支払うことは禁止でも義務でもなかった）。ようやく二〇一八年に一一〇〇校以上あるＮＣＡＡメンバーの中でPower 5コンファレンスの六五校が、追加の保険を大学が提供するようになった。免責額以下は選手の負担だったが、二〇二四年八月からはすべてのDivision Iの大学が支給することになった。やはり二〇一八年から Power 5 大学は在学中に怪我をした場合、卒業・退学後二年間の治療費を保険でカバーすることにした(Lopiano, et al. 2019)。二〇二四年八月から実施の対象は Power 5 だけでなく、すべての Division I の大学となる(Durham 2023)。

NCAAは一九九二年に Catastrophic Injury Insurrance Program を開始した。これは重篤な怪我で、身体障がい者になった場合、長期にわたる治療費だけでなく、働けなくなったことに対する遺失所得、住宅を身体障がい者向けにするための改装費などカバーするものので、上限が二〇〇〇万ドルで免責額が九万ドルであった(US Congress 2024)。またNCAAは、Sudent Assitance Fund という基金を持ち、コンフェレンス経由で各大学に支給していた。これまでは家族の葬儀に出席する選手への旅費、遠征の時の衣服、文房具などに充てられていたが、二〇一四年頃から大学はこの基金を、スター選手が怪我してプロ入りできなかったときの保険の加入のために使うようになった。この保険はもともと存在していたのだが、テキサス農工大学がNCAAに基金を使ってよいかたずねたところ、是認されたので他大学も使うようになった(Dosh 2015)。三万ドルから五万ドルのポリシーを買って、プレーできなくなったら数百万ドルが支払われるのだが、そのポリシー代を大学が払うのである。ただし、これは怪我への保障を厚くすることで、有力選手が卒業を待たず、怪我しないうちにプロ入りしてしまうことを防ぐという、大学の利益のためだという声もある(Lopiano, et al. 2019)。

NCAAは選手の安全・健康はNCAAでなく大学の責任と主張し続けてきたが、イースタン・イリノイ大学のアメフト選手だったアリントン(Adrian Arrington)が二〇一一年に起こした集団訴訟において、"Arrington Settlement"と呼ばれる和解(二〇一四年に合意し、二〇一九年に連邦北イリノイ地裁が認定し二〇二〇年から施行)が成立した。ここでは、NCAAは七〇〇〇万ドルを原告の診断・治療に充てる、五〇〇万ドルで脳震盪の防止・治療・後遺症の研究を行うことを約束した。さらにNCAAは各大学に下記のような対策を講じることを義務付けた（Henry, Kergides, and Saches, 2020）。

（1）シーズン前に脳震盪の base-line test を行う。

（2）脳震盪になった選手がその日のうちに試合に出たり練習したりすることを禁止する。

（3）翌日以降、練習や試合に再び参加するには医師の許可がいる。

（4）コンタクトスポーツ（体同士がぶつかる可能性のあるスポーツ。アメフト、男女のサッカー、バスケットボール、アイスホッケー、レスリング、ラクロス）の試合には、脳震盪の診断・治療・対応ができるよう医療訓練を受けた者が帯同する。

（5）コンタクトスポーツの練習では、脳震盪の診断・治療・対応ができるよう医療訓練を受けた者が対応できる体制をつくる。

五つのポリシーが実施されはじめた二〇二〇年八月の調査がある（Buckley, at al. 2023）。回答率は二〇％程度と低いが、全体的に五つのポリシーは実行されていることが明らかになった。ただ、シーズン前の診断（base-line test）は行われてはいても、ＮＣＡＡが求めるように、すべての競技で参加する選手が毎年行っているか、となると四四・八％であった。（複数の競技に参加する選手は、その競技ごとに診断を受ければならないが、そうはなっていない。）また、練習中に医療関係者が対応できる体制を作るというのも、四分の一位以上の大学ができていなかった。これらは、Division ごとに差があるわけでなく、運営しているチーム（種目）数が多い大学ほど実行がおろそかになる。好ましい結果としては、前述の二〇一三年の調査に比べると、五つのポリシーを無視するよう監督やスタッフから圧力を受けた、という回答が一三・八％と低かったことである。ポリシーが施行されてすぐのこともあり、脳震盪について深刻に考えるようになっていたといえよう。

選手自らが早く試合復帰を求める場合もあるが、一方で、スポーツ校医は監督・大学寄りで選手から信頼されていない。症状が深刻な場合は、選手がセカンドオピニオンを求めて学外の医師の診断を自費で受けざるを得ない。さらに、校医の中には、その地位を利用して選手に性的虐待を行っているケースもある。ミシガン州立大学のナッサー（Larry Nassar）は一九九〇年代初めから二〇一一年まで、南カリフォルニア大学のティンダール（George Tyndall）も三〇年近く、オハイオ州立大学のストラウス（Richard Strauss）は一九七八年から一九九八年まで、ミシガン大学のアンダーソン（Robert Anderson）は一九六七年から一九八八年まで、それぞれが性的虐待を行っていた。長期にわたっているので、被害者の数も多くなっている。大学は適切な処置を怠ってきた中、しばしば選手の告発や報道で明るみになって、逮捕されて解決した（Tatos 2020）。

さらに、問題なのは過酷な練習による健康被害は、収益をあげることに傾倒するDivision I-Aのアメフトや男子バスケットボールに限らないことである。前述のERは二〇一三年にオハイオ州立大学の女子ラクロスで六人が搬送され、二〇一九年にはヒューストン大学の女子サッカー選手一二人が搬送された。さすがにトレーニングコーチが解雇された。二〇一一年にはDivision IIIのフロストバーグ州立大学（メリーランド）のアメフトのシーリー（Kristen Sheely）が練習中、頭に外傷を負ったのに練習を続けさせられ、意識不明になり死亡した（LeBar and Paul 2022, ch. 6）。コーチ（Jamie Sheeemafher）はオクラホマドリルと呼ばれるオフェンスとディフェンスが一対一でぶつかり合う練習を強制し、体調不良を訴える選手は向上心がないと叱責し罰ゲームとしての練習を追加した。シーリーの母親がNCAAのエメルト会長に質問状を送ったが、「健康管理は大学の責任」と回答してきた。シーリーの父親はその後、第8章で述べるように議会公聴会で証言した。Division IIIでも監督やコーチはDivision Iで選手の経験があるので、過酷な練習を選手に課す。また、Division Iの監督になるためには、Division IIIやIIで良い戦績を上げなければならないので、勝利至上主義となり、選手の健康や安全が軽視されるのである。

一九世紀の大学は学生を子ども扱いして二四時間教育した。大学が親代わりだったわけで、“Loco Parents Doctrine”と呼ばれていた。これは第二次大戦後に後退し、犯罪を犯さない限り、大学は学生の私生活には介入しなくなった。しかし、大学が学生の安全を保護する義務がなくなったわけではない。UCLAの女子学生（Katherine Rosen）が、精神障害を持った学生にキャンパスで襲われたことについて、大学を訴えたところ、大学には授業を受ける学生の安全を守る義務があるとして、二〇一八年にカリフォルニア州最高裁は女子学生勝訴の判断をした。同様の判断はマサチューセッツ州、フロリダ州、デラウェア州の最高裁も下している（Tatos 2020）。

ＮＣＡＡは「オバノン裁判」のときは、スポーツと教学の統合を行うのがＮＣＡＡの責務なので、選手の教育面での配慮からＮＩＬでの収入が選手に与えられることを禁止したと主張したが、ノースカロライナ大学の楽勝科目の件では、授業の質はスポーツ部でなく、提供する学科の問題なので、ＮＣＡＡは関与しないとした。選手の健康についても大学の責任とし、問題を起こした指導者・校医が追放されたり、刑事責任を問われることはあっても、ＮＣＡＡが大学やチームを処分することはなかった。

二〇二〇年初めからのコロナウィルス感染症の流行は、大学スポーツにも影響を及ぼした。三月のMarch Madnessは中止になった。他の種目でも試合や選手権が中止になったが、秋からのアメフトは逆で、実施が原則で（無観客の場合はあった）、選手が発症すれば突然中止になった。第7章で述べるように入場料の収入が減ったため、スポーツ部全体の予算が減り、年末までに三五二のチームが廃止になったが、アメフトとバスケットボールの監督の給与に大きな影響はなかった（複数年契約であることも理由である）（LeBar and Paul 2022, pp.251–252）。授業がオンラインになりキャンパスが閉鎖されているのに、秋のシーズンに備えてアメフト部は練習していることが多かった。クレムソン大学では練習を行った結果、一二〇人の部員の中で三〇・八％に当たる三七人が感染した。他の選手やスポーツ部スタッフでは四三〇人の中で一〇・九％に当たる四七人の感染だったので、コンタクトスポーツであるアメフトの練習を強行したためであると考えられる（Keepfer 2020）。しかし、アメフト部のこの行動に対しては、早めに感染して集団免疫を作ってシーズンに入ったら感染しないようにしたのではないか、という疑念も生じた（Holden, et al. 2022）。コロナ禍でも、収益の上がるスポーツはやめるわけに行かず、選手の健康が軽視されていた。選手はアメフトでの健康軽視に抗議して、二〇二一年七月にCollege Football Players Association（CFBPA）を結成した。

SNSの発展によって、監督のしごきや不適切な発言、スタッフや校医の問題行為は拡散されやすくなっている。一方で、大学は選手のSNSを監視するためのスタッフを雇っている。一般学生は何を発信してもかまわないのに選手はできないというのは、憲法修正第一条の言論の自由の保護に反している。ノースウェスタン大学ではアメフト部の労働組合組織化が話題になっていたとき、選手はメディアとのインタビューはスポーツ部の許可を得て行うことになっていた。一般学生にこのような規制が行われることは考えられない。大学もまもなく是正した（Southall, et al. 2023, pp.166, 213）。選手はスポーツをやることで特別扱いされるべきでないが、同時に一般学生の享受する恩恵を受けることがスポーツ選手であるがゆえに制限されるべきでない。

注

1　こののちアメリカでは平均GPAが上昇する「グレードインフレーション」が起きた。ベトナム戦争当時、成績不良で退学すると徴兵されやすかったので、教員もDをつけにくかった。その結果、全体の成績が上がってしまった。一九八〇年代以降は、有名私立大学では「高い授業料を払っているのだから、就職や大学院進学で有利なように良い成績をつけろ」と学生と親が強く求めるようになったので、成績付けが甘くなった。

2　賄賂を送った保護者には、ハリウッドの俳優が含まれていたので、*Varsity Blues* という一九九九年のスポーツコメディの映画のタイトルを取って、"Varsity Blues Scandal" と呼ばれた。シンガーはスポーツ推薦以外にも、生徒が学習障害であるという虚偽の診断書を作って、標準テストの試験時間を延長してもらうなどの不正も行った。

3 成績優秀、スポーツ・芸術に秀でるなど、能力の高い学生に奨学金を支給するのを「メリット基準」と呼ぶ。雑誌などが特集する「大学ランキング」では新入生の高校の成績や標準テストの点数が考慮されるので、大学は成績が優秀な学生に対して「メリット基準」で奨学金を出し、入学を促す。一般に入学選抜では人種・経済状況などを考慮せず、成績だけの「メリット基準」を用いて入学許可者を選抜し、奨学金を与えるか否かの判断では成績を考慮せず、経済的に困窮しているか否かという「ニード基準」を用いることが好ましいとされる。

4 マクミラン議員は、メリーランド大学のバスケットボール選手で、決勝で最終プレーの判定に疑問がある中、ソ連（当時）に敗れた一九七二年のミュンヘン・オリンピックの代表であった。同法の上院側の提案者のブラッドリー（William Bradley、民主党、ニュージャージー州選出）議員はプリンストン大学卒業のバスケットボール選手で、一九六四年の東京オリンピックで金メダルを獲得し、プロでも活躍した。

5 一九八〇年代には選手の低学力への批判があった。NCAAは一九八五年にAcademic Performance Studyを開始し、通常の卒業率よりも高くなるAdjusted Graduation Rateを開発していた。二〇〇三年にAcademic Reform Programを開始すると、これをGSRとして導入した（Southall and Southall 2018）。

6 Shulman and Bowen（2001, p.331）による、Division I-A の州立大学、私立大学、アイビーリーグ校、リベラルアーツ校の、一九五一年、一九七六年、一九八九年の入学生を対象にした追跡調査では、元選手、とくにアメフトとバスケットボールの元選手は年収が高くなる。（Beyer and Hannah 2000 も参照。）克己心があり、負けず嫌いな性格がビジネスでの成功につながっている可能性がある。非スポーツ選手は収入は多くなくても、支出も抑えて相応の生活をしているので、Gallop の質問である「経済的安定」はそれほど悪くないのかもしれない。

7 オバーン大学は二〇〇八年にコーク財団（Charles Koch Foundation）から寄附で経済研究センターを設立することを発表した。ステルンは、コーク財団は「カネを出せば口も出す」タイプの財団で、自分たちの保守的思想に合った研究成果の発表を求めてくる懸念があると述べていた。大学側からの報復として二〇〇九年に経済学科は経営学部から学芸学部に移された。アイストラップは経済学科教授会の意見を無視して、ステルンのテニュア取得を拒絶したが、二〇一〇年にステルンによる異議申し立てを経てテニュアが認められた。クラスター化問題の前に、すでに両者の緊張関係は高まっていたのである。

8　二〇一一年にウィリングハム（Mary Willingham）というスポーツ選手の教学支援をしていた教員が、楽勝科目が存在し、スタッフによる代筆が横行し、選手の学力はとても大学生といえるレベルではないと内部告発した。このことを記載していた、彼女が二〇〇九年にノースカロライナ大学グリーンズボロー校に提出した修士論文には、剽窃がある（引用表記が不充分である）という批判が、UNCスキャンダルを面白く思わない卒業生から指摘され、二〇一四年に新聞報道された。彼女の修士論文指導教員は些細なことと述べ、彼女はうっかりミスだと釈明し、専門家も意図的な剽窃とは証明できないと結論した（剽窃やデータの捏造・改竄は意図的である場合のみ、不正行為として大学からの処罰の対象になる）。彼女は告発後に嫌がらせを受けたとして、二〇一四年に退職して大学を訴えた。二〇一五年に和解に至り、彼女は三三万五〇〇〇ドルを得た（Bruzzo 2014; Ganim 2015）。

9　二〇〇一年九月の「同時多発テロ」を受けて、留学ビザで入国した外国人が勉強していないでテロリストになっているのではないかという懸念から成立した、「アメリカ愛国者法（USA PATRIOT Act）」では、留学生に限らず、学生の成績を司法当局がアクセスしやすくした。これはプライバシー保護の著しい侵害であろう。

10　州をまたぐ有線通信（かつては電話・電信だけだったが、今日ではワイヤレス機器等を含むあらゆる通信手段を含む）を使って、詐取・詐欺を行うことは、有線通信詐欺法（Wire Fraud Act）違反となる。

11　「詐取の摘発」という意味であり、選手がスポーツ奨学金を受け取っているにもかかわらず、監督に逆らってスポーツをしない、勉強を優先したくなってスポーツしない、というのは奨学金の詐取だという理解である。

12　懸念されているレスリングもアメリカ全体の国際大会の実績は好調である。男子フリースタイルでは、二〇一六－二一年は一九九一－九六年と並ぶ「黄金時代」ともいわれている（Klingman 2022）。

第7章　大学の戦略としてのスポーツ

1　大学スポーツの収益性

(1) NCAAと大学の収支構造

本節ではアメリカの大学スポーツの収支構造を分析する。まずその前にNCAA本体の収支構造であるが、表7-1のとおりである。収入はMarch Madnessの収益、それも入場料よりもテレビ放映料に依存している。バスケットボールでも、レギュラーシーズンの試合の収入はコンファレンスのものである。アメフトでのレギュラーシーズン、プレーオフ、ボウルゲームの収入はNCAAには全く入らない。

NCAAの支出であるが、ほとんどがDivision Iに分配されるが、Division IIやDivision IIIにも分配されている。比率としては小さいが、IIやIIIではスポーツ予算も大きくないので、本部からの資金の恩恵は大きい。弱小校が有力校のNCAA内での専横にも我慢しているのは分配を受けたいからである。Division Iの中での分配では、March Madnessが収入源なので、過去のMarch Madnessでの戦績に応じてコンファレンスに分配される。コンファレンス内での分配は自由だが、平等にしているコンファレンスもある。I-Aの大学では最低一四種目のチームを運営しなければならないが、それ以上のチームを運営している大学に補助金が出る。NCAAは収益の期待できる種目だけで

表7-1　NCAAの収支とDivision Iでの使途（2020-21年度）

収入	万ドル	支出	万ドル
テレビ放映料	91578	Div Iへの分配	61335
選手権試合収入	6105	Div Iの選手権試合運営費	16922
投資収入	6091	Div IIへの分配・選手権試合運営費	4043
グッズ売上	3292	Div IIIへの分配・選手権試合運営費	2321
遺失利益保険	8105	NCAA全体への支援	14374
寄付	330	事務経費	4321
合計	115500		103316

→

Division I内での分配	万ドル
バスケットの戦績に応じたコンファレンスへの補助金	16857
奨学金補助	14724
大学支援（14超の種目提供している大学）	7527
選手への支援（健康、教育支援、緊急支出補助）	8763
バスケットを行っているコンファレンスへの補助金	6393
学習支援	4932
学業成績に応じたコンファレンスへの補助金	2126

出所：Crowe（2021, p.4）; NCAA（2021, p.3）

なく、できるだけ多くの種目を運営することが選手にとって好ましいと考えている。NCAAはまたバスケットボールを行っている大学やコンファレンスへは額は大きくないが均等に支援している。

NCAAは大学の出す奨学金への補助とは別に、選手個人へもStudent Assistance FundとStudent-Athletes Opportunity Fundを通して支援している。前者には大学と実家との間の交通費、家族の葬儀に出席するための旅費、通常の保険でカバーされない医療、歯科治療費、眼鏡・補聴器代金、洋服（チームで移動するときのセミフォーマルな服）、文房具などが含まれる。後者には追加の教材、他大学との共同開講授業やインターンシップに参加するための交通費、大学院受験のための標準テスト受験料・大学院出願料を含む。前者は奨学金でカバーしきれない生活に必要な雑費、後者は選手の学業促進のための補助という性格を持つ。第6章で述べたように、奨学金は授業料、寮費・食費をカバーするだけなので、選手の生活は楽ではない。NCAAも不充分ながら選手個人の支援をしている。

各大学で行われている学習支援プログラムへの補助金が二〇〇三年からのAcademic Enhancement Fundである。さらに、第8章で述べるように、学業成績に応じたコンファレンスへの分配も行われるようになった。現状ではまだ少ないが、March Madnessの増加する放映料収入を活用し今後増額する予定である。二〇二九－三〇年シーズンでは、選手の厚生に関連する支出を五四・一％、バスケットボールの成績に関連する支出を二四・四％、学業成績に関連する支出を二一・五％にする計画である。二〇一六－一七年では、それぞれ五四・一％、三七・六％、八・二％であったので、選手への厚生関連は減らさず、スポーツの戦績の比率と学業成績の比率を近づけようとしている（Hosick 2016b）。

図7-1はI-A所属大学の収入と支出である。わずかに収入が支出を上回っているが、見事なまでに軌を一にしている。これは、大学は株式会社のように利潤ではなく、名声（スポーツの場合は戦績）の極大化を目指すので、収入の増加を支出の増加に回すからである。二〇二一年度（二〇二〇年秋から二〇二一年夏まで）は、二〇二〇年春のMarch Madnessと秋のアメフト試合がコロナ禍によって中止（または無観客）になったた

め、収入が減った。ただ、他の種目では試合が原則中止だったのに、アメフトは原則実施で発症者が出ると試合を中止していた。表7-2は収入の構成比であるが、二〇二一年度のチケット販売の比率が大きく減っていることがわかる。放映料は複数年契約なのであまり減らない。実は二〇二一年度を除けば、過去二〇年で収入の構成比は極めて安定しているが、一つの変化がNCAA本部・コンファレンスからの分配金がチケット収入を上回るようになったことである。NCAA本部からの資金はMarch Madness収入の分配で、コンファレンスからの資金はコンファレンスに入ったバスケットボールのレギュラーシーズンとアメフトのレギュラーシーズンとボウルゲーム（プレーオフ）のテレビ放映料の分配である。どちらもテレビ放映料の増加によって大学の受け取りに占める比率が大きくなったのである。

寄付はブースターと呼ばれる熱烈なファンや、卒業生からスポーツのために使うという使途を指定しての寄付である。ライセンス・ロイヤルティ・スポンサーというのは、大学のグッズ（マグカップやTシャツ）のメーカーに大学のロゴを使わせることによる収入、企業の広告をスタジアムやアリーナに掲げたり、ユニフォームに企業のマークを入れたり、シューズの現物を支給したりすることによるものである。「試合料」というのは、第4章で述べたように異なるコンファレンスの大学に試合に来てもらうた

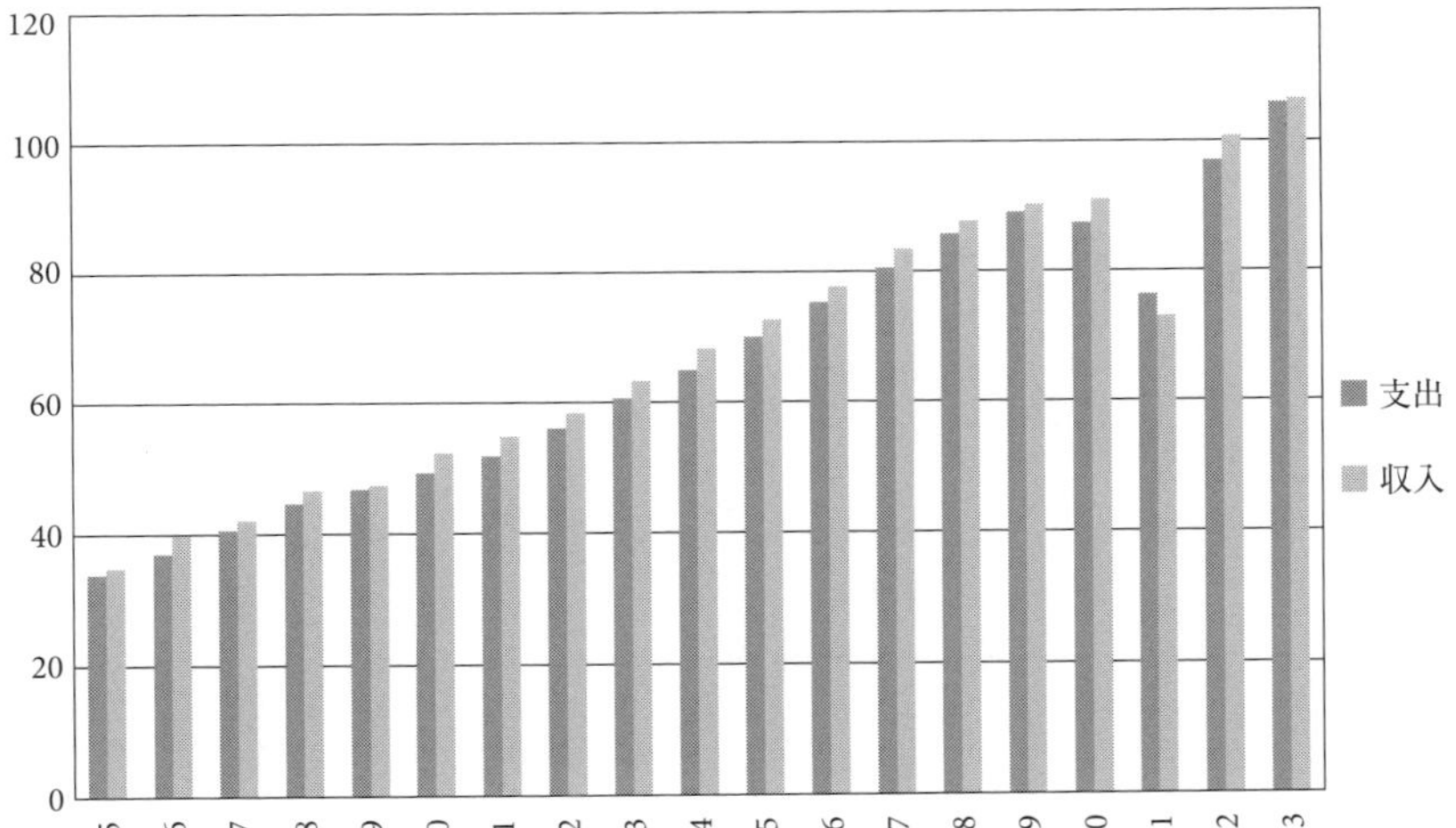

図7-1　I-A校のスポーツ収支（年度、億ドル）
出所：KnightNewhouse College Athletic Databse（varisou years）

めにお金を払うものである。

ここまでは"Generated Revenue"と呼ばれ、スポーツによる収入である。これ以外に"Allocated Revenue"というのがあり、学生から徴収したスポーツ費（もちろん一般学生が使うジムやプールにも使われるが、アメフトやバスケットボールのためにも使われる）、州立大学では州政府から補助金、大学本体からの補助金がある。この両者をあわせたのが総収入である。参考までに二〇二二年のI-AAとI-AAAの収入を記載したが、Allocated Revenueへの依存が極めて高くなっている。

Enright, Lehren, and Longoria (2020)によれば、二〇一八年度でDivision Iの大学は合計で一二億ドルのスポーツ費を徴収している。過去一〇年で五一%増であり、これはやはり増加率の高さが批判されている授業料の三七%増を上回る。二三〇大学の

表 7-2　Division I-A 校の収入

		内訳（%）							
年度	総額（万ドル）	チケット販売	NCAA/コンファレンスからの分配金	寄付	スポンサー料・ライセンス収入	試合料	大学・州政府からの補助金	学生徴収スポーツ費	その他
2005	348364	25	18	21	6	2	10	8	9
2006	399138	23	17	26	6	2	10	7	9
2007	420441	25	18	21	6	2	10	8	10
2008	465771	25	18	22	6	2	11	7	9
2009	473744	25	19	21	7	2	11	7	7
2010	523125	24	19	22	7	2	10	7	8
2011	547378	24	20	21	7	2	11	7	8
2012	582831	23	21	22	7	2	11	7	8
2013	632726	21	22	21	7	2	11	8	8
2014	682126	21	22	22	7	2	11	8	8
2015	726204	20	25	21	8	2	10	8	7
2016	775828	19	27	20	8	2	10	8	7
2017	834765	18	28	21	8	2	10	7	7
2018	877631	17	29	20	9	2	10	7	7
2019	903081	17	29	19	9	2	11	7	7
2020	910069	16	28	20	9	1	12	7	7
2021	729670	3	37	19	9	<1	18	8	6
2022	1007706	15	30	20	8	1	12	6	7
2023	1064315	15	28	22	9	1	12	5	7
I-AA（参考）	129320	5	6	9	3	4	44	25	4
I-AAA（参考）	72525	3	4	7	7	2	44	34	3

出所：Knight-Newhouse College Athletics Database (varioua years)

八〇%がスポーツ費を徴収している。そのうち四三大学のみがスポーツチームのためには使わず、一般学生が使う施設（ジムやプール）だけに使っているが、その他の多くの大学ではスポーツチームの予算の補填に使われている。スポーツチームの補填だけに使われる大学もある。（フロリダでなくオハイオ州の）マイアミ大学では、学生一人当たり年に一〇四五ドルのスポーツ費を徴収しているが、アメフトの年間平均一試合当たり一万五〇〇〇人の入場者というI-Aの基準をクリアするために、一万人分のチケット購入に使われている。大学からの学費納入依頼の際に、学生にスポーツ費の金額を明確に示していない大学もある。自分で大学のウェブサイトで調べたり、（州立大学の場合）情報公開法で請求したりしないとわからない。また、大学の中にはスポーツ費として徴収する額は少額でも、授業料として徴収した金額の一部が、スポーツの予算にまわされ、この金額も学生が調べてみないとわからない場合もある。公表されているスポーツ費が大きな大学は、National Association of College Business Officer（NACUBO）という団体の、「公開すべき」という指針に従っているためで、むしろ良心的ともいえる。

テキサス州のDivision I所属のステファン・オースティン州立大学では、二〇一六年にスポーツ費を創設する提案を、学生が投票で否決した。イーストカロライナ大学では二〇一九年にスポーツ費を年間七二三ドルから五〇ドル値上げする提案に対して、学生が反対決議案を出した。学生は、対サウスフロリダ戦で三分の二しか埋まっていないアメフトスタジアムの写真をSNSにアップして、スポーツ費がこの穴埋めに使われる、と抗議した。しかし、理事会が値上げを認めてしまった。

大学本体からの支援というのは、文字通り大学がスポーツ部のために予算を組むことである。スポーツ部が独立採算制を維持できないわけで、日本の場合と変わらない。州立大学の場合は州政府からの補助も来る。有権者が大学スポーツを支持しているのならば、州議会も州立大学のスポーツ予算案を承認するのである。

表7-3はI-A校の支出であるが、選手への奨学金、監督・コーチの給与、スポーツ部職員の給与、遠征

費、施設に使われており、この比率も安定している。Power 5が二〇一五年秋から奨学金を「在学に要する実費」を含むようになったが、奨学金の占める比率は増加していない。コンファレンスが地理的に拡大すると、移動交通費がかかるので遠征費の比率が今後上昇するかもしれない。「勧誘」というのは高校生選手をスカウトするために、選手をキャンパスに招いたり、コーチが現地に行く旅費である。二〇一五年にはルイビル大学が、高校生選手を大学に呼んだときに売春婦を雇ったことが問題になった（Lopiano, et al. 2016a）。売春婦までいかなくても、スポーツ選手のためのキャンパス案内は一般高校生向けのキャンパス案内とは異なる、特別に編成された女子学生メンバーによって構成されることがある。第6章で述べたように選手の健康・安全が問題になっているが、そ

表 7-3　Division I-A 校の支出

年度	総額（万ドル）	内訳（%）									
		奨学金	監督	施設	事務費用	遠征費	勧誘	試合料	医療	その他	超過収入払い戻し＊
2005	338335	15	17	18	17	11	2	3	2	15	
2006	370427	14	17	20	17	11	2	3	1	15	
2007	405539	14	17	19	17	12	2	3	1	15	
2008	445815	14	17	19	17	12	2	3	1	15	
2009	468316	14	17	19	17	12	2	3	1	14	
2010	492421	14	18	20	17	11	2	3	1	14	
2011	517630	14	18	20	17	11	2	3	1	13	
2012	559241	14	18	19	17	11	2	3	1	14	
2013	605892	14	18	20	18	11	2	3	1	13	
2014	648424	14	18	20	17	12	2	3	1	14	
2015	699667	14	18	22	17	11	2	2	1	12	＜1
2016	752350	14	18	22	17	12	2	2	1	11	1
2017	805159	14	18	22	17	12	2	2	1	11	1
2018	857054	13	18	22	18	11	2	2	1	11	1
2019	890149	13	19	22	18	11	2	2	1	11	1
2020	873689	13	20	22	19	10	1	2	1	10	1
2021	763111	15	22	23	20	7	<1	<1	2	8	<1
2022	968975	13	20	21	19	11	2	2	1	11	<1
2023	1058203	12	19	22	18	12	2	2	1	12	<1
I-AA（参考）	128496	26	19	17	15	12	1	1	2	7	
I-AAA（参考）	69902	23	20	19	18	11	1	<1	1	6	

＊：2015 年度以降、黒字が大学本体からの支援を超過した分の大学本体への払い戻しを、項目として計上することになった。

出所：Knight-Newhouse College Athletics Database (various years)

の対応策としての医療費は微々たるものである。試合料は前述のものがここでは払う側の支出として計上されている。I-AAとI-AAAでは、I-Aに比べると奨学金の比率がやや大きく、施設の比率がやや低くなっているが、監督給与への比率は同じように高いなど、収入構造に比べると、大きな差異が見られない。

表7-4は総収入の上位二五大学である（USA Today 2023b）。情報公開法で入手できる州立大学に限定される。掲載されていない私立大学としては、南カリフォルニア大学、スタンフォード大学、デューク大学がおそらく上位に入っているはずである。二五位のワシントン大学では総収入よりも総支出が大きくなっている。二六位から五〇位までに大学になると二五校中、八校で総収入より総支出が大きくなっている。それよりも下位の大学はほとんどが総支出の方が大きい。I-A所属大学の合計としては収入が支出を上回っているが、これは少数の強豪校の大きな黒字による部分があることを認識しなければならない。また、重要なことは総収入には大学や州政府からの補助金や学生から徴収したスポーツ費が入っているのである。上位大学は

表7-4　スポーツ収入の上位25大学とその支出額（2021-22年度）

順位	大学	コンファレンス	収入（万ドル）	支出（万ドル）
1	オハイオ州立大学	Big Ten	25162	22573
2	テキサス大学	Big 12	23929	22515
3	アラバマ大学	SEC	21437	19588
4	ミシガン大学	Big Ten	21065	19356
5	ジョージア大学	SEC	20305	16903
6	ルイジアナ州立大学	SEC	19931	19277
7	テキサス農工大学	SEC	19314	17767
8	フロリダ大学	SEC	19042	17737
9	ペンシルベニア州立大学	Big Ten	18123	17054
10	オクラホマ大学	Big 12	17732	17600
11	オバーン大学	SEC	17457	15159
12	ミシガン州立大学	Big Ten	17280	15645
13	インディアナ大学	Big Ten	16676	13239
14	バージニア大学	ACC	16192	15058
15	フロリダ州立大学	ACC	16114	15078
16	ケンタッキー大学	SEC	15908	15362
17	クリムソン大学	ACC	15828	14336
18	テネシー大学	SEC	15457	15711
19	オレゴン大学	Pac 12	15351	14057
20	アーカンソー大学	SEC	15251	14432
21	アイオワ大学	Big Ten	15148	15114
22	ウィスコンシン大学	Big Ten	15010	14781
23	ルイビル大学	ACC	14623	13998
24	イリノイ大学	Big Ten	14574	12912
25	ワシントン大学	Pac 12	14518	14946

出所：USA Today（2023b）
NCAA Finances: Revenue and Expenses by School

これらがゼロのところもあるが、下位大学は収入面でこの Allocated Revenue への依存度が高まる。Generated Revenue が支出を上回っている大学は、二〇〇五年で一八大学だったが、その後、少し増えて二〇一八年に二九校になった（コロナ禍の影響で二〇二一年には九校になった）（NCAA 2022a）。スポーツ部が独立採算を維持できるのは Division I でもほんのわずかであることがわかる。この黒字も翌年度の更なる支出に回るので、大学本体に資金提供できるのは少数である。表7-3での超過収入の大学本体への払い戻しも、支出全体の一%未満で微々たるものである。

ナショナルチャンピオンを毎年競うような大学は、スポーツ部は大学本体からの支援も受けず、スポーツ部の黒字が大学に寄付される。ノートルダム大学は毎年二〇〇〇万ドルを大学に寄与することを約束している。ルイジアナ州立大学は二〇一二年に大学の教学のために五年間で三六〇〇万ドルを寄付すると発表した。フロリダ大学は二〇一一年と一二年にそれぞれ六〇〇万ドルを大学に寄付し、州政府から大学への予算の削減を補った。オハイオ州立大学は図書館改修のためにスポーツ部が九〇〇万ドルを寄付した（Dosh 2013, pp.138-139）。ただ、これは例外的な成功例である。

表7-5は、同じ州で収入の順位の上位の大学と下位の大学の収入と支出の内訳の比較である。テキサス大学エルパソ校は I-A だが Power 5 ではない。カリフォルニア大学サンタバーバラ校は I-AAA で、イースタンイリノイ大学は I-AA である。同じ州の旗艦州立大学では大学からの支援である Allocated Revenue の比率が低く、放映料含んだロイヤルティ・スポンサーの比率が高い。下位大学では大学からの支援や学生スポーツ費の比率が大きく、ロイヤルティ・スポンサーの比率は旗艦州立大学より低い。Division I-A でも Power 5 でなければ、収入構造はむしろ I-AA や I-AAA に近い。

支出に関しては下位大学では奨学金の比率が高い。これは上位コンファレンスが

支出	内訳（%）			
総額（万ドル）	監督・コーチ給与	奨学金	施設	その他
22515	34.4	6.1	27.7	31.8
12912	41.4	9.7	21.7	27.2
11449	43.5	11.5	12.9	32.1
3437	32.7	22.5	10.5	34.2
2490	37.6	23.8	10.9	27.7
1455	31.8	23.4	0.6	44.2

ス・NCAA 経由で分配される放送料収入を含む。

出所：USA Today（2023b）

在学に必要な費用を出すようになったというものの、選手の能力の差にくらべると奨学金の差は小さく、選手数もそれほど変わらないので、下位大学では奨学金の比率が高い。相対的に上位大学は監督と施設の比率が高くなる。しかし、下位大学であっても多くの支出が監督やコーチの給与に向けられているといえよう。

ただ、これらのスポーツ支出は総予算に対してはそれほど大きくない。イリノイ大学ウルバナ・シャンペイン校の予算が二〇二二年度で三一億ドルである。スポーツ部の支出は一億二九〇〇万ドルなので四・一八%を占めるが、大学自身のスポーツ支出は六九〇万ドルなので〇・二二%に過ぎない。むしろイースタンイリノイ大学の総予算は二〇二二年度で一億六五〇〇万ドルなので、スポーツ支出の一四五五万ドルは八・八二%に当たり、しかも大学自身の負担分が七二一万ドルと大きく、四・三七%に当たる。

一般的にはスポーツの施設、遠征、監督給与に金をかけるので Division I-A はスポーツ支出の大学の総予算に対する比率は高く、やや古いデータだが二〇〇三年で三・八%である。I-AA は三・六%、I-AAA が、三・〇%で、Division II は二・七%である（Orszag and Orszag 2005b）。しかし、Division I-A の中では総予算が大きいとスポーツへの支出の負担は小さくなる。二〇〇四－二〇〇七年の期間で総予算二〇億ドルを超える大学ではスポーツ支出の比率は三%を下回っているが、一〇億ドルから二〇億ドルでは五%、一〇億ドルを下回る大学と比率では五%を超え、さらに一〇%より大きくなる大学も出てくる。（Orszag and Orszag 2009）。I-A だが Power 5 でない大学は、収入は大きくないのに、Power 5 との競争で支出が増えて、財政負担が苦しくなっていることがうかがわれる。

表 7-5　収入・支出の構成比の比較（2021-22 年度）

順位	大学	収入 総額（万ドル）	内訳（%） チケット売り上げ	寄付	ロイヤティ・スポンサー＊	学生スポーツ費	大学、州政府からの支援	その他
2	テキサス大学（オースティン）	23929	24.0	32.6	39.3	0.0	0.0	4.0
24	イリノイ大学（ウルバナ・シャンペイン）	14574	10.8	28.1	49.6	2.4	4.7	4.5
34	カリフォルニア大学（バークレー）	11821	6.8	13.4	43.7	0.4	26.2	9.5
102	テキサス大学（エルパソ）	3313	7.0	10.6	18.1	23.8	35.3	5.3
146	カリフォルニア大学（サンタバーバラ）	2172	1.1	9.3	6.3	11.5	67.9	4.0
207	イースタンイリノイ大学	1284	0.9	8.3	12.7	12.0	56.2	9.9

＊：大学自身の契約、コンファレン

大きな大学にとってはスポーツ予算は負担ではないし、そのような大学ではしばしばスポーツ部が黒字で大学からの持ち出しもない。また、後述するように赤字が生じても補填額そのものも大学の総予算に占める比率は低い。負担が大きくなく、大学本体の財政を脅かすほどでないので大学はスポーツプログラムをなかなか縮小できないのである。もちろん、一パーセントポイントでもスポーツ支出を減らせば、他の分野が恩恵を受けることは事実である。大学の支出の過半は人件費であり、それ以外の個々の支出項目は大きくない。テキサス大学オースティン校でも二〇二三-二四年度において、一般学生向け奨学金は全予算の一〇%、研究費は九%である（研究費は連邦政府や企業など大学以外のスポンサーがあり、これらの総額の方が大きい）。スポーツの予算の総予算比率を数パーセントポイント減らすことの意味は、他の使途に回る金額という点では実は大きいのである。

しかし、大学スポーツの収支は正確にはわからない。収入面でロイヤルティが計上されているが、大学のロゴの入ったグッズの売り上げがどの程度、スポーツに関係しているかはわからず、ブックストアの売り上げに計上される。スタジアムの売店収入や駐車場料金の収入もスポーツ部に行かず大学に行っていることもある。一方費用の面では、試合のときの警備費は大学が負担している場合もある。より大きな問題は奨学金の計上である。奨学金は授業料、寮費・食費に相当する金額が選手に渡されるのでなく、支払いを猶予される形をとる。私立大学は授業料が高いのでこの金額も大きくはなるが、実際には奨学金を得ている一般学生も多く、表示価格どおり払っている学生は少ない。選手に対しての支払いが表示価格を使って計上されていれば、過大な支出になる。また、学生が一人増えたときの費用の増加分（限界費用と呼ぶ）は、授業料ほど大きくない。支出が過大に計上されていることを考慮すると、Goff（2004）によれば、I-A校のうち赤字なのは一〇%程度のみとなる。

一方で、スポーツ施設の建設のための借入金や学校債の返済という資本コストが、スポーツ部の支出としては計上されておらず、大学本体が負担している。ガーニー・ロピアノ・ジンバリスト（2018, 末注 p.xxxii）

によれば、授業料の限界費用と会計上費用の差異は数百万ドル単位だが、資本コストは数千万ドル単位なので、スポーツ部の支出はむしろ過少に計上されていて、スポーツ部が黒字の大学はやはり少ないということになる。

有力校には岩盤層のファンがいる。戦績が悪いシーズンでも、放送を見たり、スタジアムに来て応援したりする。I-A大学の中で、アメフトの勝率と入場者数の相関関係は、有力校（BCS校）では〇・一六で、非BCS校では〇・三五で、前者の方が弱い。また、二〇〇五年で収入で上位一〇％の大学の八〇％は、二〇一〇年でも上位一〇％に入っていた（Cheslock and Knight 2012）。弱小校は有力校からスカウト漏れした選手が頑張って好成績を上げる年もあるのだが、なかなか維持できない。

経済学的に見れば参入が起きていることは（志願者が増えるなど、金銭的なもの以外の間接的なメリットも含めて）プラスの純利益があることを示唆する。「オクラホマ大学判決」の一九八四年から二〇二三年までで、八五大学がDivision Iに入り、二五大学が退出して、二八大学がI-Aに入り、六大学が退出した（Southall, at. al. 2023, p.233）。二〇一〇年代では、脳震盪の問題が話題になったので、アメフトの高校生選手は一〇％減ったのだが、大学では全Division合計で二三大学がアメフトをやめただけで、六六大学がアメフトを開始した（Pennington 2019）。

多くの大学は末席でも良いからDivision I-Aに入りたいと思っているが、強豪校は、I-Aのメンバーが多くなりすぎると利害が一致しにくくなるし、利益を分配する大学数は少ない方が良いので、厳選したがっている。二〇〇一年に可決され二〇〇四年から実施された新しい基準では、アメフトでは毎年、一試合当たり一万五〇〇〇人以上の入場者を維持することになった。四年間平均で一試合一万七〇〇〇人という基準が、二年間平均一万五〇〇〇人となっていたのを、さらに厳しくした。また、八五件のアメフト奨学金の九〇％にあたる七六件を実際に与えていること、一六種目で二〇〇件以上の奨学金をあたえていることとなった（Dunnavant 2004, p.269）。それでも昇格希望が多かったので、二〇〇七年にI-Aへの新たな昇格を一時認めないこととした。しかし、二〇一一年に解禁されると、I-AAからI-Aに六大学が昇格した。

Association of Governing Boards of Universities and Colleges（2012, p.17）による、二〇一二年初に行ったI-A大学対象の調査では、回答した一四一校のうち、二七大学のみがスポーツ部が黒字であった。ただ、赤字補填のための大学の支出が大学全体の予算に占める比率は、一％未満の大学が一六・八％であり、九％以下の大学が八七・九％であった。金銭的にはもうからないが、それほど赤字の負担が大きくないので、金銭的以外の間接的な恩恵が大きいと期待していれば、スポーツを強化するのである。間接的恩恵には、知名度の向上によって志願者の質と量を増やす、スポーツに感動した卒業生からの寄付が増える、（州立大学ならば）州政府からの予算が増える、などであるが、必ずしも期待通りにはならないことは後述する。

（2）大学スポーツへの課税問題

内国歳入庁（Internal Revenue Service, IRS）の規定であるIRC（Internal Revenue Code）五〇一条は、宗教・教育機関などの慈善事業は非課税としている。一九二四年の最高裁判決（Fishman v. Schwarz）は慈善団体が営利活動をしていても、それが慈善事業に使われるのならば非課税との立場を取った。大学に関係するものとしては、一九五〇年に第三巡回区控訴裁判所はニューヨーク大学がMuller Macaroni Companyを設立してマカロニ販売を行っても、それがロースクールのために使われるのならば非課税と判断した。しかし、営利企業で納税の義務があるマカロニ業者が不当に不利な立場に陥るので、議会は一九五〇年に「非関連事業所得税法」（Unrelated Business Income［UBI］Tax Act）を制定した（Colombo 2010）。

非営利組織でも（1）事業・取引の活動であり、（2）定期的に行われ、（3）非営利目的との関係の薄い事業の所得は、非関連事業所得（UBI）となり課税の対象となる。しかし、IRSは一九六七年に収入規定（Revenue Ruling 67-291）で、大学スポーツは慈善活動で、大学の教育の一環であるので非課税とした。判例でも一九七一年の第四巡回区控訴裁判所（Kondos v. West Virginia Board of Regnets）と一九八二年の第一〇巡回区控訴裁判所（Hutchison Baseball Enterprise v. Commissioner of Internal Revenue）が大学スポーツに非課税の判断を下した（Kisska-Schulze 2019）。大学関連のUBIとしては、書店・食堂・売店での売り上げや貸しラボの賃料などがあげられるが、一九七六年のTax Reform Actは、大学スポーツは大学の教育の一環であるので非課税であると定めた。一九八六年のテネシー州控訴裁判所（Greenhill v. Carpenter）と一九九四年の連邦第一巡回区控訴裁判所（Cohen v. Brown University）も大学スポーツを教育の一部と認めた（Kurrass 2020）。

一九七七年にIRSはアメフトのボウルゲームの収入に課税しようとしたが、反対が多く一九七八年に撤回した。サザンメソジスト大学、テキサスクリスチャン大学、カンザス大学の陳情の結果である（Colombo 2010）。UBIについては、仮に大学スポーツが大学の教育とは関係が弱いとして課税対象になっても、正当な費用計上の手法（節税対策）で、課税対象となる利益はきわめて小さくでき、納税額は増えないとの意見もある。前述のようにスポーツ施設の建設・維持費や借入金返済を大学本体でなくスポーツの予算に計上すればスポーツの利益は小さくなる。スポーツ部は赤字を出していることの批判とともに、収入が大きくなりすぎているとの批判も避けたいので、収入が小さく見えることに反対しない。また、試合の日の駐車場収入、グッズの売り上げ、売店の収入などの帰属も大学本体かスポーツ部なのか明確でない（US CBO 2009）ので、スポーツの利潤は「張子のトラ」（Paper Tiger）であり合法的に小さくできる（Kurrass 2020）。

収入規程（80-295, 296）は大学スポーツのテレビ収入は非課税と見なした。一九九一年にIRSはコットンボウルにおける企業からのスポンサー料（スタジアムに広告を出すことへの支払い）は、受け取り側のボウルの主催者が税金を支払うべきだとしたが、議会が介入して一九九七年のTaxpayer Relief ActでUBIの定義を改定して非課税とした（Colombo 2010）。さらに、一九九六年のミシガン州控訴裁判所（Harris v. University of Michigan）が入場料・テレビ放映料収入は、UBIではなく非課税と判断した（Kisska-Schulze 2019）。

大学スポーツに寄付をすると、見返りとしてアメフトやバスケットボールの試合で良い席が購入できる、という特典が与えられることが行われてきた。IRSは一九八四年にはそのような寄付は控除対象（所得から差し引いてよいので課税対象となる所得が減少する）としないとしたが、批判が多かったので、一九八六年には寄付の金額とそのような観客席の正規料金との差額のみを控除対象にするとした。これにも批判が多かったので議会が規程を変えて、観客席の優遇がつく寄付は八〇％のみが控除対象となった。一九九九年にＩＲＳも長官のメモで追認した。

二〇〇六年に下院の税収委員会の委員長だったトーマス（Bill Thomas、共和党、カリフォルニア州選出）議員が、ＮＣＡＡに対してアメフトと男子バスケットボールでは、選手は学生としての学びをしておらず商業的な興業であるので、課税すべきだと主張した。ＮＣＡＡは当時のブランド（Myles Brand）会長が公開書面で反論した。その中で会長は、アメフトとバスケットボールの収入が他のスポーツを支えている、内部補助は学生に人気のある心理学科が受講生の少ない哲学科を支えているのと同じである、スポーツでの名声は図書館などの施設や有名教授が大学の名声と高めるのと同じである、スポーツ部の予算は大学全体の予算の四％に過ぎず、スポーツの財政は危機的でも、儲かりすぎでもない、監督の給与が高いのはプロと人材を争い、優秀な人材に高い給与が与えられる一般的な市場競争の結果の一つである、と主張した（Fain 2006; Powers 2006; Wolverton 2006）。トーマス議員は委員長だけでなく議員も引退することを決めていたので、ＮＣＡＡに対して思い切った批判ができたが、他の議員は追随しなかった（Clotfelter 2011, p.210）。二〇〇八年の選挙でオバマが大統領に当選し、議会も民主党主導になったのでＮＣＡＡへの課税問題は議論されなくなった。一般に民主党はリベラルな大学を支持し、大学に寛容であるので、スポーツの非課税問題にも大学に理解がある。共和党は大学スポーツの後援者（地元の事業経営者）からの支持があるので、ＮＣＡＡが大学スポーツを規制すれば、それに反対する。

二〇一七年に共和党の政権・議会が主導で、減税法案（Tax Cut and Jobs Act）が成立した。同法では、控除対象の金額が引き上げられたが、富裕層の寄付は控除対象額を超えているものがほとんどなので、減らないと考えられる。しかし、細かい規程は大学に影響を与える可能性がある（Kisska-Schulze 2019）。良い座席を得る条件での寄付金における八〇％の控除が廃止された。企業が接待のために大学スポーツも含めたスポーツ観戦チケットを購入した金額は五〇％が所得控除されていたのも廃止された。大学スポーツのチケットを企業が買わなくなる恐れがある。さらに、非課税組織では高額な役員（報酬が一〇〇万ドル以上の上位五人までの役員）には二一％の課税がなされることになった。アメフトやバスケットボールの監督の所得に課税されることになるので、大学がプロに対抗して有名監督をひきつけるためには税引き前の報酬をさらに上昇させる必要がある。また、私立大学の投資収入には一・四％の課税がなされる。大学の資産運用からの収入が減れば、スポーツに回せる金額も減る（Kisska-Schulze 2019）。しかしながら、全体的に議会は課税問題では大学に好意的であるといえよう。

2　大学スポーツの間接的な恩恵

（1）志願者への影響

一九八四年のシーズンでボストンカレッジのクォーターバックのフルーティ（Doug Flutie）は強豪マイアミ大学戦で試合終了直前に四八ヤードの逆転タッチダウンパスを成功させた。彼は学生最優秀選手賞（ハイズマン賞）を受賞することになるが、この試合は全米中継されていたので、翌年のボストンカレッジの志願者が三〇％増えた。大学スポーツ関係者は、スポーツでの活躍が知名度を高め志願者を増やすことを「フルーティ効果」と呼び、自分の大学でも同じことが起こることを期待してアメフトやバスケットボールを強化する。

ノースウェスタン大学は私立の名門大学だが、強豪ひしめくBig Tenにいたのでアメフトでは毎年、下位に低迷していた。しかし、一九九五‐九六年のシーズンでは躍進し、コンファレンスチャンピオンとなりローズボウルに出場した。すると一九九六年秋の志願者が二一％増えた。名門ノースウェスタン大学でも一九九二年において、大学に関する新聞記事は七〇％がスポーツ関係で研究関係は五％でしかない。アメフトのおかげで、一九九五年の記事量は前年の一八五%になった。テキサスクリスチャン大学は二〇一一年のローズボウルに初出場すると、ホームページを初めて訪れた人の数が一〇万人になった。オレゴン州からの志願者が二〇〇%増加し、カリフォルニア州からの志願者は一〇九%増えた（Dosh 2013, pp.127–131）。古豪のアラバマ大学は旗艦州立大学としての知名度はあったが、二〇〇五－〇六年度では学生に占める州外者の割合は二七%であった。その後、セイバン（Nick Saban）監督の下、何度もナショナルチャンピオンになった。彼による五度目のチャンピオンのあとの二〇一八年の四年生は州外者が六七%になっていた（Southall, et al. 2023, p.231）。ボイシ州立大学（アイダホ州）は、二〇〇七年一月にフィエスタボウルに初出場すると秋に志願者が九・一%増えた。二〇一〇年にも出場し今度は勝利したところ、志願者が五・六%増えた。感動はやや薄れるのかもしれない。ただ、ボウル出場を機に二〇〇七年から始めた寄付金集めは、二〇一一年度末に目標の一億七五〇〇万ドルを一〇〇〇万ドルも上回って終了した（Dosh 2013, pp.131. 133）。

フロリダ大学は、すでに旗艦州立大学としてもアメフトの強豪としても知名度はあった。しかし、二〇〇六年三月にバスケットボール、翌年一月にアメフトでチャンピオンになるという快挙を遂げた。すると、それまで入学許可者の五〇%のみが入学してくれたのが、二〇〇七年秋には六三%になった。また、高校のGPAが三・六八以下の新入生が二〇〇六年には一五・九%いたが、二〇一一年には三・四%に減少した。グッズへのライセンス収入は二〇〇四－二〇〇六年当時は二〇〇万ドルだったのが、二〇一〇－一一年度には六一〇万ドルに増えた。ルイジアナ州立大学のライセンス収入は一〇〇万ドルを超えたことがなかったのだが、二〇〇三年にアメフトのチャンピオンになるとライセンス収入は三〇〇万ドルとなり、二〇〇七年に再びチャンピオンになると五〇〇万ドルになった（Dosh 2013, pp.131–132, 137–138）。

めったに起こらないチャンピオンになることはインパクトを持つ可能性がある。Toma and Cross（1998）は、アメフトとバスケットボールのチャンピオンになることの志願者数への影響を調査した。一九七九年から九二年の間でのアメフトの優勝校一六校（記者と監督で投票結果が分かれて一位が二校あったケースが二年あった）

のうち、一四校は翌年ならびに三年平均増加率がプラスであった。アメフトでは、マイアミ大学はこの期間で四回優勝しているが、二回目の一九八七年優勝の時はインパクトが大きく翌年に三四％、三年平均の増加率も三三％であった。しかし、近隣のフロリダ大学やフロリダ州立大学も翌年に志願者をともに一八％増やしている。三回目の優勝のときは翌年は九％減、三年平均は四％増であった。ただ、この年はフロリダ大学もフロリダ州立大学も志願者を減らしている。一九九一年の四回目のときは同点優勝（記者投票と監督投票が異なる結果）でもあったので、翌年は三％増だが三年平均は五％減となりインパクトは小さかった。同じ同点優勝でも初優勝のワシントン大学は一〇％超の増加であった。一九九〇年の同点優勝のジョージア工科大学は一九四〇年代、五〇年代の古豪の復活であったので、翌年に二一％、三年平均で二三％の志願者増となった。久々の優勝はインパクトがあるが、何度も優勝していると影響は弱くなるようである。

同じ一四年間でMarch Madnessで優勝した一三校（ネバダ大学ラスベガス校は志願者数の情報を公開せず）のうち一〇校で翌年、さらに三年平均の増加率もプラスであった。バスケットボールは優勝が決まったときにその年の秋からの入学の出願は締め切られており、暦年で翌年に出願するので、志願者数の増え方がアメフトよりは弱い。一九七九年のバスケットボールの優勝校のミシガン州立大学は、主力選手（Magic Johnson）が中退してプロ入りしたので（来年は勝てないだろうと予想されるせいもあって）志願者があまり増えなかった。また、バスケットボールのデューク大学は、March Madnessの常連となり、すでに知名度は充分に高くなっていたので、悲願の初優勝後、連覇をしても志願者数のさらなる増加は見られなかった（デューク大学は戦前にアメフトの重視によって知名度を上げていた）。

志願者数が増えれば、入学者数も増えて授業料収入の増加になる。ただ、スポーツの強豪校は州立でも私立でも定員が充足できないような大学ではない。定員を充足していれば、志願者数の増加は入学難易度の上昇につながり、志願者の質にも好影響を与えることが期待される。入学難易度（入学許可者の志願者に対する比率）や入学生の質（標準テストの点数や高校で上位一〇％の成績を取っていた学生の比率など）は*US News and World Re-*

*port*などの雑誌のランキングに反映される。大学は知名度、名声をめぐって競争しているので、大学ランキングを（公には述べないが）気にしている。

スポーツの戦績と志願者の量と質の関係については、このような事例研究以外にも、さまざまな実証計量研究が行われてきた。スポーツの強豪校は規模の大きな旗艦州立大学が多く、入学する学生の学力も高い。教員博士号取得率、教員の給与、学生・教員比率、図書館蔵書数など、大学の質に影響を与えるコントロール変数を入れる。また、その州の景気動向や高校生の卒業者数も志願者には影響があるので、コントロール変数に加える。[2]すなわち回帰分析によって、これらの条件が一定の場合、スポーツの好成績が志願者の数や質（学力）に影響を及ぼすかを調べる。ただ、コンロール変数が研究者によって異なるので、結果も異なる。[3]先駆的研究のMcCormick and Tisley（1987）によれば、アメフトの有力コンファレンスに属している大学は、一九七一年の新入生のSATの平均点数が高かった。旗艦州立大学がアメフトでも強いというのは古くからそうなのである。また、一九七一－八〇年のコンファレンス内での勝率が高いと、一九八一－八四年のSAT平均点の増加率が高くなった。「フルーティ効果」が起きた頃の一九七八－八七年の有力コンファレンスに属する大学の志願者は、アメフトのコンファレンス内の勝率に影響される。ただ、勝率が二五パーセントポイント（四勝四敗が、六勝二敗になり、勝率が〇・五〇から〇七五になるなど）良くなっても、志願者は一・三%増えるだけである（Murphy and Trandel 1994）。MceVoy（2005）も一九九〇年代半ばのデータを用いて、アメフトの勝率が二五%以上上昇すると志願者が増えることを明らかにした。二五%以上下がると志願者は減るが有意ではなかった。男女のバスケットボールや女子バレーボールでは戦績の大きな変化も志願者に有意な影響はもたらせなかった。強豪校には岩盤層のファンがいて、勝率と入場者数との関係も薄い（Cheslock and Knight 2012）。すでに有名になっている州立大学では、勝率が多少変化したくらいでは志願者数への影響はない。Smith（2009）は毎年の戦績でなく、歴史（チームの結成年）やチームに関しての本の数などの伝統がある大学は、他の条件が同じ場合に、新入生のSATの点数、高校での好成績が結び付くと指摘した。

高校生は大学選びの際に、学業や授業料、就職や大学院進学の実績などを重視して、プレーする側としても応援する側としてもスポーツは重視しない（Ingels, Dalton and Christopher 2013）。（「スポーツ重視」とは恥ずかしく言いづらいので正直に答えていない可能性はある）。しかし、他の条件を一定にすれば、スポーツの成績にひかれることは起こる。また、Peterson-Horner and Eckison（2014）によれば、大規模州立大学の学生は、一般の四年制大学やリベラルアーツカレッジに比べて、大学選びの際にスポーツを重視している。

仮にチャンピオンになって出願者が増えたとしても、自分がプレーするわけでもないのにスポーツにひかれて出願する学生の質に疑問がある。ハーバード大学元学長のボック（Derek Bok）は、「フルーティ効果」を期待する大学に対し「アメフトが強いことを理由に大学を選ぶような学生を、大学としてなぜ歓迎しなくてはならないかを、少し冷静に考えてみることをしていない」（ボック 2005, p.53）と批判する（ハーバード大学だから言えるのかもしれない）。

Pope and Pope（2009）ならびにChung（2013）によると、スポーツの成績は志願者数を増加させるが、増加率は低学力（SATの点数の低い層）に比べると低いものの、高学力層も志願してくれる。スポーツにつられて志願した低学力層に比べて、高学力層は合格しやすいのでので、入学後の学生の質が高まる。高学力層はスポーツが理由で志願するのではないが、スポーツでの活躍で名前を聞いてどんな大学か調べてみたら、教学でも良い大学だとわかって志願するのである。また、Pope and Pope（2014）によれば、スポーツの戦績の出願者増加への影響が大きいのは、黒人と州外者、スポーツをしている高校生であった。黒人は大学についての情報を持っていない場合が多く、スポーツによる知名度上昇の影響を受けやすい。スポーツをしている高校生は自分が大学でアメフトやバスケットボールをプレーしなくてもスポーツ観戦に関心があるので、強豪校にひきつけられるのであろう。州外者は前述の成績優秀者と同様、スポーツによって大学の名前を知って調べてみたら良い大学だとわかって出願するといえよう。また、州外の大学に進学しようという学生は、帰省にも金がかかるし、州立大学も州外者には高い授業料を課しているので、裕福な家庭出身であることが多く、彼らは学費や奨学金をあまり気にせず、カレッジライフの楽しさを求めるので、スポーツに引き付けられるといえる。州外者が増えると授業料収入の面では好ましいし、州外者は厳しい入学基準をクリアしてきたので、新入生の質も高めてくれる。ただ、州外者が多くなり、州内の納税者の子弟が希望の専攻に進めなかったりすることは州立大学への批判が高まることになる。

Tucker and Amato（1993）は、一九八九年のSATの点数も、一九八〇‐八九年の点数の上昇率も、一九八〇‐八九年のアメフトの成績（ランキング一位に二〇点を与えるなどして数値化）とプラスの関係があるが、バスケットボールの成績では有意でなかった。Mixon（1995）は、バスケットボールのMarch Madnessの単なる出場回数でなく、何回戦まで進んだかを考慮すると、バスケットボールの成績が一九九三年の新入生のSAT平均点とプラスの関係があることを明らかにした。Mixon, TrevilnÑO, and MInto（2004）は、アメフトの過去一〇年の勝率が二〇〇〇‐〇一年度の入学者SATの平均点とはプラスの関係があることを示した。Tucker（2005）は、アメフトの成績のSATの平均点への影響は、一九九六年以降、強くなっているが、これはチャンピオンを決めるBCSが始まりアメフト中継への注目度が高まったからではないか、と指摘している。Anderson（2017）はスポーツの戦績について勝率や優勝の有無でなく独自の尺度を用いた。賭けの予想屋がつけるシーズン前の勝利数と実際の勝利数を比較し、予想外の勝利が、志願者数、SATの点数、スポーツに使途指定した寄付金を増やすことを明らかにした。

スポーツでの戦績が志願者数を増やす場合があることは否定できないが、スポーツでの不正行為によって処罰された場合には逆の影響が出る可能性がある。バスケットボールの保護観察処分になると、志願者は減らないが、志願者の成績は下がる。保護観察処分が発表されると実施される前から志願者の質の低下が起こる。解除されても回復しない。これは、成績の良い学生にとっては、スポーツでの不正は大学全体のイメージダウンなのである（Groothuis, Eggers, and Redding 2019; Eggers, et al. 2020）。March Madnessなどポストシーズンの試合の出場禁止は、禁止の前年、当年の志願者数が減るが、解除後は復活する（Eggers, et al. 2020）。これは単にポストシーズンの試合を見られないことで大学の宣伝効果がなくなるためである。

一般学生は自分の大学のスポーツ観戦に夢中になると勉学がおろそかになる可能性がある。一方、スポーツによってキャンパスライフが楽しくなれば、退学や転校しないかもしれない。スポーツによって醸し出されるキャンパスでの濃密な人間関係が勉学を促すこともあるし、遊びに回ることもある。Division I の大学の、スポーツ戦績と卒業率（入学して六年以内にその大学を卒業する比率の一九九六年から九八年の平均）の関係について調べた Mangold, Bean, and Adams（2003）によれば、入学時のＡＣＴ（標準テスト）の成績をコントロール変数に入れても（入学時の成績は一定としても）、バスケットボールの戦績が良い大学は、卒業率は低く、アメフトの戦績とは有意な関係がなかった。しかも、マイナスの効果は大学の規模が大きくなると弱くなった。バスケットボールは試合数が多く、秋学期も春学期にもまたがるので、規模のあまり大きくない大学でキャンパス全体がバスケットボールに夢中になると勉学がおろそかになるようである。

スポーツと志願者についての研究の多くは、Division I の有力校についてである。すべての Division の男子レスリング選手を対象にした調査では、Division I の選手の方がむしろ教育の質を重視して大学を選択しており、Division III の選手の方がキャンパスライフの充実させるために大学を選んでいる（Cooper, Huffman, and Weight 2011）。ペンシルベニア州の Division II の大学についての調査（Castle and Kostelnik 2011）では、スポーツの総合成績についての Directors' Cup やペンシルベニア州独自の Dixon Trophy における、得点や順位が良いと、志願者数は増えていた。新入生のＳＡＴの平均点に対して、Directors' Cup 順位は影響があるが、アメフトの勝率はプラスの係数だったが、統計的にはそれほど強くなかった。Division II ではスポーツの収益性は全くない。しかし、受験生の質と量についての間接的効果も大きくないが、完全に否定もできないので、大学はスポーツ重視をやめられない。自分だけやめれば競争に負けてしまうという「軍拡競争」の発想に陥いりやすい。

Division III では、選手への奨学金は出ない、スポーツ推薦入試はあるが、スカウトされない一般学生が入学後に入部する（Walk-onと呼ばれる）ケースも多い。Division III の場合は、SATの中央値は、アメフトチームのある大学、アメフトの勝率の高い大学では高くなっている。ただ、男子選手の全学生数に対する比率が高いと中央値は下がり、女子選手の比率が高いと中央値はあがる。六年以内にその大学を卒業する卒業率についても同様の効果があった（Segura, and Willner 2019）。Division III の学生にとって、スポーツ観戦よりもプレーすることが、大学選択にとって重要になる。大学の正式な部員となり、ユニフォームを着てプレーしたいのである。それほど優秀な選手がチームにいないので、観衆は少なくても、試合に出るチャンスが大きいことが魅力である。その点、アメフト部があることは、大学がスポーツを重視している現れ、と学生はとらえる。アメフト以外のスポーツをしたい学生も志願してくる。New Saint Andrews College のマークル（Benjamin Merkle）学長は、Division III では、スポーツ施設を充実させることで、選手としてプレーしたい学生を引き付けるとして、「フルーティ効果」に対する（一九九三年の映画から）「ルディ効果」を主張した（Merkle 2023）[4]。

NCAAとは別の National Association of Intercollegiate Athletics（NAIA）はNCAAの Division III のような小規模私立大学が多いが、NCAAの Division III とは異なり、スポーツ選手奨学金は支給できる。NAIA所属の学生数一〇〇〇人強の宗教系大学を対象にした調査では、選手でない学生はその大学を選ぶ際にスポーツのことは考慮していないが、選手はスポーツ奨学金授受にかかわらず、スポーツを大学選びにおいて重視していた。それでも選手の五六・八％と、スポーツ奨学金をもらっている選手の三八・九％は、スポーツ部がなくても今の大学に入学していただろうと答えている（Brunett, et al. 2013）。

Division III には規模の小さい（学生数五〇〇〇人未満）大学が多い。その中には授業料も高く入学も難しいリベラルアーツカレッジ（卒業生は一流大学の大学院に進学することも多い）がある一方で、定員割れしている大学もある。そのような大学にとっては、スポーツが在学生を増やす、すなわち授業料収入を増加させることが期待される。二〇〇五年と二〇二〇年を比較して、専任監督数を増やした（Division III では監督はパートタイム勤務であることが多い）または種目数を増やした大学を、「スポーツを強化した」とみなすと、三二五大学のうち強化したのが二〇一大学（六二％）で、そうでないのが一二四大学（三八％）であった。強化した大学のうち在学生が増えたのが九一大学（四五％）で、増えなかったのが一一〇大学（五五％）、強化しなかった大学のうち在学生が増えたのが六四大学（五二％）で、増えなかったのが六〇大学（四八％）であった（Cook and Colin 2023; Moody 2024））。やはり期待通りにはならないが、「ルディ効果」は完全に否定されているわけでないので、Division III でもスポーツ重視はやめられず、まだ第6章で述べたように、Division III でも勝利至上主義による選手の健康・安全の軽視という問題が起こる。

（2）寄付金への影響

大学はスポーツでの戦績が良いと感動した卒業生からの寄付が増えることを期待している。Turner, Meserve, and Bowen（2001）は、ノートルダム大学など私立の Division I-A の強豪校、プリンストン大学などアイビーリーグ校（I-AA に属しており、スポーツ選手奨学金は出さない）、Division III のリベラルアーツ校（スポーツ奨学金は出さない）の合わせて一五大学に一九七六年秋に入学した一万五三五一人の、一九八八－八九年度から一九九七－九八年度までの一〇年間の母校への寄付率（卒業生の中で寄付した人の比率）と、一人当たりの寄付金額と、直前のアメフトの勝率との関係を調べた[5]。全体的にはアメフトの戦績は寄付金の増加に必ずしもつながっていない。私立強豪校の元選手はスポーツに使途を指定した寄付の寄付率と一人当たり寄付金を増やしている。アイビーリーグの元選手は、一般向け寄付でもスポーツ向け寄付でも寄付率を上げているが、一人当たりの寄付金は増えていない。リベラルアーツ大学の元選手はスポーツの思い出を課外活動全体ととらえており、寄付もスポーツ向けではなく一般向けの寄付が多くなる。元一般学生はどのタイプの大学でも寄付率も一人当たり寄付金も増やさない。私立強豪校の元一般学生は一般向け寄付金に関してはは一人当たりの寄付金額を減らしている。これは、スポーツが好調ならば大学は潤っているので寄付金はいらないと考えているためと思われる。

Meer and Rosen（2009）は、匿名の研究大学の卒業生による寄付の時系列分析であるが、男性はアメフトやバスケットボールとは関係なく自分がプレーした種目のチームがコンファレンスで優勝すると翌年は、スポーツに使途指定した寄付金も一般の寄付金も増やした。女性は自分のチームもアメフトもバスケットボールも関係なかった。男性は自分が四年生のときに優勝した人は生涯を通して寄付をしている。Grimes and Chressanyhis（1994）はミシシッピ州立大学の教学使途指定寄付金の時系列分析であるが、州政府からの予算が減ると危機感を持った卒業生による寄付金は増え、アメリカの平均所得が増える（景気が良い）と寄付金は増える。野球のテレビ中継回数（中継回数そのものが少ないので価値があり、同大学は強い）とバスケットボールの勝率は寄付金を増やす。一方、アメフトの影響力は小さく、むしろＮＣＡＡから保護観察処分を受けた年の寄付金は減少する。

Humphreys and Mondello（2007）の調査では、使途指定寄付金はスポーツ以外の使途指定も含んでいるのだが、Division I の大学において、州立大学ではアメフトのボウル出場とバスケットボールの March Madness 出場は使途指定の寄付金を増やす。トップ25のランク入り（ボウルゲームや March Madness 出場より難しい）やナショナルチャンピオン（さらに難しい）は影響がなかった。私立大学では、バスケットボールの March Madness 出場、Top 25 のランク入り、ナショナルチャンピオンは使途指定寄付金を増やした。アメフトは影響力がなかった。使途を指定しない寄付金については、スポーツは影響力がなかった。この調査における使途指定寄付金は、すべてがスポーツ向けとは限らないのだが、スポーツに感動したファンがスポーツに使われる寄付を増やしたいので、使途指定寄付金が増えていると考えられる。

Stinson and Howard（2007）は、I-A 校を対象にしたものだが、アメフトの戦績が良いとスポーツ向けの寄付金が増える。これは卒業生も非卒業生も関係なかった。一人当たりの寄付金は増えていないので、新たに寄付をするようになった人がスポーツに使途指定した寄付をしている。結果として寄付金の中でのスポーツ寄付金の比率が増えることになる。大学ランキングで上位の大学では元々卒業生の使途不特定（教学向け）の寄付が多いのだが、スポーツの戦績がスポーツ寄付金を増やすことは、程度は弱いが起きている。Stinson and Howard（2008）はDivision I-AAとI-AAAを対象にした分析だが、とくにDivision I-AAではスポーツの戦績が、寄付金する人の数、一人当たりの教学に使途指定の寄付金、スポーツに使途指定の寄付金それぞれを増やした。とくに卒業生からの寄付金でこの傾向が強い。Division I-Aと比べて、今まで寄付していなかった人が寄付する点は同じだが、スポーツ以外の使途の寄付金も増やしている。教学向け寄付金も増える可能性があるので、Division I-AAやI-AAAもスポーツ重視をやめられない。

Division I-Aのオレゴン大学は、一九九四年以降、アメフトで戦績が良くなった。もともと非卒業生はスポーツへの寄付が多かったのだが、アメフトが強くなるとますますその傾向が強まり、卒業生でも教学よりスポーツが重視されるようになった。一九九四年から二〇〇二年で、卒業生の寄付で全額が教学向けというのは、四一・五％から三〇・五％に減少し、全額がスポーツ向けの比率は二六・八％から三八・七％に増加した。非卒業生では、教学向けは二六・六％から一二・八％にさらに低下し、スポーツ向けは四二・一％から六三・五％に増えた（Stinson and Howard 2004）。

一般教学向け寄付金が増えなくとも、スポーツ向けの寄付が増えることでスポーツ部が受ける大学からの補助金が減れば、大学は他の目的にお金を使えるようになるのだが、基本的にはスポーツ部は増えた収入を支出に回すので、財政的に余裕ができるわけでない。Gaithwaiter,et al.（2020）が示したように、スポーツの収入は大学からスポーツ部への支援を増減させない。さらに、強豪校はもともと大学から補助金をもらっていないことが多いので、スポーツ部の黒字によって大学の財政負担が減ることはない。前述したように、スポーツの強豪校で、よほど余裕が出たスポーツ部が初めて大学本体に資金を提供するようになる。

一九七六年から二〇〇八年に発表された一四の論文を用いたメタ分析（研究成果を統合して共通の結論を見出す分析。手法が共通のものでないと統合できないので、選択された対象論文の数は限定される）を行ったMartinez, et al.

(2010) によれば、私立・州立を問わず、スポーツの戦績は小さいが有意に寄付金を増やす。卒業生の寄付金増加の方が非卒業生よりも顕著である。I-A の方が I-AA よりも影響は強い。アメフトの戦績の方がバスケットボールより影響は大きいことが明らかになった。バスケットボールは March Madness によって若い世代に人気があるので、一九九〇年代以降の卒業生の寄付には影響力が高まることも考えられる。ただ、第5章で述べたように、アメフトの方がNCAA本部への納付がなく、収入が大学に直接入ってくるので、大学はアメフトを強化したがっている。

(3) Division I に所属する意味

州立大学におけるスポーツの戦績と州政府からの予算交付について考察したい。アメフトにおけるボウルゲーム出場は州政府からの財政支援に有意にプラスの効果があり、勝率数もプラスだが、勝利数の二乗がマイナスで有意なので、逆U字型となり、戦績は五割よりも少し良く、州内のライバル校に勝ち、ぎりぎりでボウルゲームに出場する程度で、州政府からの予算は最も増えやすい。ただ、それよりも大きな影響があるのは、Division I であるか否かということであった (Humphrey 2003)。カバーする年数がより新しい、Alexander and Kerp (2010) によれば、バスケットボールでは勝利数と州政府からの交付金の間で逆U字関係が存在したが、アメフトでは見られなかった。ただ、ここでも重要なのは、Division I にいることであった。I-A 校では、アメフトもバスケットボールも勝利数が予算の増加につながる。Jones (2015) によれば、二〇〇〇年から二〇一〇年に I-AA から I-A に昇格した六大学は、同じような属性の大学に比べると、州政府からの予算が増加した。

I-A で注目を集める重大な試合では、学長が特別席に実業家や州政府関係者を招待したりする。ずっとスポーツの話ばかりしているわけではない。大学について理解を深めてもらえば予算にも良い影響が出るであろう。スポーツ好きの政治家や実業家は特別席に喜んで来てくれるわけだが、学長はそこでスポーツ以外のことを知ってもらう機会を持てるのである（Clotfelter 2011, pp.142-143）。

Division Iの所属校であることが重要なので、多くの大学がDivision I、さらにI-Aへの昇格を目指している。ただ、昇格のためには収益のあがるアメフトとバスケットボールだけでなく、男女合わせて一四種目（女子七種目以上）でチームを持たなければならず、コストがかかる。実際、Orzag and Orzag（2005b）によれば、一九九四年から二〇〇二年の間にDivision Iに昇格した二〇大学の、昇格後の収入の増加と支出の増加をそれぞれ少ない方から並べると、下位では支出増加額の方が多い（下から同じ順位の大学同士を比べているので、同じ大学とは限らない）。収入増加が支出増加を上回るのは、収入増加が上位二五％より上の大学のみである。すなわち四分の一の大学しか純収益が増えないのである。Tomasini（2005）によれば、一九九三年から一九九九年の間にIIIやIIからIに昇格した大学の、昇格前と昇格後のそれぞれ三年間平均で寄付金、アメフト入場者数、志願者数の増加数は、従前からI-AAにいた大学に及ばず、IIやIIIの大学のレベルと同じである。昇格した大学は依然としてI-AAよりもIIやIIIの大学に似ているのである。むしろ、昇格した大学では、昇格するまでの熱気が、昇格してしまうと薄れてしまう。また、Iに上がって、レベルが高くなるので戦績は悪くなり失望するファンも出る。昇格が成功するのは、人気のあるコンファレンスに入れた場合、つまり強い競争相手を持った場合である。したがって、単にDivision Iに昇格するだけでなく、その中でI-A、さらにその中のPower 5に入ることが重要なのだが、簡単な道ではない。しかし、多くの大学がPower 5に入りたがり、また、コンファレンス側もテレビ中継のため地理的マーケットを広げたいので、第4章で述べたように有力コンファレンスがますます巨大化するのである。

このようにスポーツの戦績は必ずしも期待通りの結果をもたらせない。ポストシーズンのボウルゲームやMarch Madnessに出場する、トップ25位に入る、ナショナルチャンピオンになる、など顕著な戦績が、志願者、寄附、州政府予算でプラスの恩恵を大学にもたらすことがある、という程度である。また、それまで弱かったチームが好成績をあげる「シンデレラチーム」や古豪の何十年かぶりの復活の場合には、効果がある。強豪校は岩盤層のファンを持つので、勝率が多少変わったことからの影響力は小さい。

重要なことは、スポーツは勝ち負けがつくので、ある大学の勝利は対戦相手の敗戦であり、ゼロサムゲームで、努力しても戦績が上がるとは限らないことである。スポーツは順位付けの競争なので、自己最高記録を出しても相手がそれを上回れば勝つことはできない。努力してもアメフトやバスケットボールでポストシーズンのボウルゲームやMarch Madnessへの出場、トップ25ランク入り、ましてはナショナルチャンピオンになるなど、実現する保証はない（Frank 2004）。すべての大学がアメフトやバスケットボールのトップ25に入れるわけではない。良い戦績が志願者の量と質や寄付金増加といった目的達成が約束されたものでないのに加え、スポーツを重視したとしても良い戦績が得られるとの保証もないのである。しかし、スポーツ予算（スポーツ部の赤字補填のための支出）は総予算に比して小さいので、大学は夢を追い続けてしまう。不正や過熱がキャンパスへの悪影響をもたらす可能性は看過される。

3　悩める大学

(1)　名門校のスポーツ軽視への転換

第2章で述べたように、ハーバード大学、エール大学、プリンストン大学は一九世紀末のアメフト創生期には"Big Three"と呼ばれ強豪だった。ルール作りでも大きな影響力を及ぼした。これにコロンビア大学、ペンシルベニア大学、ブラウン大学、ダートマス大学、コーネル大学を加えた八大学は「アイビーリーグ」を結成している。「アイビーリーグ」としてのライバル意識・仲間意識は持っていたが、通称として広まるのは一九〇〇年以降で、正式にコンファレンスとして成立したのは一九五四年である（中山 1994, p.224）。ただ、アイビーリーグ校はNCAAがSanity Codeの失敗を受けて一九五七年に解禁してしまうスポーツによる奨学金を、一九四五年の時点で行わないことを取り決め、スポーツ重視の方針を改めたのである。その後もアイビーリーグ校は文武両道を提言したので、アメフト強豪の旗艦州立大学と対立するようになった。第

4章で述べたように、一九八〇年にNCAAはDivision I-Aの定義を厳しくして、アイビーリーグ校はI-AAに追いやられた。しかし、これらの大学は予算が豊富なので、キャンパスに寮を作り一年生はそこに居住させ、課外活動には積極的である。もともと資産もあり、スポーツ奨学金も出さないので、アイビーリーグ校は多くの種目でチームを持っている。Division Iは最低でも男女合わせて一四種目のチームを持たなければならない。アメフトとバスケットボールに資源を集中させて、一四種目ぎりぎりの大学もある。ミシガン大学やオハイオ州立大学のような強豪州立大学はアメフトやバスケットボールを重視していてもスポーツ部が黒字なので、三〇種目以上運営している。しかし、提供している種目数が一番多いのはハーバード大学の四二種目である（Njuguna 2023）。アイビーリーグそのものが男子一四種目、女子一五種目で競っている。すべての大学がすべての種目に参加しているわけではないが、ハーバード大学、プリンストン大学、ペンシルベニア大学はこれらすべての二九種目に参加している。スポーツ重視をしないことで、かえって学生がスポーツをする機会は増えているのである。

一九二〇年にスポーツ部予算が上位一〇〇の大学のうち、二〇一〇年で六三大学は一〇〇位に入っている。四〇弱が脱落したのだが、そのうち二八大学は、大学院での研究は行わないが学部教育レベルは高いリベアルアーツカレッジであった。これらは、Division IIIに属し、スポーツ奨学金をやめた（Sanderson and Siegfried 2018a）。戦後、高等教育の拡大に伴って、州立大学が規模を拡大しアメフトでも予算を維持できるようになった。リベラルアーツカレッジはスポーツ投資競争に追いつけず脱落した。アイビーリーグ大学もDivision I-AAに移り、上位一〇〇大学ではなくなった。これ以外でアメフト重視をやめたのがシカゴ大学である。

シカゴ大学は第2章で述べたように、一八九〇年にロックフェラーの寄付によって設立された。ロックフェラーは大学の運営は信頼するハーパー学長（在任一八五六－一九〇六年）に任せ大学運営には干渉しない、「カネは出すがクチは出さない」寄付者であった。[6] シカゴ大学は豊富な資金のおかげで優秀な教授を招き、すぐに一流大学になった。ハーパー学長はアイディアが豊富で、通信教育、（セメスターに代わる）クォーター制、印刷した大学チラシなどを始めた（Lawson and Ingham 1980）。大学院はすぐに有名になったが、学部の知名度は不足していたので、ハーパー学長はエール大学の教員時代の教え子であったスタッグを選手兼監督として採用しアメフトを強化した（Lester 1999）。ハーパー学長はプロの選手を使うことには批判的だったがスポーツの監督を教員として採用し、スポーツ選手向け奨学金や家庭教師も容認した。体育授業を必修にして、その受講者の中から有望な選手を見つけてアメフト部に入れた。

次のジュドソン（Harry Judson）学長（在任一九〇七－二三年）は、ハーパー・スタッグ路線を継承し、スポーツ重視主義をとっても弊害は抑制できると考えていた。バートン（Ernest Burton）学長（同一九二三－二五年）は、スポーツが商業的になっても、チームプレーやスポーツマン精神の教育価値があると考えた。メーソン（Charles Mason）学長（同一九二五－二八年）は、アメフトが大学に仲間意識をはぐくむことは認めるが、過熱には疑問も持っていた。しかし、一九二九年に就任したハチンス（Robert Hutchins）学長（一九四五年まで学長、一九五一年まで総長）は、知的教養教育を重視し、実学教育に批判的だった。大学の金儲け主義を批判し、スポーツ重視路線を見直した。三年生に進学するためには二年生の終わりに試験を受けなければならなくして、体育の必修はやめた。スポーツ選手は試験勉強のためスポーツに専念できなくなり、体育の受講生からスポーツ選手をスカウトすることも難しくなった。こうして、アメフトの戦績はどんどん悪くなっていった。一九三九年にはミシガン大学に八五対〇で破れ、試合すること自体が危険になった。ハチンス学長は一九三六年からすでにアメフト重視をやめることを提案していたが、一九三九年に理事会が正式に認め、Big Ten から脱退した（Lawson and Ingham 1980; Lester 1999）。知名度は確立したので、スポーツの役割は終わったという判断であった。不要になったアメフトスタジアムのロッカールームでは、第二次大戦中の原子爆弾開発の「マンハッタン計画」で、イタリアから亡命してきたフェルミ（Enrico Fermi）が核分裂原子炉を製作した（Zimbalist 1999, p.9）。

シカゴ大学は一九六九年にアメフトを再開した。ただし、スポーツ奨学金を出さない Division III で、スタジアムもかつての五万五〇〇〇人収容のものでなく一六〇〇人収容のものである。シカゴ大学は研究での名声に比べると、学部の知名度が劣るという傾向は続いていた。同大学は、ベービーブーマーが卒業したあとの一九八〇年代以降は、学生をひきつけるためにはアメニティも重要だとして、スポーツを完全に無視することはやめた（Dosh2013, p.141）。

シカゴ大学に比べるとアカデミックでもスポーツでも秀逸さでは及ばないが、私立のワシントン大学セントルイス校も一九四二年にスポーツ重視をやめた（Clotfelter 2011, p.50）。Missouri Valley Intercollegiate Athletic Association（MVIAA）という老舗コンファレンスで戦っていた（この中の強豪校が今日の現在の Big 12 につながっている）が、脱退した。同大学はその後、シカゴ大学教授で「マンハッタン計画」に貢献したノーベル物理学賞受賞者のコンプトン（Arthur Compton, 兄の Karl はマサチューセッツ工科大学学長）が一九四五年に学長になり、研究重視になっていった。シカゴ大学もワシントン大学も現在では Division III で同じコンファレンス（University Athletic Association: UAA）に属している。

（2）スポーツ重視の見直し論争

ルイジアナ州の私立リベラルアーツカレッジのセンテナリ大学は、二〇一一 - 一二年のシーズンに Division I から Division III に移った。また、アラバマ州の私立のリベラルアーツカレッジのバーミンガムサザン大学も同様であった。一方、ノースイースタン大学、イーストテネシー州立大学、ロングビーチ州立大学、パシフィック大学ではアメフト部を廃止した。アメフト部そのものも赤字なので、廃止した方が純益として改善するからである。ノースイースタン大学は二〇〇九年にアメフト部を廃止したのだが、最後の三シーズンは八勝二六敗で、一試合の平均入場者数も一五〇〇人であった。廃止後の一〇年で志願者数は三万四〇〇〇人から六万二〇〇〇人に、新入生のSATの平均点は一二八八点から一四五七点に、研究費は六三九〇万ドルから一億七八六〇万ドルに増えた。アメフト部廃止の影響はまったくなかった（Pennington 2019）。

また、バンダービルト大学は、強豪ひしめくSECの中で唯一の私立大学である。アメフトは弱いが男子テニスや女子バスケットボールはSECの中でも強い。ギー（Gordon Gee）学長が、スポーツ部を廃止し、サークル活動やリクリエーション活動と一緒に管轄することとして、学生スポーツ・リクリエーション・厚生室を設け、学生部の下に置くことにした。スポーツ部が大学評議会、教授会、さらには学長からも超然とした治外法権になっていることが、スポーツの腐敗を是正できない原因となっていることが多いが、学生部の下に置くというのは英断である。バンダービルト大学は保護観察処分になったこともなく、もともとクリーンな大学であり改革しやすかったといえる。ギー学長はコロラド大学やオハイオ州立大学の学長も歴任したが、「この二つの大学では今回の改革は不可能だった」と認めている（Bechtel 2003）。

Division の降格やアメフト廃止でなく、完全にNCAAから脱退したのが二〇一二年のスペルマンカレッジである。ジョージア州にある Division III にいた私立黒人女子大学（かつては黒人向けに作られた。今は白人も受け入れるが黒人が多い）だが、大学対抗戦をやめてスポーツ部を廃止して、節約できた九〇〇〇万ドルを使って一般学生向けの健康教育を展開している。全校生二一〇〇人のうちスポーツ選手は八〇人いたが、猶予を一年与えている間に四〇人が卒業した。残った四〇人はスポーツ廃止に不満だったが転校はしなかった。二〇一四年には一三〇〇人がフィットネスの授業を受けている。黒人女性は若い時から肥満が多く、そのため糖尿病や高血圧を患いやすいので、健康への意識を高めてもらうことを目的にしている。そのため、スポーツでも道具・場所・相手が必要なバドミントンなどの球技よりも、一人でもできるヨガやジョギングを指導している（New 2014）。

アラバマ大学はタスカルーサが本校であり、毎年アメフトのナショナルチャンピオンを競う強豪である。分校であるバーミンガム校は I-A 校だったが、Power 5 ではない Conference USA に属していた。しかし、戦績も芳しくなく、アラバマ本校とオバーン大学の人気にはさまれて入場者数も伸び悩んでいた。アメフト維持のためには五年間で四九〇〇万ドルの追加支出が必要と推定され（Watson 2015）、二〇一四年一二月に経費削減のためライフル部と女子ボウリング部とともにアメフト部の廃止を発表した。しかし、ファン・卒業生からの抗議が殺到し寄付も集まった。学生も、負担するスポーツ費の増加を投票者の八四％の支持で可決した。市も五〇万ドルの資金提供を可決した。合計すると二〇一五年夏までに一七二〇万ドルの財政支援が集まった（Johnson 2015; Watsosn 2015）。ライフル部は二〇一五年に、ボウリング部は二〇一六年に、アメフト部は二〇一七年に活動を再開することになり、アメフトは従前どおりConference USAでプレーすることを発表した（Ingram 2015）。ただ、寄付があったとしてもアメフトの施設を改善するためには一三〇〇万ドルが不足していた。また良い選手は転校してしまった（Myerberg 2015）。しかし、監督（Bill Clark）が残っていたこともあり、二〇一七年以降はボウルゲームに出場するなど復活している。

ルイジアナ州立のニューオリンズ大学は二〇〇五年のハリケーン・カタリナによって甚大な被害を被った。学生数が減り財政も厳しいので、I-AAAにいることが苦しくなった。Division Iは男女で一四種目運営しなければならないのだが、一〇種目に軽減してもらっていた。その特例は二〇〇九年に切れることになっており、寄付金集めも苦戦していたので、二〇〇九年一二月に二〇一〇-一一年のシーズンからDivision Iから一二種目でよいDivision IIIに移ることにした（Hosick 2009）。ところが、二〇一一年にIIIではなくIIに移ると変更し、さらに、二〇一二年三月にはDivision Iに残ることを決定した（Hutchinson and Bouchet2012）。ニューオリンズ都市圏にある州立大学として、学生集めとコミュニティの活力維持のためにはスポーツ重視路線を取るべきだと結論した（Associated Press 2012）。

旗艦州立大学はいわゆる大学しかない大学町に所在していることが多い（郊外に建てられた大学が都市が拡大することで、都市圏に含まれるようになったケースはある）。一方、バービンガムやニューオリンズのような大都市の中にある州立大学はメインキャンパスではないことも多く、必ずしもスポーツの強豪ではないのだが、市民の間で「応援する大学がないのは寂しい」という心情が強いので、アメフト軽視や廃止に踏み切れなかった。しかしながら、大学に住民へのスポーツ観戦という娯楽の提供を求めているのはアメリカだけで、これが大学の適切な社会貢献なのかは考えてみる必要がある。

（3）スポーツ重視に転じたケース

ラトガース大学は一七六六年にオランダ改革派教会によって設立された、植民地時代の九大学の一つである。一八二五年に独立戦争の英雄（Henry Rutgers）の名前を取ってクイーンズ・カレッジから改称した。一八六九年にプリンストン大学と最初のアメフト対抗戦を行い勝利した伝統を持つ。しかし、その後、一九世紀後半にはハーバード大学、エール大学、プリンストン大学などは研究重視になったが、ラトガース大学はモリル法で農学の資金は受け取るが、リベラルアーツの学部教育重視の大学であった。リベラルアーツカレッジとしてスポーツは学生の体育の授業として、また課外活動としては重視していたが、アメフトなど大学対抗戦は重視していなかった。

第二次大戦後、GI Bill による復員兵への奨学金によって高等教育の門戸が開かれ、ベービーブーマーが一九六〇年代に大学に進学した。ラトガース大学は一九二〇年に教会との関係は断っていたが、一九四五年に私立大学の自立性の下で、州の財政支援を受けて高等教育の拡充の受け皿になるという方針を取った。しかし、一九四七年に大学のための州債の発行は住民投票で否定された。その後、一九五五年に評議会が設立され一一人のうち六人が州知事の指名となり、一九五六年から州立大学となった。ニュージャージー州の旗艦州立大学となり研究も重視するようになった。規模が拡大する中でスポーツを重視すべきとの意見も出てきた。ウァーブリン（David Sonny Werblin）は芸能会社の社長でプロのアメフトチームのニューヨーク・ジェッツのオーナーでもあり、一九六五年に理事、一九七一年に評議員になっていたが、スポーツ重視を主張した。グロス（Mason Gross）学長とツウィチェル（Albert Twitchell）スポーツ部長は慎重であった。

一九六八年に学生の反発で体育の必修は廃止された。これは一九六〇年代の学生運動の流れの一つであったが、スポーツ部の予算にとっては朗報であった。授業として体育を重視しつつその費用は、それほど強豪でもないアメフトの収入から捻出してきたのであった。体育科目の廃止で浮いた経費はアメフトに還元できるようになった。

一九七一年に就任したブルースタイン（Bloustein）学長は一九七九年に死去し、ローレンス学長（Francis Lawrence）になった。スポーツ部長には一九七三年からグルニンガー（Frederick Gruninger）になっていたが、この二人の下でスポーツ重視が進んだ。一九九〇年代になると、アメフトは「オクラホマ大学判決」以降の放送の自由化、バスケットボールはMarch Madnessの人気で、スポーツの商業化が進んだ。一九九八年にスポーツ部長になったマルカヒー（Robert Mulcahy）は海軍、州政府、さらにスポーツマネジメント会社での経歴を持っていた。大学でアメフトをプレーしたことはあったが、大学スポーツの指導・管理には経験のない人物であった。しかし、彼は豊富な人脈を駆使し、組織運営の経験を活かしアメフトを強化した。アメフトの監督は大学を渡り歩くようになっていたので、彼は若くて地元ニュージャージー州出身で高校生の勧誘のための人脈を持っている人物を求めた。プロでのプレー経験もあり、マイアミ大学でコーチ経験もあった三四歳のシアノ（Greg Schiano）を監督に指名し、当初の不振には目をつぶったところ、ボウルゲームの常連になった。女子バスケットボールはストリンガー（Bibian Stringer）監督の下で二一世紀初めに強豪になった。二〇〇六年にマルカヒーはアメフトへの資金を集中させるため、男子ボート、男子・女子フェンシング、男子競泳・飛び込み、男子テニスの廃止を発表した。反発もあったので廃止を一年間先延ばしし、ボート部はクラブ（公認サークル）として支援した（Mulcahy 2020）。

大学のスポーツ重視に対しては学生や教員から批判の声があがった。中心人物は英語科教授のダウリング（William Dowling）であった。彼はスポーツに反対でなく、ボート部のファンであることを自認していたが、アメフトの過熱を批判した。ダウリングは学生がスポーツ観戦に夢中になり、「パーティアニマルの文化」

ができると、教育の質が下がると懸念していた。ラトガース大学では優秀な学生は嫌気が差し、他大学に転校している、デューク大学がアイビーリーグに追いつけないのも、この文化のためである、と述べていた。選手の家庭教師に七五万ドルも使うが、アイビーリーグ並みの優秀な学生が受講してくれた Honor Program は一九九〇年代半ばに予算が減らされ骨抜きにされた。バスケットボールチームの豪華なロッカールームが報道されたことも批判を招いた。Rutgers 1000（一〇〇〇人の署名を集めることを目標にした）というグループが結成され、スポーツ奨学金の廃止と強豪コンファレンスを脱退しマイナーなコンファレンスに移ることを理事会に提案した（Dowling 2007）。

ただ、学内外の雰囲気はスポーツ重視であった。「納税者が強いスポーツを求めているから文句を言うな」という意見が強かった。新聞もラジオ局もアメフトの不振を批判し、むしろアメフト重視をたきつけた。学生新聞はスポーツ部から広告料を払ってもらっているのでスポーツ重視路線であった。こうして、ラトガース大学は大西洋岸の大学を含めたい Big Ten の拡大路線に乗って、Big Ten に加盟した。

カリフォルニア大学サンディエゴ校（University of California, San Diego: UCSD）は、一流の研究大学であるが、スポーツでも Divison II から Divison I-AAA への昇格を決めた。ＵＣＳＤの前身は、一九〇三年に設立されたスクリプト海洋研究所であるが、海洋生物学だけでなく地球物理学や、さらに、海軍のための軍事研究も行っていた。サンディエゴの人々は、一九二四年以来、カリフォルニア大学の分校の開設を求めていたが、州内には州立大学はバークレー校とロサンゼルス校で充分ではないかという意見も根強かった。それでもＵＣＳＤは研究重視の大学として、一九六〇年にまず大学院が、そして一九六四年に学部が開設された。「西のマサチューセッツ工科大学」「州立のカリフォルニア工科大学」を目指した。カリフォルニア州は経済が好況で、ＵＣＳＤも予算が潤沢だったので、優秀な研究者を集め、開学後まもなく一流研究大学となった。[7] スポーツに関しては Division II の強豪であった。カリフォルニア大学ではバークレー校とロサンゼルス校（UCLA）がスポーツの強豪であった。とくにＵＣＬＡはバークレー校への対抗意識から、スポーツを重視し、バスケットボールではMarch Madnessで何度も優勝し、またアメフトでも同じロセンゼルスの南カリフォルニア大学のライバルであった。他のカリフォルニア大学のキャンパスもDivision Iで活躍しているのでUCSDでもDivision Iへの昇格が議論されるようになった。UCSDは二〇〇〇－〇一年シーズンからDivision IIに入った。女子サッカーはDivision IIIの最終年度、Division IIの最初の二年でチャンピオンになっていた。二〇一八－一九年シーズンでは、総合成績でDivision IIの二六八校の中で二位であった（UCSD Tritons 2020）。

しかし、Division IIからDivision Iへの昇格には施設充実のための費用が必要で、学生から徴収するスポーツ費の増額が提案された。二〇〇四年には学生投票で否決された。二〇一〇年にも昇格を検討したが、受け入れるはずのBig West Conferenceは、ハワイ大学の加入を受け入れメンバー数が一〇になってしまったので、UCSDの入る余地がなくなった（対戦のスケジュールを考慮するとメンバーは偶数が好ましい）。二〇一二年の学生投票でもスポーツ費の徴収費増額は六四〇七対四六七三で再び否決された。しかし、二〇一六年の投票では、六一三七対二五六七の大差で、現行の一クォーター一二九・三八ドルを二八九・三八ドルに増額する案が可決された（Zeiger 2016）。アメフトをしないBig West Conferenceのメンバーとして二〇二一－二二年のシーズンから参加し、二〇二四年夏までに完全な移行が完了する予定である（二〇一三年にパシフィック大学が脱退しており、UCSD含めて二大学が加入し、一一大学と奇数になったのだが、今回は受け入れられた）（UCSD Tritons 2020）。エドワーズ（Earl Edwards）スポーツ部長は「スポーツはアカデミックの秀逸さを反映する」と述べた（Hoffman 2016）。スポーツの強豪は旗艦州立大学なので、Division Iになることが名誉のように感じれられるのだが、UCSDはすでに一流研究大学であることは認知されているので、更なる知名度向上のためのスポーツ重視が本当に必要かは疑問である。Division Iになっても、UCLA校やUCバークレー校にバスケットボールで対抗できるようになるとは到底思われない。

ニューヨーク州立ビングハムトン大学（State University of Newyork（SUNY), Binghamton, 以下BU）は、Division III に属していた。同じニューヨーク州立大学機構（SUNY）のバッファロー校が Division III から Division I に昇格し、オーバニー校とストーニーブルック校もまず Division II に昇格し、のちに Division I に昇格したことに刺激され、昇格を目指した。一九九五年に学内の委員会は、一九九八年秋に Division II に昇格することを提案した。大学評議会の委員会は反対したが、総会では提案を差し替え、Division II に昇格した後に Division I に昇格するか Division III に戻るかは将来決めるということで承認された。教学の軽視につながらないか、財政面で問題ないかは懸念されたが、一九九八年秋から実際に参加した。さらに一九九九年春には、学内の委員会が、二〇〇一年秋からの Division I への昇格を提案した。大学評議会の総会は否決したが、もともと大学評議会には諮問の役割しかなく、決定権はなかった。学長は昇格を決定し、American East Conference（AEC）に加入することになった（Kaye 2010）。

ＢＵはバスケットボールを重視していた。ウォーカー（Al Walker）監督時代から、短大卒の編入生を受け入れていたが、数は抑制していた。しかし、二〇〇七年に就任したブローダス（Kevin Broadus）監督は、ジョージタウン大学のコーチ時代から編入生を積極的に受け入れていた。公立高校では単位を取れない生徒を、ＮＣＡＡが認定しなくなった Diploma Mill の学校に入れて卒業させていたことが報道されていた。彼はＢＵの監督になってからも、他大学で素行や学業で問題を起こした選手も受け入れた。入学部が難色を示しても、監督の意見は大学幹部によって支持され、入学が認められた。その結果、ＢＵは二〇〇九年三月にはＡＥＣのチャンピオンになった。

しかし、入学させた選手たちは、二〇〇九年秋に薬物所持、交通違反、暴行傷害など次々に罪を犯した。ついに、女子学生のクレジットカードを盗んで買い物をしたことが明らかになり、五人の有力選手の退部に至った（Thamel 2009, Kaye 2010）。ＳＵＮＹの総長であるジムファー（Nancy Zimpher）は、スポーツに厳格な人物で、デフラウア学長に対して説明を求めた。これが退部処分につながったと考えられる。ＡＥＣの他大学の学長もBUはAECの評判を貶めているだけだと批判した。

コミュニティ・公共政策学部の人的発展学科（College of Community and Public Affairs, Department of Human Development）はクラスター化しており、バスケットボールの一六人の選手のうち一一人が専攻していた。この学部では体育の授業の単位を二〇〇九年四月までは無制限に一般教養の単位として認めていた。三人のバスケットボール選手に対して、欠席が多いから単位を与えないと主張した非常勤講師のデア（Sally Dear）に対しては、「試合で欠席したからだ」と成績を変更するよう大学側から圧力がかかった。出席重視の成績評価はシラバスに明記されているので、それを知って履修した選手を特別扱いする必要はなかった。デアは彼らは出席しても受講態度が悪いと述べたが、落第にはしないことでは妥協した。デアは『ニューヨークタイムズ』の取材に対して、スポーツ部長から圧力があったと発言したが、大学は彼女から聞き取りもせず、「事実無根である」と発表し、二〇一〇年度からの彼女の契約を更新しないこととした。彼女ともう一人の非常勤講師が解雇を告げられたが、新たに三人が雇用されているので、表向きの理由とされた財政難のためではないは明らかだった（彼女はSUNYの別のキャンパスで教えている）。

しかし、選手から逮捕者が出たので、二〇〇九年九月にはスィラー（Joel Thirere）はスポーツ部長を辞任した。ブローダス監督も有給の無期定職となった。ブローダスは自分は黒人なので不当に差別されたとして、BUとSUNYを訴えて一二〇万ドルの和解金（早期退職金割増）を得て退職した（Thamel 2010b）。NCAAは逮捕者については司直にゆだねたので処分の対象とせず、コーチから選手への旅費の提供など軽微な違反のみ認定した（Thamel 2010a）。しかし、主要選手が退部したので、その後、BUは二〇一二年にかけてDivision I最長の二七連敗を記録した（Thamel 2012）。BUはDivision Iに昇格しても知名度が上がるどころか、無理なスポーツ強化によって大学生にふさわしくない選手を入れることで、大学の評判を落としただけであった。

注

1 アメフトはたとえば一九七九年秋からのシーズンならば、一九八〇年一月にチャンピオンが決まる。翌年とは、一九八〇年秋入学の出願者である。バスケットボールは一九七九年のシーズンは一九八〇年の四月初めにチャンピオンが決まる。多くの大学で出願は終わっているので、「翌年」とは一九八一年秋入学の出願者である。「三年平均の増加分」とは優勝した年、その前二年間の平均と、優秀した翌年からの三年間の平均との差である。

2 景気が悪いと授業料負担が大きくなるので、進学を控えることがある一方、景気が良いと高卒での就職が良いので大学進学しないこともありえる。

3 学者は自分の支持したい仮説に合う結果が出るまで、コントロール変数を入れ替えているかもしれない。論文にはすべての回帰分析の結果が記載されているわけではない。

4 一九七〇年代に実在した選手を基にした映画（もちろん脚色されている）*Rudy* である。ノートルダム大学でアメフトをプレーすることにあこがれていた学生（Daniel Rudy Ruettiger）は、お金もなく、成績も良くなかったが、編入でノートルダム大学に入った。アメフトでもスカウトされてはいなかったが、飛び込み（Walk-on）で入部できた。ベンチ入りもできなかったが、熱心に練習してチームメイトの人望を集めた。四年生の最後の試合でベンチ入りし、選手たちの後押しもあり監督も試合最後のプレーだけは出場させた。彼は相手のクォーターバックをサック（タックル）して、「ノートルダム大学でプレーしたアメフト選手」として卒業した。

5 Wanless and Stison (2020) が示すように、寄付集めはスタッフの努力（卒業生への働きかけや大口寄付者への説得）の効果も重要なので、Turner, Meserve, and Bowen 論文では、寄付集めのキャンペーンをした期間か否かをコントロール変数に入れている。

6 名称もロックフェラーを冠することにこだわらず、「シカゴにあるのでシカゴ大学でよい」となった。今日、ニューヨークにあるロックフェラー大学は、野口英世も在籍したロックフェラー医学研究所が、ロックフェラー医科大学になってロックフェラー大学になったものである。

7　一九八七年にノーベル生理学・医学賞を受賞した利根川進マサチューセッツ工科大学教授（当時）は、一九六三年に京都大学理学部を卒業し、同大学院に進学するが、その年のうちに退学し、ＵＣＳＤの大学院に進学し一九六八年に博士号を取得している。設立当初から研究水準が高かったのである。

第8章　NCAAへの批判と改革の試み

1　NCAAへの批判

(1) 学長による改革の試み

NCAAは一九〇六年にアメフト廃止の危機を受けて設立された。その後の一九二九年のカーネギー教育振興財団の報告書に対しては、大学は反発を強め、改革の機運はそれほど盛り上がらなかった。第二次大戦後のSanity Codeは廃止に追い込まれた。しかし、一九五〇年代初め立て続けにスキャンダルが起こった。第2章で述べたバスケットボールで八百長が発覚して、名門ケンタッキー大学が一年間(一九五二‐五三年のシーズン)の対外試合禁止処分になった。一九五一年夏に陸軍士官学校でアメフト部八三人が試験で不正(先に試験を受けたクラスの学生が次のクラスに問題を教えたり、選手の学業支援のため大学が付けた家庭教師が問題を漏洩した)を行い、チームのほぼ全員が退学させられた(多くは他大学で奨学金を得られたが、選手にはなれなかった)。「正義の味方」であるべき陸軍の幹部候補生の不正は、市民にとって衝撃的であった。同じく一九五一年にアメリカでハーバード大学に次ぐ歴史を持つウィリアム・アンド・メアリー大学でも不正が発覚した。同大は戦後、男らしいスポーツを重視、アメフトの監督に教授より高い給与を出した。しかし、監督は選手の出身高校ならびに大学での成績を改竄し、登録していない科目に単位を与えるなどして出場資格を維持しようとした。アメフトだけでなくバスケットボールの監督、複数の教員、学長、学部長らがそろって辞任した。ブライト(Johnny Bright)はアイオワ州のドレイク大学の黒人クォーターバック兼ハーフバックでパスもできランもできる名選手だったが、やはり一九五一年に白人だけのオクラホマ農工大学(現オクラホマ州立大学)と対戦したとき、二度にわたり暴力的行為を受け、顎を骨折した。彼はのちにカナダでのプロ選手、さらに教育者（校長職）として大成したが、当時、彼の大怪我の写真が新聞で報道されるとアメフトへの批判が高まった。

これらのスキャンダルに対応するため改革の機運が高まったが、NCAAはSanity Codeで失敗していたので消極的で、代わって学長の集まりであるアメリカ教育評議会が検討することになった。しかし、その委員会の長はミシガン州立大学のハナー（John Hannah）学長であった。

ミシガン州立大学はランドグラント大学で、旗艦州立大学のミシガン大学に追いつこうとしていた。ハナーは一九四一年に学長就任後、国際的な農学研究を強化するとともに、旗艦州立大学の集まりであるBig Tenのメンバー大学と連携するとともに、スポーツ、とくにアメフトを強化した。彼は、スポーツはキャンパスの雰囲気を良くするが、教学には良くも悪くも影響を与えないと考えていた。地元保険会社の資金でスポーツ選手向けの奨学金（困窮度とは関係なく、学業成績がCならばもらえた）によって、良い選手を集めた。一九四二年にアメフト重視をやめたシカゴ大学がBig Tenから脱退したので、Big Tenへの加入を希望し、一九四八年に認められた。前述の奨学金は批判されたので廃止した。しかし、ミシガン州立大学では、七万七〇〇〇人収容の新スタジアムを満員するため勝利至上主義となり、選手の成績改竄、選手への裏金、選手の薬物使用などの問題が露呈していたので、ハナーがどの程度、踏み込んだ提案ができるか注目された（Shapiro 1983）。

それでもハナーは多くの大学スポーツの関係者と会い、一九五二年一月に提案をまとめた。そこには、ポストシーズンゲームの廃止、一年生のプレーの禁止、選手向けの特別入試の廃止が含まれ、監督は教員として雇われ、給与も教員並みに抑えること、スポーツは大学の学長・（教員から成る）評議会の管理下に置くことなど、二〇以上の提案がなされた。むしろ理想論に走って実現性が薄い内容になった。その中で最も注目すべき点が大学の認証評価において、スポーツを審査対象とすることであった。認証評価というのは、大学が他大学の教員から成る委員会によって、定期的に審査（書類審査・実地調査）を受けて、学位を出すにふさわしいかをチェックされるものである。その審査対象に、選手への報酬の有無、監督の給与の高さ、一年生がプレーをしていないか、などスポーツに関することを含める、という提案である。一九五三年に依頼を受けた北中部の認証協会（North Central Association of Colleges and Secondary Schools）は前向きに検討した。すでにアギー農工大学とブラッドレイ大学をスポーツでの問題によって、保護観察処分にしていた。しかし、多くの大学の学長とＮＣＡＡは、この提案に反対した。とくに一つの地区の認証だけが厳しくなることが批判された。学長らの反対によりこの提案は実施されなくなり、認証協会がスポーツでの改革が不充分としてオクラホマ農工大学に科していた保護観察処分も解かれた（Watterson 2000, pp.272-275）。

一九七〇年代、学長はＮＣＡＡの運営への参加に消極的になり、アスレティック・ディレクターが総会に参加することがほとんどになった。しかしながら、学長は自分がコントロールできないスポーツのスキャンダルによって責任を取らされることも快く思わなくなった。学長たちはまた自分の大学だけが改革しても試合に勝てなくなるだけなので、学長同士が連携し大学間で申し合わせて改革を行うことが重要だとも認識した。一九八四年のＡＣＥ総会は学長によるＮＣＡＡの改革が検討された。中心人物はハーバード大学のボック学長であった。ＮＣＡＡの中に学長評議会（Board of Presidents）をつくり、ここでの決定を覆すには総会で三分の二の賛成が必要にするという提案を行った。しかし、ＮＣＡＡ総会では、規定改正に必要な三分の二どころか過半数の票も集められず否決された。大学の代表であるアスレティック・ディレクターが学長の要望を無視した（Smith 2011, pp.168-169）。代わりに学長の顔を立てるために、権限を持たない諮問機関として学長委員会（Presidents' Commission）が作られた。

それでも学長委員会は一九八五年一月に第4章で述べた選手の入学基準を高めるProposition 48を提案し成立させた。ただし、黒人差別との批判から実施が後退していったことも第4章で述べたとおりであるが、そもそもＡＣＥは学長がメンバーなので白人男性がほとんどだった。一九八五年夏にＮＣＡＡ特別総会の開催を要求し、そこではスポーツの健全さを向上させるための改革を提案した。

その中で大学が五年に一度、スポーツについて自己点検（認証プログラム）を行うことが承認され、一九九三年から実施されることになった。また、過去五年に二回の重大違反を犯した大学には、（対外試合禁止などの）厳罰を科すことも決められた（Crowley 2006, p.68）。同じ種目でなくてもかまわないので、バスケットボールで大きな違反があった大学のアメフト部が大きな違反をしたら、アメフト部が対外試合停止になる可能性が生じた。アメリカでは珍しい連帯責任の様に見えるが、スポーツ部または大学が全種目の監督責任を持つので、種目は異なっても大きな違反をした大学が罰せられるという理解である。一九五三年に八百長によりケンタッキー大学のバスケットボール部の対外試合停止が命じられたことがあったが、改めて対外試合禁止を制度化したのである。これは一九八六年八月から施行されたが、この対外試合禁止という「死刑判決」が、第6章で述べたサザンメソジスト大学（SMU）に実際に適用された。提案そのものは四二七対六という圧倒的多数で可決された（Smith 1987）のだが、ＳＭＵへの死刑判決の適用がＳＷＣというコンファレンスの解体にまでつながってしまったので、その後、死刑判決は怖くて使われなくなった。

さらに一連の改革の中で、Division I の大学は選手の進級・卒業率について調査することが義務付けられた。違反をした監督・コーチは他大学に移籍していても処罰の対象になることになった。ただし、新しい雇用主は監督が処分を受けて指揮をとれなくなるのは困るので、契約に「旧所属先での違反が発覚して停職になったら給与は払わない」などを盛り込むことも勧められた。学長がスポーツ予算をコントロールし外部からチェックを受けることも定められた（Smith 1987）。学長による大学スポーツへの関与を強める改革が成立したのだが、その分、不祥事に対しては学長の責任が問われるようになった。ただ、従前からも、全く知らなかったスポーツでのスキャンダルの発覚で学長が辞任せざるを得ないことは起きていたので、少なくとも学長が問題点や違反について知るべき立場に置かれることになった点は評価できる。学長がスポーツの予算についての関与を強める提案が認められたことが、一九八七年での実際のコスト削減の提案につながった。一方、アスレティック・ディレクターは一連の改革について、学長の関与が強まることに警戒心を持った。

一九八七年一月のNCAA総会では、学長提案の改革が後退しそうな雰囲気だったので、学長らの提案で一九八七年の六月末に特別総会が開催された。今回は特に大学スポーツのコスト削減が提案された。Division I-Aのアメフトの奨学金件数を九五から九〇（新規授与数を三〇から二五）にする提案を行ったが、アスレティック・ディレクターや監督が反対したので三九対六九で否決された（Smith 1988）。バスケットボールの奨学金件数を一五から一三にする提案は、一九八七年一月のNCAA総会で成立していたが六月の特別総会で一五に戻す提案が可決された。アメフトのコーチの数を減らす提案は、何人が適切なのかを調査するまで棚上げとなった。学長側は通常は選手の厚生や健康の重視を主張していたので、奨学金の数を減らせば選手の厚生は損なわれるし、コーチの数を減らせば目の届かないところで事故が起こりやすいとの反論をされると弱かった（Smith 1988）。

のちに一九九一年、学長委員会の提案でNCAAはコーチの給与を制限したが、Law v. NCAAで敗訴したことは第5章で述べたとおりである。学長委員会の提案によって、一九九一年のNCAA総会でスポーツ選手向けの豪華な寮を一九九六年までに廃止することが決まった。しかし、過半数の入寮者が選手以外（既婚の学生、大学院生、教職員）であればよいことになった（大きな寮を作れば、ほとんどの花形スポーツ選手が豪華な寮に入れることが可能になる）（Zimbalist 1999, p.44）。大学がトレーニングルームやロッカールームを豪華にすることには規制がない。プロの施設は必ずしも豪華ではない。選手へは年俸で報いるからである。大学は選手への報酬を規制しているため、寮や施設を豪華にして選手をひきつけようとする。大学間の収入の差が魅力的な施設の差となり、戦力格差の拡大につながる（Hobson and Guskin 2017）。

一九九一年には南部の認証協会である、Southern Association of Schools and Collegesが、スポーツの管理の不充分さを認証拒否の理由として用いることを提案した。スポーツの違反は大学にとって（本来は名声に傷がつくのだが）それほど大きな痛手ではないが、認証評価が得られないことは大きな問題になる。卒業証書が価値のないものになるから、一般学生が入学しなくなる。カーネギー教育振興財団はこの方針を支持した。当然ながら、監督やアスレティック・ディレクターは反発したので、支持は広まらなかった。一九五〇年代もそうだったが、一つの地区の認証協会だけが行ってもインパクトは小さく、また特定の地域の大学だけを不利にするのは問題なので、スポーツを認証基準に入れる提案は支持を集めなかった（Smith 1991）。

NCAAは第4章で述べたように一九九六年に統治形態を変えて、各大学が一票を持つのでなく、Division Iのコンファレンスによる統治が強まった。有力校のNCAA改革への巻き返しであり、学長からの影響力は一段落してしまったと言える（Cowley 2006, pp.82-83）。一九八五年に決定され一九九三年から開始されることになっていた認証プログラムの実施は、五年ごとが一〇年ごとに緩められた。さらに、二〇一一年エメルト会長が認証プログラムを廃止した。手間がかかるという理由だが、不都合な事実を明らかにしたくないスポーツ部からの要望のためであった。二〇一五年に大学別達成度プログラムとなり、学長に対してのみ数字を提出するだけになり形骸化した（ガーニー・ロピアノ・ジンバリスト 2018, pp.112-113）。

学長は任期中にはスポーツ以外にも取り組むべき課題がある。スポーツの改革で理事、ブースター、卒業生と対決したくない。学長は学長職を渡り歩きながら、より名声の高い大学の学長になりたい。もめ事を起こした、という事実は経歴に傷つけ、出世に悪影響を及ぼすので、スポーツ改革には挑みたくない。一方で学長が、自分は管理していなかった大学スポーツの不祥事によって、退陣させられることは続いていた。メリーランド大学カレッジパーク校のカーワン（William Kirwan）学長は、「『クロニクルオブハイヤーエデュケーション』（大学関係者向け新聞）を読んでいたら、最近辞任した一一人の学長のうち九人はスポーツの問題が理由だった。そうはなりたくない。」と述べた（ガーニー・ロピアノ・ジンバリスト 2018, pp.113-114）。彼自身は、メリーランド大学やオハイオ州立大学でもスポーツのスキャンダルに悩まされるが、失脚はせず、メリーランド大学機構の総長になった。彼は、スポーツは学長がコントロールできない分野であり、改革には反対が多く、学長は実行できない、とも述べていた。

(2) 憲法修正第一四条問題

NCAAは大学スポーツの商業化や腐敗の歯止めとなっていないと批判される一方で、違反した大学に対する調査・処罰の手続きが公平でない、不当に厳しい、とも批判されてきた。NCAAはSanity Codeが廃止されると一九五四年に違反委員会（Infraction Committee）を設立して、NCAAのルールに違反している大学を調査し、奨学金件数の削減やポストシーズンゲームの出場禁止、のちにはテレビ放映の禁止などの処罰を行うようになった。それまでは会員総会で処分を決め、処罰も除名しかなく、機動的に運用しにくかったので細かい処分を設けた。

ネバダ大学ラスベガス校（University of Nevada, Las Vegas: UNLV）はターケニアン（Jerry Tarkanian）監督率いるバスケットボール部が有名であった。一九七七年、NCAAはUNLVのバスケットボール部での選手勧誘などで三八件の違反があると認定した。うち一〇件はターケニアン監督自身に対してであった。UNLVは二年間、バスケットボールトーナメントに出場できずテレビ中継もなくなった。UNLVはNCAA違反委員会の裁定を不服としてNCAA評議会に上告したが却下された。さらに、NCAAはUNLVに対してターケニアン監督の解任を求めた。UNLVは監督からヒラの体育科教授に降格させた（当然、給与も下がった）。ターケニアン監督はDue Process（「法の適正手続」）なしの処分は合衆国憲法修正第一四条違反だとして裁判に訴えた。

修正第一四条では、州政府が個人（アメリカ市民）の生命・財産・自由を奪うときには、執行前に個人に反論の機会（Due Process）を与えなければならない（反論の機会なしに奪ってはならない）とある。これは南北戦争後の一八六八年に制定されたもので、元奴隷も含めた、個人の法の下の平等を保証するものである。NCAAが選手を出場させなかったり、監督を停職させることは、金銭的損失（学生は奨学金を失ったり、プロ入りのチャンスが減るし、監督の収入も減る）をもたらすので財産を奪うことになるし、試合に出場させない、指揮をとらせないことは自由を奪うことになる。NCAAはDue Processをせずに処分をしていると批判された。第3章で述べたように「オクラホマ大学裁判」においては、原告の大学側は修正第一四条の問題も争点にすることが検討されたが、結局、反トラスト法違反に争点を絞った。

修正第一四条は州政府の行為に対して適用されるのだが、民間の組織であっても州から資金を得ていたり、州と密接な関係があれば州と見なされることがある。裁判では、原告はNCAAが州の関係組織であることを証明できなければ、Due Processを行わなかったことを、違法とは問えない。一九七三年にボストン大学のホッケーの選手が、出場停止になった処分についてNCAAを訴えた時は選手が勝訴した（Buckton v NCAA）。NCAAのメンバーの半分は州立大学であるし、ボストン大学は私立だが州政府から財政補助を受けていたので、NCAAの行為は州の行為とみなされ、Due Processなしでの処分は無効とされた。この判決後は、NCAAは州とみなされるようになっていた。ところが、一九八二年に最高裁はNCAAが直接の対象ではないが、州とみなすのに慎重な判決二件と積極的に解釈した一件の判断を同じ日に下した。私立学校の教員の解雇については、私立学校は州の組織ではないとみなされ、学校側の勝訴となった（Rendell v. Kohn）。老人介護施設の入居者を別の施設に移すことは、州の行為ではなくDue Processは不要と判断された（Blum v.Yaretsky）。一方、民間の債権者でも、州の係官と協力して債権の差し押さえをしていれば、州の行為だとみなされた（Lugar v. Edmonson）。判断は分かれていたが、それまで民間組織でも州の行為に該当することがあるとの判断が多かったところに、ブレーキがかけられた（Thopmson 1994）。その後、一九八四年に第四巡回区控訴裁判所は、イスラエル出身の学生の年齢による出場資格についての裁判（Arlosoroff v. NCAA）において、NCAAは州の組織ではない（Due Processを踏む必要はない）との判断を示した（US Court of Appeals for the Fourth Circuit 1984）。

ターケニアン監督はネバダ州の裁判では一審、控訴審、最高裁とも勝訴した。しかし、憲法の解釈なので連邦最高裁まで行き、一九八八年の判決では五対四でNCAA勝訴とした。NCAAはメンバー大学が自発的に参加している組織でUNLVは加入したくなければ加入しなければよい、NCAAは州の組織ではないので修正第一四条の対象にはならない、と判断された（US CRS 2004）。選手は処分されれば経済的損失を被るかもしれない。しかし、大学の行動指針に矛盾しないチームのルールに反したら、選手は適切な警告ののちに退部させられてもよい。選手がプレーするのは普遍的な権利（Right）ではなく特別な権利（Privilege）であるので、プレーができないことは修正第一四条違反とは問えない（Thatcher, et al. 2022）。

連邦議会ではネバダ州選出のサンティニ（Jamese Santini、民主党、一九八六年に共和党に鞍替え）下院議員が中心になり、NCAAの規則執行のプロセスが不公平、不平等、裁量的であることを批判し、一九七八年に一〇回にもわたって公聴会を開いた（US Congress 1978）。さらに一年間かけて調査を行い、違反を調査する過程での緘口令（聞き取りを受けたことを口外できない）の緩和や、メンバー大学以外の利害関係者の参加などの改善策を提案したところ、NCAAは一九八二年までにほぼ受け入れることを表明した。議会側にとっては満点の回答ではなかったが、これ以上の介入は行わなかった（Thompson 1994）。ただ、NCAAの処罰手続きについての不満は議会でくすぶっており、二〇〇四年にも公聴会が開催され、後述するように二〇二一年に、NCAA Accountability Act が提案されている。

一九九一年にネバダ州、ネブラスカ州、フロリダ州、イリノイ州がNCAAに対して、州が定めた一定の手続きを踏むことを義務付ける州法を制定した。同じ一九九一年にNCAAは再びターケニアン監督とUNLVのスタッフが選手勧誘で規程違反をしたと指摘した。これに対してターケニアン監督はNCAAが制定された州法に従うよう求めた。逆にNCAAが原告となり、ネバダ州のミラー知事（Robert Miller）を相手取って裁判を起こした（NCAA v. Miller）。一九九三年の第九巡回区控訴裁判所の判決では、州際事業（州をまたがって活動する事業者だが、支社や工場を持っている必要はなく、財・サービスが複数の州で提供されていれば該当する）に影響を与える州法は違憲であると判断され、NCAA勝訴となった（Thompson 1994; US CRS 2004）。ある州がNCAAに対してDue Processを義務付けるなど有利な立場になれば、そこの州立大学ではNCAAからの不正行為処分が軽くなるので、選手が集まりやすくなり、他の州の大学には選手が行かなくなるかもしれないので、大学スポーツという州際事業に影響を与えるのである。州際事業は連邦議会による「州際通商条項」(Interstate Commerce Clause) によってのみ規制できる。しかし、明確な連邦法がなくても、州際事業を規制できるのは州政府ではなく議会であることは合意されている、という Dormant Commerce Clause(「眠っている通商条項」)と呼ばれる概念が適用された。

一九八八年のターケニアン監督との裁判には勝ったが、NCAAはレーガン政権の元 Solicitor General(訟務長官:連邦最高裁の裁判における連邦政府の代表)でブリガムヤング大学学長になっていたリー (Rex Lee) を長として諮問委員会を立ち上げた。NCAAは裁判に勝っても、次の訴訟では負けるかもしれない、と自ら改革に動くことがある。新入生の出場資格での標準テストの点数、転校生の出場規制緩和、複数年奨学金もそうであった。リー委員会からの提言に従って、証言の録音、違反を認定する委員会に外部メンバーが入ることを認め、大学・選手が控訴するための委員会も一九九三年に設立された。しかし、聞き取りの公開ならびに反対尋問は、調査に協力せず黙秘する証人が増えるとして反対した。また、独立した審査官による聞き取り調査は、大学スポーツの複雑な特殊事情を知らない人物を高い費用をかけて雇うことは非効率だとして反対した。こうして、リー委員会の提言を受けて、今日の違反・処罰手続きの基本が形成された。

(3) NCAAによる規定違反者の取り締まり

現在の違反行為の審査・処罰は次のような形である (US Congress 2004; NCAA 2023)。まず、NCAAの職員から成る規則執行部 (Enforcement Staff) が、大学の規則違反の情報を得る。情報源は大学の自己申告、第三者(ライバル校)からの通報、監督・大学と関係が悪化した元選手による暴露、またNCAAの職員自身があやしいと思う場合もある(急に戦績が良くなった大学は疑われる)。違反は、レベルⅠ(極めて重大)、レベルⅡ(重大な違反)、レベルⅢ(違反)、レベルⅣ(偶発的事案)の四つに分類される。レベルⅣは悪意のないうっかりミスで競技の競争力にも影響を与えないもので、処分は受けない。レベルⅢは軽微なので、二〇二一-二二年度では二六八二件をスタッフが解決したが、それでも一〇〇人弱の監督・コーチの停職につながった。深刻な違反はレベルⅠとレベルⅡと呼ばれるが、本当に違反をしてそうな場合（調査が必要だと判断した場合）は予備調査を行う。さらに、違反の可能性が高いと判断されれば、大学にこのことを伝えて本調査を開始する。大学やコンファレンスに協力を求めることもある。二〇二一－二二年度の場合、五六五件の情報を得て、一一八件をスタッフが調査した。四三件でスタッフが報告書を上部組織の違反委員会（Committee on Infraction: CoI）に提出した（NCAA 2023）。CoIは二四人の委員から成り、現・元学長、現・元スポーツ部長、元監督、コンファレンス代表、スポーツの管理を担当している教員、その他の大学教職員に加え、法律知識のある市民（法律家）も加わる。

大学がスタッフによる違反の事実認定と処罰の程度に同意すれば、交渉決議（Negotiated Resolution）に至り、三人のCoIメンバーから成る委員会がこれを認めれば終了である。大学が同意しなければ、下記の二つのステップのどちらかに行く。交渉決議に至らずいきなり下記の二つに進むこともある。

一つが略式手続（Summary Disposition）であり、大学がNCAAの規制執行部スタッフによる事実認定は認めるが、処罰に不満の場合で、五－七人のCoIメンバーがパネルを構成し協議して、処分を決定する。関係者から聞き取りを行うことも可能である。大学はCoIが決めた処分に不服な場合は上訴できる。もう一つが「聞き取り（Hearing）」であり、NCAAスタッフの報告書に大学が全く同意できない場合である。CoIのパネルがNCAAスタッフと大学側双方から聞き取りを行い、CoIが事実認定と処分を決定する。不服な大学は上訴できる。

上訴（アピール制度）は大学側が要望して、リー委員会も提言したので、一九九三年に違反上訴委員会（Infraction Appeal Committee）を設立する形で導入された。この委員会は七人から成り、法律に詳しい市民も入る。二〇〇〇年一月から二〇〇九年一二月まで聞き取りが行われた重大な違反行為の九〇件のうち、三四件が上訴され、四三％で大学側が何らかの処罰の減刑を得た。事実認定ではなく、処罰が厳しすぎることで争う。大学は調査に協力する義務があるのだが、違反上訴委員会は、CoIが大学の協力をもっと評価して減刑すべきである、と判断することが多かった。大学側に有利な結果が出過ぎるとして、二〇〇八年から、「上訴というのは『過度』で『不適切』な処罰を是正することができる制度」という定義を改め、「過度」の処罰の是正のみにしたところ、CoIの処罰の決定どおりが言い渡されることが多くなった（Parkinson 2012）。違反の自己申告も含め、違反した大学が調査段階でNCAAと協力するというやり方は、一九七〇年代の議会公聴会の頃から大学が要求していた。今日では積極的に用いられているが、大学の協力が処罰の軽減につながりすぎていると考えられ、軌道修正された。

NCAAはまたきわめて複雑な案件を扱うために独立説明責任決議プロセス（Independent Accountability Resolution Process）を二〇一九年秋から実施した。NCAAの評議員や理事がメンバーとなり、多くの外部委員を含めて三段階で審議する形だったが、迅速に処理できないことが問題になった。とくに、二〇一七年に発覚した、アディダスからの資金提供で贈収賄事件として逮捕者まで出た事件の対応が遅々として進まなかった。とりあえず、アディダス関連の五件の事件以外は担当させないことにして、実質的な機能停止となったが、二〇二二年八月に廃止が決まった（Dellenger 2022a, NCAA 2023）。実績のない設立したばかりの組織に、大仕事を任せたことは適切でなかった。

NCAAスタッフは検察官で、CoIが裁判官で、上訴委員会も控訴審の裁判官であるが、それらがNCAAメンバーの大学の人物を含めて、すべてNCAAの関係者であることが問題になっていた。この批判を受けてNCAAは審議のプロセスに（過半数ではないが）大学と関係ない法律知識を持った市民（弁護士）を入れるようになった。大学関係者は自分たちの問題は自分たちで解決すべきという、自治意識が強い。また、スポーツの事案は特殊なので弁護士が入っても理解できないとの反論もあった。一方で、大学からのCoIメンバーは、直接のライバル校の審査には当たらないようにしているが、利益相反の可能性（わざと厳しくしたり、甘くしたりする、またそのように第三者から疑われる、という可能性）は否定できないので、外部メンバーを入れることになった。また、被告となる大学が調査を行うことも、求められてきたことなので、NCAAは現在、大学に自己申告し調査にも協力することを求めている。また、協力姿勢が処罰の最終判断にも影響を与える。

大学自らの調査の役割は重要であるが、大学に任せると大学は有名監督や選手を守るために、ランクの低いコーチや職員に責任を負わせる報告書を作成する可能性がある。大学が罪を認めてしまうと、責任を負わされた個人に弁明の機会が充分に与えられていない。一方、コーチやスポーツ部職員は有名監督や有力スポーツ部長に逆らえば、大学スポーツの世界で出世できないので、将来の就職口を紹介してもらうという暗黙の条件で、罪を認めることもありえる（US Congress 2004, pp.131-132）。

議論の的になっているのは、大学側が聞き取り（Hearing）を公開にして、証言者に対して反対尋問できるようにしてほしいと要求している点である。NCAAは、聞き取りの場で参加者が互いに質疑応答することは禁止していないという（US Congress 2004, p.116）が、反対尋問は制度化されていない。NCAAは司法当局でないので、召喚する（証言を強制する）権限がない。証言者は自主的に証言しているので、公開の場で反対尋問を受けるのならば証言してくれないかもしれない。召喚して宣誓したうえで虚偽の証言をすれば偽証罪に問えるなど、反対尋問と召喚の権限はセットにして導入される必要がある。また、NCAAが検察と裁判所の両方を行っていることへの批判に対応して、CoIと違反上訴委員会はNCAA以外の法律家による委員会で構成すべきという意見があるが、NCAAは大学スポーツに不案内な法律家ではかえって混乱を招くとして慎重で、委員会には部分的にのみ法律家が入るようにしている。ただ、CoIも上訴委員会の委員もメンバー大学の人物（その大学のスポーツ部のスタッフ）が交代で務めているので、それほど専門知識を蓄積しているわけでもない。むしろ、メンバーの大学が納得する専任の法律家をNCAAが雇って、スポーツをめぐる係争処理の経験を積ませた方が良いという意見もある（Roberts 2004）。

Sport Industry Research Center（2016）は、違反委員会ができた一九五三年から二〇一四年までの重大な違反の分析である。表8-1は五年ごとの件数だが、一九八〇年まで増加傾向にあり、その後は五〇件程度で高止まりである（一年平均では一一件程度である）。単年で一番多かったのが、一九八六年の二三件である。二〇一四年以降、違反の分類が変わった。それまでは、重大な違反と二義的違反の二種類で、上記の統計は「重大な違反」のみであったが、現在はレベルⅠからⅣに分けられ、CoIにかかるのはⅠとⅡとなった。分類が異なるので単純な比較はできないが、CoIが何らかの処分を下したのは、二〇一八-一九年度では二〇件、二〇一九-二〇年は二二件、二〇二〇-二一年度は二〇件となっており、表8-1よりも件数としては多くなっている（NCAA 2023, p.26）。Sport Industry Research Center（2016, p.20）のデータに戻ると、違反に対する処罰で多いのは、保護観察処分（全体の八七%に含まれる）、公開の譴責（八六%）で、これに勧誘活動の制限（五〇%）や奨学金件数の削減（四六%）が続き、ポストシーズンの試合禁止は四二%、勝利試合の取り消しや対外試合禁止は二一%で多くない。

NCAAの違反行為の処罰でしばしば問題になるのが、有力校に甘いのではないか、ということである。UNLVのターケニアン監督は、バスケットボールの伝統校と比較して、新興のUNLVに対する処罰は不当に厳しいと不満に思っており、「NCAAは名門ケンタッキー大学の不正に激怒したので、［無名の］クリーブランド州立大学の保護観察期間を二年間延長した」と皮肉った（Titus 2017）。たしかに、ノースカロライナ大学の楽勝学科について、NCAAは「一般学生も受講でき、選手にだけ恩恵を与えるものでないから、NCAAの規程違反ではない」という大学の言い分を認めて、違反処分は行わなかった。ミシガン大学では二〇〇四年から二〇〇七年で心理学の教授が、オバーン大学では二〇〇四年から二〇〇五年で社会学の

表8-1　Division Ⅰの重大な違反の件数

年度	違反件数	1年あたり
1953-1954	5	5.0
1955-1959	39	7.8
1960-1964	23	4.6
1965-1969	26	5.2
1970-1974	42	8.4
1975-1979	34	6.8
1980-1984	55	11.0
1985-1989	69	13.8
1990-1994	55	11.0
1995-1999	50	10.0
2000-2004	50	10.0
2005-2009	57	11.4
2010-2014	49	9.8

出所：Sport Industry Research Center（2016, p.17）

教授が、大量の「個人研究指導」を行い単位を出すというノースカロライナ大学と同様の不正を行っていたが、やはりＮＣＡＡは問題にしなかった。一方、マーシャル大学では二〇〇一年に体育科の助教授（ボランティアでトレーナーもしていた）がアメフトの選手に試験問題を練習問題と偽り漏洩した。そのウワサが広まると、（スポーツ選手以外にも恩恵が渡っていることを示すため）すべての履修生にAを与えて、事件が大きくならないようにした。ＮＣＡＡはマーシャル大学を四年間の保護観察処分とした。有力校より厳しい処分と言わざるを得ない（Ridpath, Gurney, and Snyder 2015）。また、「一般学生も恩恵を受けている」という大学側の釈明は、学位に値しない教育を行ったとして、認証協会から認証拒否される可能性を生じさせるので、ＮＣＡＡの規程では、学業での不正行為については、ＮＣＡＡが当該大学を担当する地区の認証協会に書類のコピーを提出することになっている。しかしながら、実行されている場合とされない場合がありまちまちである（Ridpath, Gurney, and Snyder 2015）。

一方、強豪大学も処罰は受けているとの指摘がある。Parkinson（2012）によれば、二〇一一年シーズン途中のアメフト上位一一大学（直前まで一位だったフロリダ州立大学がオクラホマ大学に負けて一一位になったのでこれも含めた）のうち、五校は当時保護観察処分中であり、違反摘発件数は大学平均で四回であった。強豪校も処罰を受けているというより、処罰を受けても強豪校の地位は脅かされないのである。強豪校には違反になって保護観察処分が課されたり奨学金件数が削減されても、それが解除されると、すぐにまた良い選手が集まるのである。

2　選手への報酬の議論

（1）ＮＩＬ法を巡る議会での議論

「オバノン判決」を受けてカリフォルニアを嚆矢として、選手がＮＩＬ使用料を受け取ることを認めたＮＩＬ法が州法として制定された。同州ではスキナー（Nancy Skinner）議員が経済学者のシャワルツ（Andy

Schwartz）と知己になり、大学スポーツはNCAAが独占的な地位を占めているとともに、選手の収入を奪うことは公民権上も問題である、と認識した。ブラッドフォード（Steve Bradford）議員とともに二〇一九年にNIL法として、Fair Pay to Play Actを州上院に提案した。NCAAはこの法律が成立すれば、同州の大学をNCAAの大会に参加させないと脅したが、有力大学を排除するなど非現実的であり、「カラ脅し」であったことは明白であった。九月三〇日に州議会は全会一致で可決し、ニューソン（Gavin Newson）知事も署名した。これを受けて二〇二一年六月までに一一州が同様の法案を成立させた（Holden, et al. 2022）。

二〇二〇年の連邦議会では、NIL法の是非を含めて、選手が搾取されているか否かが議論された。NCAAのエメルト（Mark Emmert）会長は元ワシントン大学学長でアマチュア主義を強調し選手への支払いに反対してきた。彼は議会公聴会で、選手の卒業率は向上し、選手の厚生（怪我に対する保険、性的暴力へのケア、実際の生活費に見合う奨学金を一年更新でなく支給するなど）の改革が行われてきたことを強調した。彼は政府の介入を嫌ってきたが、連邦NIL法は必要だと主張した。NIL法が乱立すると、州によっては州立大学のチームのために選手に寛容な支払いのNIL法を成立させる恐れがあったためである（US Congress 2020a）。

一方、大学選手協会のヒュマはノースウェスタン大学アメフトの労働組合結成の動きや各地のNIL州法の制定に協力した人物だが、連邦NIL法は不要で自由競争に任せるべきだと主張した（US Congress 2020a, 2020b）。NIL使用料は選手とNILを使用する企業との取引なので、大学のスポーツ部の予算を圧迫することも労働組合結成につながることはないと述べた。彼は、議会は連邦NIL法よりも、熱中症や脳震盪など選手の厚生に係る規制を行うべきだと主張した。NCAAは大学の組織なので選手の厚生よりも大学の利益のために動くとも述べ、NCAAが係わることに反対した。

九月の公聴会の委員長はアレキサンダー（Lamar Alexander、共和党、テネシー州選出）上院議員だったが、彼はテネシー大学学長、ブッシュ・シニア政権での教育省長官を歴任し教育問題に明るかった。彼はNILのルール作りを反トラスト法免責にすべきだが、教育のことをわかっていない連邦取引委員会でなく、あくまでもNCAA主導で行うことを求めた。ただし、NCAAはスポーツ部長でなく学長が動かすべきだとも述べた（US Congress 2020b, p.57）。

州法としてのNIL法は、二〇二一年五月末までにすでに一七州で成立し、一六州で提案されていた。七月一日には第一弾として五つの州法（アラバマ、フロリダ、ジョージア、ミシシッピ。、ニューメキシコ）が施行されることになっていた（US Congress 2021a）。その前日にNCAAはNIL暫定ポリシーを発表した。これは連邦NIL法が成立するか、正式のNCAAポリシーができるまでの間の暫定的な性格であるが、NIL使用料から選手が支払を受けること、このことに関連して選手がプロの代理人を雇うことが認められた（Hosick 2021）。

NCAAは二〇二〇年の時点では二〇二一年一月の総会で独自のルールを提案する予定であったが、先延ばしにしていた。司法省がエメルト会長に対して、選手への恩恵は競争原理の下、選手の才能に応じて与えられるべきだという書簡を送ったので、NCAAポリシーは司法省に精査される可能性があった（Blinder 2021）。また、議会の勢力が変わり、選手の権利を擁護する民主党が上院で過半数になったので様子見をしたかった。アルストン裁判で勝てば、アマチュア主義が認められたことになるので、フロリダのNIL州法を無効にする法廷闘争を考えていた（Dellenger 2021）。しかし、敗訴したので、NILの使用料支払いを認めざるを得なくなり、州法執行直前に暫定ポリシーを出した。

（2）大学選手の権利の章典

二〇二一年にはNIL州法が七月一日から施行されるのを前に六月に二回の公聴会が開催された（US Congress 2021a, 2021b）。NIL使用料のことだけでなく、しだいに、選手の健康・安全の問題が注目されるようになった。NIL法支持者は選手の搾取をやめ、選手の厚生を高めるという観点から、選手の健康・安全に関心を持っていた。ＮＩＬ法反対派はＮＩＬの使用料は法律でなく自由競争で決めるべきと考えており、ＮＩＬのことよりも選手の安全・健康の方が深刻な問題なので、議会はこちらに取り組むべきだと主張した。元選手で弁護士のギルモア（Rod Gilmore）は、ＮＦＬでは二〇〇一年以降、熱中症などの非外傷性疾患での死亡はないのに大学アメフトでは三〇人が死亡しているのはおかしいとＮＣＡＡを批判した（US Congress 2021a）。アメフトの練習中に熱中症で死亡した選手（Jordan McNair）の父親が選手の安全・健康を守る重要性を訴えた。遺族の尽力もあり、メリーランド州は二〇二一年五月にＮＩＬ法よりも先に選手の安全・健康のための法律（Jordan McNair Safe and Fair Play Act）を成立させた（US Congress 2021b）。

カリフォルニア州と同様、連邦議会でも自由競争の維持と選手公民権の観点からＮＣＡＡは批判された。前者が共和党、後者が民主党の支持を集めたので改革法案が成立するかと思われた（Libit 2022）。しかし、次第に民主党の提案に共和党がついていかれなくなり対立が深まった。民主党はCollege Athletes Bill of Rights（大学選手の権利の章典）法を提案した。中心人物はスタンフォード大学のアメフト選手だったブッカー（Cory Booker ニュージャージー州選出）であった。ＮＩＬの使用料を選手に還元するだけでなく、アメフトとバスケットボールの収入の五〇％は選手に分配することも含んでいたので、共和党は反対した。共和党のウィッカー（Roger Wicker）はＮＩＬ使用料の報酬の還元のみを求めていた（Dellenger 2020）。二〇二一年からの議会で上院は民主党が過半数を得たので、ブッカーは二〇二二年にCollege Athletes Bill of Rightsを再提出した。今回はアメフトとバスケットボールの収入の選手への分配は含まないことにして共和党に譲歩した。一方、共和党の求めるＮＣＡＡの反トラスト法違反免責は含まなかった（Dellenger 2022b）。本書でたびたび指摘するようにＮＣＡＡの取り決めには全うなものも金儲けのためのものもあるが、不利益を被る大学や個人が、それらの取り決めが共謀（カルテル）だと訴えてきた。反トラスト法免責が認められれば、ＮＣＡＡ主導の大学間取り決めが行いやすくなる。ＮＣＡＡも望んでいたことだが、提案には含まれなかった。

二〇二二年の提案は第6章で取り上げた選手の厚生や教学に関する問題への対応が網羅されている点は評価できるが、大きな変革であり共和党は消極的なので、将来成立するか否かは不透明である。大学スポーツへの関心は高まり、二〇一九年以来、少なくとも六回の公聴会と八本の改革案が提案されたが何も成立していない（Delllenger 2022b）。

一方、NCAAの規程違反大学・個人の処罰については、議会では地元の大学が処分された議員を中心に不満がくすぶり続け、NCAA Accountability Actが二〇二一年一一月に下院、二〇二二年三月に上院に提案された。提案者は前述のブッカー上院議員に、ブラックバーン（Marsha Blackburn 共和党、テネシー州選出）上院議員が加わった。両者はあまり政策や支持母体などで一致しないのだが、NCAAの訴追の仕方の批判では意見が合ったわけで、本件は超党派での支持が集まるかもしれないと期待された（Dellenger 2022a）。二〇二二年では本会議で可決されなかったので、二〇二三年に下院に再提出された。この時は、やはり元プロのアメフト選手のオーウェンス（Burgers Owens、共和党、ユタ州選出）、カストフ（David Kustoff 共和党、テネシー州選出）、ハーダー（Josh Harder、民主党、カリフォルニア州選出）の超党派であった。

この案では、NCAAの規則違反大学への手続きを迅速、明瞭にすることが求められた。違反の情報を得てから六〇日以内に当該大学に対して調査を行うことを文書で通知する。調査開始から八か月以内に違反があったかの認定を行う。この認定から六〇日以上、一年以内に聞き取り調査を行わなければならない。違反の調査は事件発生の二年間（現在は四年間）以内に始めなければならない。昔の違反を蒸し返すことはできないし、いつまでも調査をすることもできなくする。当事者の監督や選手もその大学にいないのに、昔の違反の処罰によって現役選手が不利益を被ることを防ぐためである。匿名のソースからの証言は証拠にできない。三人から成る中立な仲裁委員会を設け、処分に不満な大学はそこでの仲裁を求めることもできる。NCAAの判断への上告をNCAAが判断するという、現行のやり方を改める。この法律をNCAAが順守しなかった場合、連邦司法省（司法長官）に届け出がなされ、司法省はNCAAの理事を解任したり、

ＮＣＡＡに罰金を科す権限を持つ、などを盛り込んだ（Whelpley 2022）。

第６章で述べたように、黒人はスポーツのためだけに大学に入学させられ、彼らの稼いだ資金が白人のスポーツや監督・スタッフの給与になる。このことは市民に広く認識されている（大学スポーツはもっと儲かっていると誤解している人はいる）ので、黒人市民は黒人選手の立場に親和的である。『ワシントンポスト』とマサチューセッツ大学ローウェル校の調査によれば、五四％の黒人は、「選手は奨学金だけでなくスポーツの収入の分配を受けるべきだ」と回答したが、白人では三一％のみがそう答えている。ＮＩＬ使用料については、九〇％の黒人と六〇％の白人が賛成している。率は高くなっているが、依然として人種間の差はある。共和党支持者の六二％は「選手が受けとるのは奨学金だけで充分である」と回答したが、民主党支持者では五一％であった（Hobson and Guskin 2017）。一方、強豪大学スポーツの支援者（ブースター）は地元の実業家が多く共和党支持者である（Clotfelter 2011, p.39）ので、共和党は大学スポーツの商業化にそれほど批判的ではないし、選手への利益還元には熱心ではない。しかし、規則違反した大学、特に地元の大学へのＮＣＡＡの処罰の仕方が不公平であることを問題にする。この温度差が議会においても選手寄りの民主党と消極的な共和党の差異として現れる。

３　改革への提言

（1）ナイト委員会

ナイト財団スポーツ委員会（Knight Commission on Intercollegiate Athletics、以下ナイト委員会）は一九八九年に創設された。創設者のナイト（James Knight）は決して大学スポーツ嫌いではなく、本来のあるべき姿に戻そうと考えていた。一九八〇年代に、一〇九の大学がＮＣＡＡから何らかの処分を受け、とくにDivision I-Aでは所属する一〇六大学のうち五七大学がそうだった。一九八九年の世論調査では八〇％が「大学スポーツは制御不能」と回答した（US Congress 1992, p.11）。ナイト委員会は一九九一年に改革のための最初の報告書を出した(Knight Commission on Intercollegiate Athletics 1991)。ここでは"One Plus Three Model"が提案された。すなわち、"One"は学長のリーダーシップである。理事会が学長に自分の大学のスポーツを監督する権限を与え、学長もコンファレンスやNCAAの総会に出席し直接、統治に参画することを求めた。"Plus Three"とは学長のリーダーシップの下で三つのことを目指すことを意味する。第一が「学業の健全さ」(Academic Integrity)である。スポーツ選手は一般学生と同じ科目を履修して、同じような卒業率を達成すべきである。選手への奨学金は五年間出すべきである(プレーしなくなっても一年間は奨学金をもらえる)。スポーツでの拘束時間が学習時間より長いのは好ましくない。第二が「財務の健全さ」(Financial Integrity)である。大学スポーツは多くの大学で実際には赤字である。アメフトやバスケットボールでの黒字は他のスポーツの赤字をカバーしきれず、大学本体または州立大学ならば州政府からの財政支援を受けている。コーチの人数、奨学金の件数、勧誘活動の規制などでコストを抑制する必要がある(ナイト委員会はこの点でのNCAAの規制の動きは評価している)。奨学金の件数は減らすべきだが、本当に貧しい選手には、授業料と食費・寮費だけでなく必要な生活費も含めた"Full Cost of Attendance"を与えるべきである。さらに、スポーツ基金やブースタークラブの資金は大学の管理化に置くべきである。監督は最初五年で学業を含めて良い結果を収めたら長期契約を結ぶようにする。「いつクビになるかわからないハイリスクな仕事なので報酬も高く(ハイリターン)すべきだ」という意見への対応である。第三が「認証」(Certification)である。大学はスポーツに関して年次報告書を作成すべきであると提案された。ナイト財団は、勝利至上主義を批判し、スポーツ選手の厚生(一般学生と同じ学び)、健康、安全が最優先されるべきだと主張した。これらの提言はのちの議論を引き起こし、監督の給与抑制はまったく改善されていないが、それ以外の提案は時間はかかっているし、道半ばであるが実現の方向に進んでいるといえる。

二〇一二年には大学スポーツの商業化について、Growing Impact of High Financial Stakes in College Sportsというテーマで、五つのグループに研究費を提供し研究発表会を開催した。学長、監督、スポーツ部長への意識調査を行った。第7章でも述べたが、大学スポーツは収益性が悪いが、ただ赤字額は大学が負担するのにそれほど大きな負担でないので、赤字のまま続けてしまう（Association of Governing Bodies of Universities and Colleges 2012）。一方、少数の黒字大学は、競争力の維持・向上のために支出を増やすので、それについていこうとする下位の大学も支出を増やすが、収入は増えないので赤字が増大し、大学からの補助金も増えざるを得なくなっている（Cheslock and Knight 2012）。

ナイト委員会は二〇二一年には、「スーパーリーグ構想」を提案した。ここでは、収益性のあるI-AのPower 5のアメフトは、NCAAから独立したNational College Football Association（NCFA）が管理し、セミプロとして行うことになる（Kinght Commission on Intercollegiate Athletics 2021a）。I-Aでもバスケットボールを含めた他の種目はNCAAに残る。多くの大学はMarch Madnessはこれまで通りすべての大学に参加の道をあけておくべきだと考えている。

強豪校の抜けた後のNCAAはアマチュアスポーツに回帰する。Power 5でもNCFAに参加しないでNCAAに残りアメフト重視を辞めることは選択できる。その代り入れ替え戦は行わず、NCAAではスケールダウンしたアメフトを行う。実際、Group of 5のアメフトはPower 5に比べて、収入が少ないのに、Power 5の支出増に追い付こうとして財政が苦しくなっている。Power 5も自分たちのアメフトのことを有利に管理したいので、NCAAでの統治を握ろうとしてきた。これらの大学のアメフトが独立すれば、NCAAの統治が民主的なものに戻ることが可能である。実際、アメフトのプレーオフ（College Football Playoff: CFP）は収入を一切NCAAに納めず、独自の統治を行っている。CFPは運営評議会（Board of Management）と運営委員会（Management Committee）から成り、前者はI-Aの一〇のコンファレンスから代表の学長が一人ずつと、独立のノートルダム大学の学長の一一人、後者は各コンファレンスのコミッショナー一〇人とノートルダム大学のスポーツ部長による一一人で構成されている。すでに「スーパーリーグ」に近いことが行われているので、それをより一層、NCAAの他のメンバーから隔離して、NCAA本体には勝利至上主義や商業主義が蔓延しないようにするのである。実は、ヨット、ボート、水上スキー、ボクシング、ラグビー、ローラー（スケート）ホッケーはNCAAが管轄しておらず、種目ごとの団体で運営されている（Thornley 2022）。有力校のアメフトだけ独立させても不自然ではない。

NCFA構想への懸念は、大学アメフトのファンは、勉強していないことはわかっているが、選手が学生だという幻想を支持して応援してきた、露骨にマイナーリーグという位置づけになると、今まで通り応援してくれるか不安である、ということである。また、NCAAは文武両道のDivision IIIの大学も含んでいるので、I-A校もNCAAの傘下にいた方が学生スポーツというイメージが良いのである。

表8-2が示すように、Power 5校はNCAAから独立したスーパーリーグよりも、NCAAの中にI-Aより上のディビジョンを作ることに六〇%が賛成している。一方Power 5以外のDivision I校はNCAAから独立したスーパーリーグができることに賛成である（Knight Commission on Intercollegiate Athletics and Shugoll Research 2020）。Power 5校は、スーパーリーグがセミプロと思われたくない。また、学生スポーツというイメージを壊したくないので、NCAAの中にいたいのである。Power 5以外の大学はアメフト強豪校がNCAAの中で支配力を強めるよりは独立してほしいのである。

Rudd and Ridpath（2019）は、I-A大学のアメフト選手、Division I（I-A以外でバスケットボールだけ強い大学はある）のバスケットボール選手一五三人から回答を得た。自分を「学生・選手」と思っているのが一二六人（八二・三%）で、「選手のみ」と思っているのが二七人（一七・六%）であった。「プロになれる」と思っているのが、九〇人（五八・八%）、「なれない」と思っているのが三一人（二〇・二%）、「わからない」と言うのが三二人（二〇・九%）であった。第6章で見た通り、楽観的であるが、「わからない」という選択肢があるので、「はい」の比率は表6-8より多少低くなっている。「学生・選手」なのか「選手のみ」なのかについ

表8-2　NCAA改革に対する賛否

Division	スーパーリーグ構想		NCAA内の新ディビジョン	
	賛成	反対	賛成	反対
I-A Power 5	23	44	61	15
I-A Group of 5	37	40	26	57
I-AA	42	32	26	56
I-AAA	65	17	33	56

出所：Knight Commission on Intercollegiate Athletics and Shugoll Research（2020, pp.149, 151）

て、プロ入りの可能性とクロスさせたのが表8-3である。「選手のみ」と思っている二七人のうち、プロ入りできると思っている人が二四人と高い比率であるが、それでも、プロ入りの可能性ありと答えている九〇人の中でも、「選手のみ」と答えたのは二四人（二七％）に過ぎない。プロ入りを考えている選手の中でも四分の一しか自分を「選手のみ」だとは思っておらず、「学生でもある」という意識は否定されていない。この数字はスーパーリーグを作って、セミプロ化することには、選手の側からも無視できない抵抗が起こりえることを意味している。

前述のようにスポーツはゼロサムゲームの順位付け競争である。大学スポーツのファンはすでに選手は技量の劣るセミプロだとわかっているが、順位付けに関心があるから試合結果に一喜一憂するとも考えられる。この点では、スーパーリーグになっても人気が保てるかもしれない。一方、ファンがプレーの水準よりも順位を気にするならば、大学スポーツの商業化を厳しく規制し、学力のない学生は大学でプレーできなくして、大学のアメフトやバスケットボールの競技レベル全体が下がっても、ファンは離れないかもしれない。ミシガン大学のファンは、ミシガン大学のアメフト選手の技量が下がっても、オハイオ州立大学に勝ってBig Tenで優勝すれば満足するのである。その点では、改革の余地はあるといえる（Frank 2004）。

ナイト委員会は選手の文武両道を求めてきた。しかし、Knight Commission on Intercollegiate Athletics（2021b）では、新入生の出場資格基準に標準テストを用いることに反対している。第6章で述べたように、標準テストには優生思想の源があり、黒人からの批判があった（Stskopf 2002）。ナイト委員会は、優生思想の影響力の有無は別として、標準テストでは準備をすれば点数が上がるので、レベルの高い私立高校や予備校に行ったり、家庭教師が付けられない低所得者層に不利だと指摘している。また、第6章で述べたように、大学での成績を予測する尺度としては、標準テストよりも高校の成績の方が適切でもある。ナイト委員会は標準テストを必須条件にしないことを提案しているが、これは実は、現行のNCAAのポリシーと合致

表8-3　選手の意識とプロ入りの見込み（人）

	プロ入りの見込み			
意識	なし	不明	あり	合計
学生・選手	30	30	66	126
選手のみ	1	2	24	27
合計	31	32	90	133

出所：Rudd and Ridpath（2019, p.88）

している。

一方で、入学してからの学びの質を担保するために、クラスター化の監視をしっかり行うべきだと提言している。クラスター化が生じている学科の学科長は教学担当副学長に理由を説明すべきだとしている。標準テスト廃止だけでなく、NCAAによる二〇一一年にAPRが九三〇に満たないチームはポストシーズンゲームに出られないという改定も、ナイト委員会の提言を受けてのものであった（Turner 2011）。このようにナイト委員会はNCAAと協力しての大学スポーツの改善を目指している。

（2）ドレイクグループ

ドレイクグループは、ドレイク大学の教学担当副学長（Provost）だったエリクソン（Jon Ericson）教授によって一九九九年に設立された。広範なテーマで短いレポートを数多く発表している。本書で扱ったテーマと重なる部分もあるが、いくつかを紹介したい。Ridpath, et al.（2015）によれば、Power 5所属の大学でも、すべてのスポーツ部が黒字なわけではなく、大学本体からの支援が行われている。その中には学生から徴収するスポーツ費が入っている。学生が自分たちの福利厚生・アメニティ施設のために、授業料以外に負担するスポーツ費がスポーツ部支援に回っている。スポーツ重視をやめて身の丈に応じた規模のスポーツを行うべきだと述べている。

Gurney, et al.（2015）は、大学の勉学に慣れていない一年生を試合に出さない提案について議論している。このレポートは規制に否定的で、学力のある選手は一年生から四年間出場して四年で卒業できるようにすべきだとしている。本当の問題は、学力のない学生を特別選抜で入学させていることである。特別選抜そのものは、人種の多様性、（スポーツに限らず）特殊な才能を持った学生、恵まれない環境の家庭の子弟（非白人）に大学進学の機会を与えるので意義があるが、選手獲得のために安易に用いるべきではない。学生の学力は大学によって異なるので、一年生選手は高校のGPAや標準テストの点数が、その大学の一般新入生の平均よりも標準偏差一つ分低ければ、選手活動を制限して補習を行うべきだと提案している。

Lopiano, et al.（2016a）は、男子スポーツ選手は全学生の三・三％なのに、性的暴行加害者の一九％を占めていることを指摘している。「男らしさ」や「やんちゃ」をよしとする風潮が女性への暴力につながっている。NCAAは大学にスポーツ選手を特別扱いしないことを求めているが、実際は主力選手による犯罪のケースでは、大学が法廷闘争を支援したりして、選手ができるだけ試合に出られるようにする。犯罪歴がある高校生も、大学教育で更生させる、として入学させてしまう。そもそも監督が犯罪歴については選手に問わない。転校生については犯罪歴をチェックして受け入れないようにしているが、新入生についても受け入れるべきでない。青少年教育や法律の専門家による委員会を作って、大学の判断に不服な選手はそこに申し立てるようにすればよい。犯罪が告発されたら、有罪が確定するまで在学と奨学金は維持されるが、試合に出場させるべきでない。処罰を行うのにDue Processは不要である。スポーツをするのは選手に与えられた特別な権利（Privilege）であって、市民誰もが持つ権利（Right）ではない。

Lopiano, et al.（2016b）は監督の暴言・体罰について議論している。今日、メディアは大学の不祥事の暴露記事を狙っている。ヘリコプターペアレンツと呼ばれ、家を出た学生の行動を監視する保護者も多い。SNSによって監督の不適切な言動は録画・録音され拡散される。このような時代にあっても白人男性が多い監督の「選手を支配する」という意識は変わっていない。NCAAが、監督の行動の責任は大学にあってNCAAにはないという立場を取っていることは問題である。

Lopiano, et al.（2019）も監督の不適切な行為によって、選手の肉体的・精神的健康が害されていることを指摘する。問題がおきると勝率の良い監督は解雇されず、下位のコーチが責任を取って辞めさせられる（コーチはスポーツ界から永久追放されるわけでないので、有名監督に逆らわず、辞めておいた方がのちに監督から便宜を図ってもらえる）。NCAAは選手の安全・健康を守るのは大学の責任だとして、何もしないでいるが、これはNCAAの設立目的に反するものである。選手が重傷を負ったり死亡した場合、事故の調査は、大学の関係者以外の医学やスポーツ（トレーニングの専門家）による委員会が行うべきである。

Gurney, et al.（2021）によれば、NCAAが独自に開発した卒業率であるGSRは一般学生について集計しておらず、一般学生との比較ができないの不適切である。また、FGRよりも高くなる傾向があるのでNCAAが好んで使っている。FGRではバスケットボールの強豪校の黒人選手が一般学生、選手全体よりも低くなっている。黒人は一般学生の中ではわずかな比率なのに、アメフトやバスケットボールでは多数を占め、金儲けに利用されている。一方、黒人大学では一般学生とバスケットボール選手で、FGRがほとんど変わらず、黒人選手がケアされていることがわかる。また、このレポートは大学側がプライバシー保護を理由に、チームの学業成績や選手個人の不正・犯罪行為を明らかにしていないことも批判している。

Thatcher, et al.（2022）は選手の表現の自由の問題を扱っている。二〇一六年に名門アイビーリーグで男子選手が女子選手の容姿について性的な表現をSNSで拡散して問題になり処分された。この件を「表現の自由」で擁護する余地はない。一方で、選手の政治的表現を禁止することは好ましくない。二〇一八年にイリノイ州立大学が選手・応援団がフィールドで政治的意思表示をすることを禁止したが、批判を受け二日後に撤回した。スキャンダルを恐れた大学が選手にSNSの使用を禁止したり、選手に対してSNSのアカウントをスタッフに教えるよう義務付けることは許容されるべきでない。

ナイト委員会がNCAAとの連携を模索しているのに対して、ドレイクグループはNCAAはスポーツを行っている大学によって構成され、特に強豪校の影響力が強いので、大学スポーツ腐敗の共犯者であって、自己改革はできないとみなし距離を置き、NCAA以外の組織の立ち上げや政府・議会の介入もやむを得ないと考えている（Lopiano, et al. 2021）。二〇〇四年の議会下院公聴会でも、ジェンキンス議員（William Jenkins、共和党、テネシー州選出）から「多くの団体は公聴会で、政府・議会の介入は不要だと主張するのに、大学スポーツはそうではないのですか」と尋ねられたリドパス（David Ridpash）は、NCAAは一〇〇年にもわたって自己改革できなかった、改革の担い手となるべき教員も蚊帳の外に置かれている、スポーツに関わる教員はスポーツ支持者のみだ、政府・議会による介入でしか変化は望めない、と述べた。「私が所属するドレイクグループのメンバーはそう考えています」とも答えた（US Congress 2004, p.115）。

（3）NCAAによる自己改革

NCAAは選手の学びの重視の姿勢を示している。二〇二〇年に規定を改定し、二〇二二－二三年度から実施されたのだが、学業成績の良い選手には奨学金を年に五九八〇ドル上乗せしてよいこととした。これは、スポーツでの顕著な活躍に対する上乗せと同額である。ただ、一三〇のI-A大学のうち一〇一大学が回答したのだが、初年度から開始すると明言したのは、二二大学だけで、様子見の大学が多い。六〇〇万ドル程度の予算が必要といわれるが、選手はこの奨学金では大学選びをしないであろうから、戦力格差には影響がないと考えられる（Murphy 2022）。

大学は監督のボーナスに選手の学業成績を連動させる動きも見せている。カリフォルニア大学バークレー校は、APRで九三〇を満たさないチームの監督はスポーツでのボーナスをもらえなくしたが、ほとんどのチームが満たす基準である。学業と監督の契約を結び付けたのはメリーランド大学機構が最初だが、アメフトと男子バスケットボールの監督は、「選手は勉強でなくプロ入りの手段として大学に来ているので、学業成績を連動されても困る」と猛反発した。第5章でみたように、スポーツの戦績でも学業成績に関するものでもボーナスは、監督の給与に占めるボーナスの割合は高くないし、実現可能な目標も少なく、ほとんどの監督はボーナスを得ていない。高額かつ実現可能な目標のボーナスにしない限り、学業成績連動のボーナスで監督の意識が変わるかは疑問である。

オハイオ州立大学のスポーツ部長のスミス（Gene Smith）は、レスリングの選手が全米チャンピオンになったところ、彼が一万八〇〇〇ドルのボーナスをもらい批判されていた。彼は、自分のボーナスが男子バスケットボールとアメフト以外の種目のナショナルまたはコンファレンスでの優勝では支給されないようにするとともに、二〇一六年から、すべての選手の累積GPAと、学士号を要する仕事に選手が就職できた比率に連動させることにした。たとえば、累積GPAが三・〇から三・二九の間ならば五万五〇〇〇ドル、三・三から三・四九の間ならば七万五〇〇〇ドル、三・五以上ならば九万ドルのボーナスになる。アメフトのコンファレンス優勝で二万五〇〇〇ドル、ボウル出場で三万五〇〇〇ドル、バスケットボールのMarch Madnessの準決勝進出で三万五〇〇〇ドル、決勝進出で五万ドルのボーナスなので、学業成績はスポーツ戦績と遜色ないボーナスである(InsideHigher Ed 2015)。

また、第7章で述べたように、二〇一九-二〇年度からNCAA本部から大学に分配される金額の中に、学業成績を基準にするものが含まれるようになった。次の三つのうちどれか一つでも満たせば得ることができる。(1)直近一年で全チームのGSR(卒業率)が九〇%超である。(2)連邦卒業率(FGR)が、選手の方が一般学生より一三ポイント以上高い。選手はフルタイムで奨学金をもらっているので、卒業率は一般学生より高くなるはずである。(3)APRが直近一年で九八五以上である(NCAA 2022)。NCAA本部への収入はMarch Madness(男子バスケットボールトーナメント)の放映料であったので、これまでは分配金もMarch Madnessの戦績が重視されていた。戦績に応じてコンファレンスに分配され、コンファレンスから各大学に分配されていた。これに二〇二三年度でも六%と少ない比率ながら学業成績を加味したのである。アメフトのプレーオフでもナイト委員会の提言に従い、二〇一五年から分配金に学業成績を入れるようになった。

一方で、コロナ禍で、標準テストは試験会場での感染を防ぐため、大学が入学審査で使わなくなった。これに呼応する形で、NCAAもコロナ禍での標準テストの使用を停止し、コロナ禍終息後も継続している(Bauer-Wolf 2023)[1]。前述のように予備校へ行って準備のできない低所得層の学生に不利だからである。また、APRをチームにクリアさせる規制もコロナ禍では停止した(二〇二四-二五年度からは罰則適用が復活した)。大学もスポーツ部も標準テストは必須から外しただけで、志願者が受験して点数を送ってくることは妨げない。選択肢の一つとしたのである。Division IIも同様の対応を決定したが、Division IIIは独自の審査方針を持つ。ただ、標準テストの使用を廃止して、GPAを重視すると第6章で述べたDiploma Millが暗躍することになる。また、学力を担保していない選手が入学し、入学後の単位取得や成績を重視すれば、これも第6章で述べた大学内での楽勝科目へのクラスター化が生じる可能性がある。

さらに、オバノン判決、アルストン判決、さらに議会からの圧力も感じて、NCAAは二〇二二年一月にConstitution（憲法）を改定し、同年八月一日から施行された。賛成八〇一、反対一九五、棄権二〇で改正に必要な三分の二の賛成を満たした。新しい憲法は、理事会（旧執行委員会）を九人に絞って、Division Iから四人、Division IIとIIIから一人ずつ、大学に雇用されていない人物二人と卒業四年以内の元選手一人という構成となった。学業基準やNILの使用料のポリシーなどはDivisionごとに決めてよいこととした。プレーの見返りとしての報酬は依然として禁止するが、Full Cost of Attendanceの支払いはDivisionごとに柔軟に行ってよい。また、NCAAの処罰が厳しすぎることに関しては、過去の違反行為の処罰によってプレーオフに参加できなくなるなど、違反行為をしたときに在学していなかった学生に不利益がもたらされることがないようにした。議会が求めていたことに、NCAAは機敏に対応した。大学は監督やスポーツ部のスタッフに選手の健康と安全について啓発活動を行い、医師・保健スタッフが選手の健康については最終判断を下すことを定め、NCAAは金儲けのために選手の厚生を軽視しているとの批判に応えた。

NCAAの会長は二〇二三年三月に、エメルトからベイカー（Charlie Baker）に代わった。彼は元マサチューセッツ州知事で共和党穏健派であった。彼の政治力と連邦議会への人脈が期待されて選ばれた。二〇二三年一二月に彼はI-Aの上に新しいDivisionを創設する提案を行った。前述の「スーパーリーグ構想」でなく「新ディビジョン」である。そこではアマチュア主義を改めて選手に報酬を与えることとした。大学は教育信託基金を創設し、半数以上の選手（女子選手も含む）に年三万ドルを四年間支給する。また、NIL使用料は選手がNILを使用する企業と勝手に交渉するのでなく、大学が窓口になりNIL使用料を集めて選手に支給する。提案は事前に委員会に諮問したりせず、会長主導で作られたようだが、有力校は形式的な、現実的でないアマチュア主義は破綻していると考えており、また表8-1が示したように、NCAAから独立した「スーパーリーグ」よりはNCAAの中での新しいDivisionの創設を望んでいたので、会長提案を好意的に受け止めている（Dodd 2023; Jeyarajah 2023）。組合ができてすべての大学の選手が賃金払いの対象になれば、コスト増加によって大学スポーツはますます財政的に成り立たない。しかし、裕福な大学だけで新ディビジョンを作り、組合結成を経ずに自分の大学の収益から選手への支払いを行えば、中小の大学で選手が報酬支払いを求める動きにはならないであろう。選手、特に黒人選手の搾取が議会民主党で問題にされているので、先手を打ったともいえよう。本書で繰り返し述べてきたように、NCAAは有力大学の支配力が強いが、外部からの批判が高まり、裁判で負けたり、政府規制がかけられる可能性を感じ取ると、NCAAは先手を打ってしたたかに対策を講じる。新しいDivisionには、報酬があるという理由で有望な選手がますます有力校に集まるであろうが、今日でもPower 5の大学の優位は確固たるものになっており、今さら実力差を懸念する必要はない。

二〇二四年五月にはNCAAは選手との三つの集団訴訟の和解に応じた。[2] アルストン判決は選手側の勝訴だったが、支払金額については在学に必要な費用だったので、より大きな分配を選手が求めていた。オバノン裁判とその後のNCAAのNILポリシーで選手はNILの使用料を交渉してもらえることになっていたので、選手側がテレビ放送はNILの使用であるからテレビ放映収入の分配を求めていた。和解ではNILの使用料について二〇一六年から二〇年に選手だった一万四〇〇〇人に対して毎年二億七七〇〇万ドルを一〇年間支払う。支払額の分担はNCAA本部が四一%、Power 5が二四%、Group of 5が一〇%、I-AAが一三%、I-AAAが一二%である。率は低いとはいえ下位のコンファレンスまで負担する。さらに、二〇二五年秋以降、各大学はスポーツ収入の二二%（金額としての上限は二〇〇〇万ドル）を選手に分配してよい（義務ではない）（Witz 2024）。収入の二二%というのはプロの五〇%に比べれば低いが、アマチュア主義からの決別である。大学への負担増の見返りとして、大学の裁量権も大きくすることをNCAAは認める方針である。奨学金件数の撤廃が検討される一方、登録選手数（これはNCAAの規程ではない）は削減が検討されている。野球など奨学金件数が少ないことを不満に思っていた種目で奨学金が増えることが考えられるが、アメフトでは奨学金件数が増えて登録選手数が減れば、奨学金をもらわない選手（Walk-on）がほとんどいなくなる可能性がある。よりプロのようになるであろう。

NCAAや有力コンファレンスとしては裁判を継続して敗訴してより大きな賠償金を払わされるよりは、和解を選んだ。個々の選手には和解を拒否する権利を有するが、和解に応じた選手は訴訟を起こせなくなるので、訴訟リスクが大きく減少する。二〇二二年のNCAA憲法ではプレーへの報酬としての、放映料収入の選手への分配は認めていなかったので、大きな転換である。大学による選手への分配は基本的には大学任せだが、分配を巡って訴訟が起こる可能性がある。とくに修正第九条による男女差別の問題である。大学はスポーツ部の予算分配や奨学金での男女平等を求められているが、NIL使用料では選手間格差が出ることを認められている。NCAAは修正第九条の対象ではないので、報酬での男女格差についてはNCAAでなく大学が訴えられる恐れがある。また、コロラド大学の元アメフト選手（Alex Fontenof）がやはりテレビ放映料の選手への分配を求めて裁判を起こしている。NCAAはカリフォルニアで行われている三件の裁判との統合を求めたが、コロラドの裁判所が認めなかったので、裁判が続いている（Murphy and Thamel2024）。

会長の新しいDivisionの提案や今回の和解（裁判所が和解を認定するというプロセスは残っている）[3]実現すれば、NCAAのアマチュア主義の伝統の大きな変化であるので、今後の動きが注目される。

注

1 コロナ禍がおさまり、大学の中には標準テストの採用を復活させる動きもあるので、今後NCAAがどう対応するかは不確定である。

2 アリゾナ州立大学の元水泳選手の Grant House、オクラホマ州立大学の元アメフト選手の Chuba Hubbard、デューク大学の元アメフト選手の Dewayne Carter がそれぞれ原告代表になった裁判。

3 カリフォルニア北地区連邦地裁のウィルケン（Claudia Wilken）判事が担当している。彼女は「オバノン裁判」「アルストン裁判」で選手側勝訴の判断を下した。ただ、金額は今回のような多額ではなかった。

おわりに―総括に代えて―

本書はアメリカの大学スポーツが抱える様々な問題点を考察してきた。日本の大学改革はアメリカを範にしていることが多いが、アメリカの大学スポーツは日本が目指す道ではないことが示唆された。強いてあげるならば、裁判で負けそうになる、政府・議会から干渉がありそうといった、外部圧力の可能性が高まると自ら方針転換するNCAAの柔軟さ、したたかさは学ぶべきなのかもしれない。対応が鈍かった選手の健康・安全や教学の重視に向けて動きだした。さらに高騰する放映料収入の選手への分配、セミプロ的ディビジョンの創設提案など、アマチュア主義の転換も動きが急である。中身のある改革になるのか、注視する必要がある。

「おわりに」では日本の大学スポーツの実態について、関西学院大学アメリカンフットボール部ディレクターの小野宏氏にインタビューを行った（二〇二四年五月二一日実施）。小野氏は一九六一年生まれ、関西学院大学理学部卒。在学中はクォーターバックとして活躍し、新聞社勤務を経て、一九九三年から関西学院に職員として勤務しつつ、アメリカンフットボール部のコーチ、オフェンスコーディネーターとなり、日本代表チームのコーチも務め、二〇一三年にディレクター（マネジメント部門のリーダー）に就任した。もちろん、同部の実情が日本の大学スポーツの全貌を表しているわけではないが、日本の大学スポーツで常に日本一を狙っているチームの現場の声としてご理解頂きたい。

南オレゴン大学への遠征

宮田　関西学院大学アメリカンフットボール部ファイターズ（以下、ファイターズ）は、五月にアメリカに遠征して南オレゴン大学との試合を行いました。現地では、どのような印象を持ちましたか。

小野　南オレゴン大学は学生数が大学院生を合わせて五〇〇〇人強の州立大学です。スタジアムもメインスタンドが約二〇〇〇人程度、ビジターの仮設スタンドを合わせても観客収容は三〇〇〇人規模ですので、われわれがテレビで見ている、学生数四－五万人でスタジアムの収容人員が一〇万人近いといった、南カリフォルニア大学やミシガン大とはまったく違います。それでも校地に余裕があり、地元企業から寄付を得てキャンパスに観客席のあるスタジアムが作られています。また、トレーニング施設や指導者の部屋などわれわれファイターズよりもずっと整っていました。

アスレチック・デパートメント全体の年間予算は四〇〇万ドル（約六億円）とのことでした。アメフト部では防具もすべて大学側が管理して貸与していて、スポーツ奨学金は二四人分ありますが実際には分割して四〇－五〇人に配分されているとのことでした。奨学金を受けていない選手も多く、秋のシーズンには総勢一一五人になるそうです。ＮＣＡＡのDivision Ⅰのアメフトは奨学金が八五件まで認められていますので、それに比べると奨学金を受けている選手は少ないわけですが、関西学院大学はといえばそもそもスポーツ奨学金の制度がありません。

宮田　南オレゴン大学はＮＣＡＡではなく、本書でも触れたＮＡＩＡ（National Association of Intercollegiate Athletics）に属しています。ＮＡＩＡは一九四〇年に設立されたのですが、南オレゴン大学は成立前の一九三七年のバスケットボールトーナメントから参加しています。ＮＡＩＡは宗教系も含めて私立大学が多く、平均学生数は一四〇〇人で、ＮＣＡＡのDivision Ⅲに相当する大学が多いそうです。

小野　南オレゴン大学のアメフト部はＮＣＡＡならばDivision Ⅱの実力に相当する、と言っていました。宮田先生のデータを見るとDivision Ⅰのアメフトチームは二五〇校ほどありますので、それより下位にいるのでしょうがＮＡＩＡの中では規模も大きく強豪です。

宮田　南オレゴン大学は一九八二－八三年にはＮＣＡＡ Division Ⅱに入ることを検討したそうですが、中心人物だったバスケットボールの監督（Steve Humann）が脳腫瘍になり辞任したので、それ以上は進まなかったそうです。南オレゴン大学が今日でも、ＮＣＡＡでなくＮＡＩＡに所属する理由は何かあるのでしょうか。

小野　ＮＣＡＡより規制が緩いことがＮＡＩＡに入っている理由のようです。今回、南オレゴン大学と現地（米国）で試合ができたのも、ＮＡＩＡがＮＣＡＡに比べて海外遠征や外国の大学との試合をすることの規制が緩かったからです。

宮田　NCAA Division III はスポーツ奨学金を支給することが禁止されていますが、ＮＡＩＡでは認められています。ただ、NCAA Division III での優勝の方が、ＮＡＩＡでの優勝より注目されることは間違いないでしょうし、NCAA Division III の選手権試合はＮＣＡＡの本部から援助されます。ＮＣＡＡほどスポーツが過熱していない大学の集まりであるＮＡＩＡが、日本の大学スポーツには参考になるかもしれません。緩い規制で本当に問題が起きていないのかなど含めて、ＮＡＩＡが自分にとって次の研究対象のように思います。

連帯責任

宮田　某大学のアメリカンフットボール部では、選手の大麻使用が発覚し、大学の寮で起こったことでもあり、連盟も大学も連帯責任としてチーム全体を処罰しました。しかし、寮に住んでいない選手もいますし、もちろん、寮にいた全員が違法行為をしたわけではありません。連帯責任ついてどう思われますか。

小野　一般論として、いわゆる〝連帯責任〟については、日本の学校スポーツだけに特徴的な悪弊であり、反対です。人権侵害にあたるのではないかと思うケースすらあります。何らかの不法行為や大学・クラブのルールへの違反があればその当事者が処罰・処分を受けることは当然ですが、行為に関与していない人間が結果的に罰を受けることは原則としてあってはならないと思います。発生した事案に関与していない部員が、青春をかけて取り組んでいる活動を、部内の他者の行為によって、突然、強制的に止められます。さらに、練習の成果を表現する試合の機会すら奪われるというような理不尽があってよいわけがありません。アメリカの大学およびチームはこのような対応はしないでしょうし、すれば当事者以外の学生から人権侵害で訴えられるでしょう。

ケースによって、事案に関係した人数が多かったからという理由が示される場合もありますが、個人の犯したことであれば人数の多寡は関係がありません。大学がチームに対して活動停止の処分を行うことは、チーム全体が関わって起きた事案のみに限定すべきです。世間に阿(おもね)って批判を避けるべく、人権侵害にもなりかねない措置を安易に講じるべきではありません。政党、行政、司法、企業などで連帯責任を取るような例は聞いたことがないのに、学校スポーツだけは〝連帯責任〟が当たり前だと、社会のかなり多くの人が考えていること自体がおかしなことです。過去の悪弊が積みあがって、感覚が麻痺しているように感じます。

宮田　〝連帯責任〟は、「違反をしたらチーム全体に迷惑がかかるぞ」と脅すことで、選手が規定違反をしないようにする圧力として使われている気がします。

選手の安全

宮田　アメフトは体同士がぶつかるコンタクトスポーツですが、ファイターズでは選手の健康・安全についてはどのような対策を取っていますか。

小野　強い衝突を伴うスポーツは、重篤な事故につながる可能性を秘めています。特に頭部と頸部の外傷には最も注意を払わなければなりません。これには、いろいろなアプローチが必要です。安全を確保するための基礎技術の修得(ヒットの際に頭部が揺れないように固定する体勢の修得、頭が下がる危険な体勢の回避)、トレーニングによるフィジカルストレングスの向上(特に首や僧帽筋の強化)、脳震盪の発生率を下げる練習環境・

方法の改善に努めています。

宮田　脳震盪そのものを防ぐスキルがあるのですね。

小野　脳震盪のデータを一九年間蓄積していますが、四年生は明確に発生率が低いです。脳震盪自体は重篤な外傷ではありませんが、脳震盪が発生しやすい環境は硬膜下血腫などの重大事故が起きる可能性も高いと想定されるので、脳震盪発生率を指標としての環境改善が必要です。

　近年は脳震盪のリスクがスポーツ界で認識されてきており、脳震盪そのものの管理も重要で、発生時の対応、発生後の診断、脳の認知機能回復の確認、コンタクト練習への復帰までのプロセス管理、回数が多い場合の競技引退のルール作成や当該選手・保護者への説明など総合的に整備しています。安全に対する知識や意識をチーム全体で共有するための安全講習会の定期的な開催、入学段階での過去の既往症のスクリーニング、医療機関・消防署等との連携（特に合宿の場合）などをメディカル部門（チームドクター、アスレティックトレーナー）とコーチ部門（監督、ポジションコーチ、ストレングスコーチ）とディレクター部門（マネジメント系）が共同で取り組む必要があります。

宮田　安全対策に非常に力を入れているのには何かきっかけがあったのでしょうか。

小野　われわれは安全対策にしっかり取り組んでいるつもりでいましたが、二〇〇三年に学生が合宿中に心不全で亡くなる事故が発生しました。痛恨の思いの中で事故報告書を作成・公表し、「安全に、強く」という標語を掲げて取り組んできました。標語には二つの意味を込めています。一つは、強くなることよりも安全が優先されるべきであるということ、もう一

甲子園ボウル　阪神タイガースのホームグランドで、高校野球の聖地でもある甲子園球場では、大学アメフト日本一の決定戦も行われる。チアリーダーに迎えられて入場する関西学院大学アメリカンフットボール部の選手。（関西学院大学アメリカンフットボール部提供）

つは、安全を優先しながら、日本一をめざす強いチームを作る、ということで、ファイターズはその両立をめざしてきました。頭部外傷で最も防ぐべき硬膜下血腫は一九九四年から三〇年間起きていません。こうした取り組みは日本臨床スポーツ医学会などいろいろな機会に発表し、フットボール界、スポーツ界に情報提供しています。

選手指導

宮田　体育会の問題が、監督の絶対的権威、上級生・下級生の上下関係でした。Z世代の学生気質が変わったと言われていますが、大学スポーツの世界では変化があるでしょうか。

小野　私は二〇一二年にコーチを引退しており、現在は選手の指導は直接携わっていないので、何とも言えません。人権や公正さについての社会の意識・認識が大きく変わってきていることは言うまでもありません。学生スポーツの現場においても同様です。ファイターズは、一九四一年の創部以来、封建的上下関係の文化はなく、先輩が後輩に、指導者が部員に暴力をふるうといったことはほぼありませんでした。しかし、かつて、大学の体育会では、そうしたことが当たり前の時代がありました。あってならないのは当然です。

それだけでなく、部員への強い言葉の指導も今はハラスメントと受け取られかねません。私もコーチを二〇年間していましたが、随分とひどい言い方もしてきました。以前の私のやり方では、今はコーチはできないでしょう。

現在のコーチもそのようなことを理解し、かつてのコーチングとは異なる方法、アプローチに取り組んでいます。練習を時々、見に行きますが、フィールドでコーチが選手を叱咤することはほとんどありません。ミーティングなどで問題点を厳しく指摘することはもちろんしていると思いますが。

選手たちの気質がどのように変化したかについては、この一〇年は知りませんが、私がコーチをしていた二〇年間では本質的に変わったとは思いませんでした。コーチに正面切って反論してくるような学生が減っているのは感じていましたが。スポーツ界だけでなく、あらゆるところで「今の若い奴は」とか「△△世代」とか言いますが、人の本質はそんなに変わりません。人間は現在の自分を基準としてしか考えないので、自分より若い人間のことを（自分の若い時のことを忘れて）批判したがる、ということの方が普遍的です（笑）。四年生が下級生のことを「今の若い奴らは…」と話しているのを毎年聞いて、それを悟りました（笑）。

宮田　小野さんは、アメフトを楽しいと思わないと、技量の向上は望めない、として「ろうそくの火」を例にあげていましたね。

小野　二〇一八年の日大タックル問題で鳥内監督（当時）と一緒に記者会見をした時に、選手のやる気に関する質問に対して「やる気とか勝ちたい気持ち、というのは外から言われて大きくなるものではない。その競技を面白い、好きだという内発的な気持ちがもとになっていて、それは『ろうそくの火』のようなもので、大きくしようとして強く吹いたら消えてしまうことがある。コーチングで一番重要なのは、選手の心の中にめばえた『ろうそくの火』をどうやって大切に育てていくかだと思う」ということを話しました。合計二時間近い記者会見の中で多くの人（特に若い人）がこの話に強い関心を示されたことが後でわかりました。すぐに昔の教え子が「僕は小野さんに『ろうそくの火』を消されかけましたよ」と連絡してきたので（笑いながらです）、当時の自分の至らなさを謝る羽目になりましたが、この話が何故みんなの心を揺さぶったのだろう、とずっと考えていました。そして、多くの人が「自分が本当に好きなことは何なのか」「それをどうやって見つければいいのか（育てればいいのか）」「好きなことがあるのだけれど、どうやってそれを強くできるのか」と悩んでいるのではないかと思いました。答えはありませんが、コーチングにおいても、とても大切なテーマだと改めて思っています。

ファイターズの財務

宮田　ファイターズは海外遠征を行ったりしていますが、お金はどこから捻出しているのでしょうか。

小野　今回の南オレゴン大学への遠征では、往復の航空運賃は原則、個人負担です。三六・五万円で、海外での交流プログラムとして一人五万円の大学からの奨学金がついたので、実際には三一・五万円です。

現地空港に入って以降は、移動は大学のバス、宿泊は学生寮、食事は学生のためのダイニングホール、歓迎パーティなども含めて南オレゴン大学側の支援で、すべて無料でした。海外遠征というと贅沢なようですが、相手校からの支援を受けています。一方、二〇〇一年、二〇一五年にプリンストン大学を招いたときは、本学が応分の負担をしました（幸いそれぞれ関西学院創立一一一周年、一二五周年記念事業の一環として認められましたので、学校から財政支援も頂きました）。

宮田　大学スポーツはアメリカでも儲かっていないということが、ようやく日本でも理解されるようになりましたが、ファイターズの財政はいかがでしょうか。

小野　チーム全体の財政については、主な収入は大学からの指定強化クラブへの補助金等とOB・OG会からの寄付です。指定強化クラブは戦績等を考慮して特定の競技のみ選定され、補助金を受けます。OB・OG会（一般社団法人「KG FIGHTERS CLUB」）からの寄付もあり、部員からは部費を徴収していません。ただし、遠征や合宿での交通費・宿泊費などは実費を集めています。

OB・OG会からの財政支援は非常に重要で、年会費を集めた収入の中から年間一四〇〇万円ほど支援を受けています。部員は現役時は負担を低く抑えられ、卒業したら寄付をして現役を助けます。約一七〇〇人のOB・OGのうち毎年八五－八九％が年会費二万円を納めてくれ、その一部が寄付されるわけです。私はこれを「愛情と誇りの世代間循環システム」と呼んでいます。これがファイターズの最大の強みの一つですね。

正課外教育としてのスポーツ

宮田　学業との両立についてどのようにしていますか。

小野　関西学院大学の体育会全体で二〇一九年度から Academic Eligibility という制度を、他大学に先駆けて始めました。学期ごとに卒業に向けての単位取得数の基準を定め、それに達して初めて対外試合に出場できます。卒業には一二四単位が必要なのですが、たとえば、二年生修了時には四一単位以下だと出場不可となります。（運動部を所管する）学生活動支援機構が行う、週一回、九〇分の修学支援プログラム（補習）に三か月間、参加することが義務付けられ、次の学期での基準のクリア（資格復活）を目指します。四九単位から四二単位は「条件付き資格あり」で、三か月の修学支援プログラムに皆勤すれば次の学期を待たず夏休みや春休みに出場できます。

二〇二一年度に入学した選手は二年生の終了時に、六六三人の選手のうち一四人（二・一％）のみが、「出場不可」または「条件付き資格あり」となりました。実は、一般学生ではこの「五〇単位以上取得」を満たしていない学生が四・九五％もいます。選手の方が出場資格がかかっているので必死に勉強しているので、単位取得数が良いのです。

宮田　本書で紹介したアメリカの「四〇‐六〇‐八〇ルール」と同じですね。でも、一般学生より単位取得率が良いというのは驚きです。選手資格がかかっているので、一般学生より危機感があるのでしょう。

宮田　運動部、特にファイターズの選手は、就職に強いといわれていますが、その要因は何だと思いますか。

小野　大学通信という会社が各大学の就職状況を徹底的に調べて「有名四〇〇社への就職率」という大学比較が可能なデータを出しています。いろいろな週刊誌が大学ランキング特集で使っているものです。関西学院大学自体がこの数値は非常に高く、西日本では京大、阪大、神戸大、同志社、関学が五強です（週刊ダイヤモンド　二〇二二年八月六・一三日号）。二〇二三年度で見ると、体育会以外の学生は一七・九％ですが、体育会の学生は三〇・八％と高く、その中でもアメリカンフットボール部が六六・七％で毎年一番です。

ファイターズは「四年生のチーム」を標ぼうしています。毎年、四年生がリーダーとして、部員が二〇〇人近くいて、歴史と伝統のあるファイターズを率いる責任を負います。企業での役員や管理職のように予算や人事権などの権限が与えられるわけでもなく、上下関係なく自由に意見をぶつけてくる後輩たちを自分の「生き様」一つで引っ張っていかなければなりません。スポーツですから上級生が常に下級生よりうまいわけでも強いわけでもありません。監督・コーチと三年生以下の部員たちに挟まれながら「ファイターズの四年生」になろうともがき続けます。四年生がお互いを厳しく律しなければ下級生はついてきてくれません。人はリーダーがうまい・へたではなく、その懸命な生き方を見て初めて動きます。ただし、そんじょそこらの頑張りでは誰も敬意をもってくれません。三年生まで好きなように文句を言っている者が、四年生になってみんな苦しみます。そういう形で本当の意味でのリーダーシップを体験します。重い荷物を背負う経験こそがその人間を成長させ、強くします。チームを日本一にするために、チームで起きていることすべてを「自分事」として考える習慣。チーム内では「自責」という言葉がよく使われます。問題を解決するのは、他の誰かではなく自分だ、という意識。「チームの一員」ではなく、「自分のチーム」という感覚。チームを勝たせるのは「自分たち」ではなく「自分」。そうやってリーダーシップからオーナーシップへと変化することで、初めて自分が自分自身のフットボール人生の主人公になります。こうした経験と感覚は生涯を通じて自分の中に残ります。現在の就活戦線ではクラブの名前で通してくれたりしません。先輩たちの社会での活躍もプラスに働いているでしょうが、企業も学生自身から何かそうした経験を感じ取って評価してくれているのではないかと思っています。

インタビューを終えて

ファイターズほどではなくても、運動部の学生は一般に就職は良い。実業団でプレーをするのでなく、一般の社員としての採用でも強い。企業は、かつてのような上司の命令に従順な人間というより、スポーツによって形成される、個人・チームの目標に向かっての努力する忍耐力・克己心などの人格・資質を評価している。これを否定するわけではないが、より深刻な問題は、一般学生で成績の良い学生が、運動部の「人格・資質」を上回るほどの評価を企業からされていないことである。運動部の監督の方がゼミの指導教員よりも学生の付加価値を高めているのが現状である。GPAの高い学生は知性を磨き賢明な人物である、と社会から評価されるよう、われわれ一般教員が努めなければならない。

なお、本インタビューは二〇二四年五月二一日に行われた。その後、七月に開かれた二〇歳以下世界選手権（カナダ）の日本代表チームに選抜されたファイターズの五選手に対し、代表チームを管轄する日本アメリカンフットボール協会が規律違反による処分を発表した。ファイターズは記者会見を二度開いてチームとしての認識・見解（日本協会とは異なる点を含めて）および独自に下した処分やその理由等を説明し、ホームページ上でも開示した。そして、インタビューの通り、〝連帯責任〟は取らないという方針を貫き、九月からの関西学生リーグに出場した。

参考文献

邦文文献

大橋誠監修（二〇一一）『よくわかるアメリカンフットボール』実業之日本社。

ガーニー、G.、ロピアノ、D. A.、ジンバリスト、A.（宮田由紀夫訳）（二〇一八）『アメリカの大学スポーツ—腐敗の構図と改革への道—』玉川大学出版部。（Gurney, G., Lopiano, D. A., and Zimbalist, A.（二〇一七）*Unwinding Madness: What Went Wrong with College Sports—and How to Fix It*, Washington, D.C.: The Brookings Institution.

川島浩平（二〇一〇）「『黒人身体能力』と水泳、陸上競技、アメリカンスポーツ—『神話』の歴史性を検証するための試論的考察として—」『武蔵大学人文学会雑誌』第四一巻、第三、四号、pp.145-175。

川島浩平（二〇一二）『人種とスポーツ—黒人は本当に「速く」「強い」のか—』中央公論新社。

スミス、R. A.（白石義郎・岩田弘三監訳）（二〇〇一）『カレッジスポーツの誕生』玉川大学出版部。（Smith, R. A.（1988）*Sports and Freedom: The Rise of Big-Time College Athletics*, Oxford: Oxford University Press.）

セージ、G. H.（深澤宏訳）（一九九七）『アメリカスポーツと社会—批判的考察—』不昧堂出版。

高橋哲雄（二〇〇九）『本、註多きゆえに尊からず』ミネルヴァ書房。

長倉富貴（二〇一八）「全米大学体育協会（NCAA）の『学業とスポーツの両立』を可能とさせる仕組み」『山梨学院大学　経営情報学論集』第二四号、pp.33-44。

中山茂（一九九四）『大学とアメリカ社会—日本人の視点から—』朝日新聞社。

中村敏雄（一九八一）『スポーツの風土—日米英比較スポーツ文化—』大修館書店。

中村敏雄（一九九四）『メンバーチェンジの思想』平凡社。

ボック、D. C.（宮田由紀夫訳）（二〇〇四）『商業化する大学』玉川大学出版部。（Bok, D. C.（2003）*Universities in the Marketplace*, Princeton: Princeton University Press.）

宮田由紀夫（二〇一二）『米国大学「拝金」報告』中央公論新社。

宮田由紀夫（二〇一六）『暴走するアメリカ大学スポーツの経済学』東信堂。

宮田由紀夫（二〇二三）「カルテルとしての全米大学体育協会（NCAA）の考察」『同志社大学　経済学論叢』第七五巻、第二・三号、pp.127-151。

宮田由紀夫（二〇二四）「アメリカの大学スポーツに対する規制の考察」『関西学院大学　経済学論究』第七七巻、第四号、pp.141-163。

柳川範之・大東一郎（一九九九）「第４章　カルテル規制」後藤晃・鈴村興太郎編『日本の競争政策』東京大学出版会。

若原正巳（二〇一〇）『黒人はなぜ足が速いのか―「走る遺伝子」のなぜ―』新潮社。

英文文献

Abdalazem, R. and May, J.（2023）Who Are the Highest and Lowest Paid Coaches in the NFL?〈https://en.as.com/nfl/who-are-the-highest-and-lowest-paid-nfl-coaches-n-2/〉二〇二三年一二月一七日アクセス。
Abruzzo, J. A.（2021）*Statutory Rights of Players at Academic Institutions*（*Student-Athletes*）*Under the National Labor Relations Act*, Memorandum GC 21-08, September 29, 2021, Office of the General Counsel, National Labor Relations Board.
Alexander, D. L. and Kern, W.（2010）Does Athletic Success Generate Legislative Largess from Sports-Crazed Representatives? The Impact of Athletic Success on State Appropriations to Colleges and Universities, *International Journal of Sport Finance*, Vol.5: 253-267.
Anderson, M. L.（2017）The Benefits of College Athletic Success: An Application of the Propensity Score Design, *The Review of Economics and Statistics*, Vol.99（1）: 119-134.
Associated Press（2012）UNO to Remain Division I School, *Associated Press*, March 9, 2012.
Associated Press（2016）NCAA's Academic Progress Rate Penalty List, April 20, 2016.〈https://www.tiftongazette.com/sports/ncaas-adacmic-progress-rate-penalty-list/article_4c8c7450-0737-11e6-9f35-6fae0fc75e16.html〉二〇二四年三月一〇日アクセス。
Association of Governing Boards of Universities and Colleges（2012）*Trust, Accountability, and Integrity: Board Responsibilities for Intercollegiate Athletics*, Miami: Knight Foundation.

Backus, W. (2024) How Pac-2 Moves Forward After Leverage Play as College Football Playoff Updates 12-Team Expansion Model, *CBS Sports*, February 20, 2024.

Baird, K. (2004) Dominance in College Football and the Role of Scholarship Restrictions, *Interdisciplinary Arts and Sciences Publications*, Paper 32, University of Washington, Tacoma.

Bauer-Wolf, J. (2017) NCAA: No Academic Violations at UNC, *Inside Higher Ed.*, October 15, 2017.

Bauer-Wolf, J. (2023) NCAA Permanently Ends SAT, ACT Eligibility Requirement for Division I, II Student-Athletes, *Higher Ed Dive*, February 7, 2023.

Baumer, B. and Zimbalist, A. (2019) The Impact of College Athletic Success and Donations and Applicant Quality, *International Journal of Financial Studies*, Vol.7, No.2, April 1.

Bechtel, M. (2003) The Vanderbilt Experiment in the Face of NCAA Scandals, One School Eliminates Its Athletic Department—And Hopes to Become a Model for a System in Need of Reform, *Sports Illustrated*, September 22, 2003.

Bechtel, M. (2022) AIAW vs. NCAA: When Women's College Basketball Had to Choose, *Sports Illustrated*, June 14, 2022.

Belzer, J. (2018) Making Sense of College Coaching Contracts, *Athletic Director U*, 〈https://athleticdirectoru.com/articles/making-sense-of-college-coaching-contradts〉 二〇二四年二月二日アクセス。

Bennett III, R., Hodge, S. R., Graham, D. L., and Moore III, J. L. (2015) *Black Males and Intercollegiate Athletics: An Exploration of Problems and Solutions*, Bingley, UK: Emerald Group.

Bergman, S. A. and Logan, T. D. (2020) Revenue per Quality of College Football Recruit, *Journal of Sports Economics*, Vol.21 (6):571-592.

Berkowitz, S. (1996) Power of Div.I-A Tops Agenda: NCAA Convenes in Dallas to Discuss Rules, Governing Changes, *The Washington Post*, January 5, 1996.

Berkowitz, S. and Brennan, C. (2021) Justice Department Warns NCAA Over Transfer and Name, Image, Likeness Rules, *USA Today*, Januray 8, 2021.

Beyer, J. M. and Hannah, D. R. (2020) The Cultural Significance of Ahtletics in US Higher Eudcation, *Journal of Sport Management*, Vol.14:105-132.

Blair, R. D. and Wang, W. (2020) The NCAA's Transfer Rules: An Antitrust Analysis, *Journal of Sports & Entertainment Law, Harvard Law School*, Vol.11 (1):1-14.

Blinder, A. (2021) NCAA President Seeks Delay on Vote to Let Students Profit from Fame, *The New York Times*, February , 2021.

Borghesi, R. (2017) Pay for Play: The Financial Value of NCAA Football Players, *Applied Economics*, Vol.49 (46): 4657-4667.

Borghesi, R. (2018) The Financial and Competitive Value of NCAA Basketball Recruits, *Journal of Sports Economics*, Vol.19 (1):31-49.

Brady, E. (2016) NCAA Extends Tournament Deal with CBS, Tuner Through 2032 for $8.8 Billion, *USA Today*, April 12, 2016.

Brown, R. (2011) Research Note: Estimates of College Football Player Rents, *Journal of Sports Economics*, Vol.12 (2): 200-212.

Brown, T. M. (2020) *How Football Became Football: 150 Years of the Game's Evolution,* West Bloomfield, Michigan: Brown House Publishing.

Brunet, M. J., Atkins, M. W., Johnson, G. R., and Stranak, L.M. (2013) Impact of Intercollegiate Athletics on Undergraduate Enrollment at a Small Faith-Based Institution, *Journal of Applied Sport Management*, Vol.5 (1): 78-94.

Bruzzo, E. (2014) UNC Alum Accused of Plagiarism, *The Carolinian*, November 6, 2014.

Buckley, T. A., Bryk, K. N., Hunzinger, K. J., and Costantini, K. (2023) National Collegiate Athletic Association Athletic Trainers' Response to the Arrington Settlement:Management, Compliance, and Practice Patterns, *The Physician and Sportsmedicine*, Vol.51 (5): 427-433.

Byers, W. (1995) *Unsportsmanlike Conduct: Exploiting College Athletes*, Ann Arbor: The University of Michigan Press.

Case, B., Greer, H. S., and Brown,J. (1987) Academic Clustering in Athletics: Myth or Reality, *Arena Review*, Vol.11

(2): 48–56.
Castle, J. and Kostelnik, R. (2011) The Effects of An Instituions's Athletic Success on the Future Freshmen Application Pool at NCAA Division II Universities, *Journal of Issues in Intercollegiate Athletics*, Vol.4: 411–427.
Cheslock, J. J. and Knight, D. B. (2012) *Following a Problematic, Yet Predictable, Path: The Unsustainable Nature of the Intercollegiate Athletics System*, Miami: Knight Foundation.
Chronicle of Higher Education (2023a) How Much Are Private–College Presidents Paid?*Chronicle of Higher Education*, July 18, 2023.
Chronicle of Higher Education (2023b) How Much Are Public–College Presidents Paid?*Chronicle of Higher Education*, August 2, 2023.
Chung, D. J. (2013) The Dynamic Advertising Effect of Collegiate Athletics, *Marketing Science*, Vol.32 (59) : 679–698.
Clotfelter, C. T. (2011) *Big–Time Sports in American Universities*, New York: Cambridge University Press.
Cobb, D. (2024) College Football Playoff Unanimously Approves 5 + 7 Model as 12–Team Format Begins in 2024 Season, *CBS Sports*, February 20, 2024.
Colombo, J. D. (2010) The NCAA, Tax Exemption, and College Athletics, *University of Illinois Law Review*, No.1:109–164.
Connolly, O. (2023) Disguises, Subterfuge and Conspiracy: College Football's Sign–Stealing Scandal Explained, *The Guardian*, November 10, 2023.
Cook, B. J. and Colin, E. (2023) *Do Investments in Athletics Lead to Enrollment Increase at Division III Schools?* Urban Institute, December 15, 2023, 〈https://www.urban.org/urban–wire/do–investments–athletics–lead–enrollemnt–inccreases–division iii–schools〉 二〇二四年三月二二日アクセス。
Cooper, C. G., Hoffman, L., and Weight, E. (2011) Choosing Factors and Best Fit Principles Encouraging "Best Fit" Principles: Investigating College Choice Factors of Student–Athletes in NCAA Division I, II, and III Men's Wrestling, *Theories and Applications the International Edition*, Vol.1 (1): 97–106.

Corrada, R. L.（2020）The Northwestern University Football Case: A Dissent, *Journal of Sports and Entertainment Law, Harvard Law School*, Vol.11（1):15-39.

Crouse, J. and Trusheim, D.（1988）*The Case Against the SAT*, Chicago: The University of Chicago Press.

Crower LLP（2021）*National Collegiate Athletic Association: Consolidated Financial Statements*, Indianapolis: Crower LLLP.

Crowley, J. N.（2006）*In the Arena: The NCAA's First Century*, Indianapolis: The National Collegiate Athletic Association.

Davis, E. C. and Cooper, J. A.（1934）Athletic Ability and Scholarship: A Rėsumė of Studies Comparing Scholarship Abilities of Athletes and Non-Athletes, *Research Quarterly*, Vol.5:68-78.

Davis, M. R.（2003）After Long Title IX Review, Agency Makes No Change, *Education Week*, August 6, 2003.

Davis, M. R.（2004）Wrestling Coaches Lose Appeal Over Ed. Dept's Title IX Rules, *Education Week*, March 26, 2004.

Davis, T.（2017）NCAA v. UNC: Challenging the NCAA's Jurisdiction, *Arizona State University Sports and Entertainment Law Journal*, Vol.6（3): 395-426.

De Oca, J. M.（2008）A Cartel in the Public Interest: NCAA Broadcast Policy during the Early Cold War, *American Studies*, Vol.49（3）（4): 157-194.

Dellenger, R.（2020）Inside the Landmark College Athletes Bill of Rights Being Introduced in Congress, *Sports Illustrated*, December 17, 2020

Dellenger, R.（2021a）As Congressional Power Shifts, NCAA Reform and Athletes' Right Are Firmaly in the Crosshairs, *Sports Illustrated*, January 20, 2021.

Dellenger, R.（2021b）Critical Senate NIL Hearing Set to Take Place with NCAA President Mark Emmert's Revealing Testimony, *Sports Illustrated*, June 9, 2021.

Dellenger, R.（2022a）Bipartisan Bill in Congress Seeks Overhaul of NCAA Infraction Process, *Sports Illustrated*, March 29, 2022.

Dellenger, R.（2022b）Five Senators to Reintroduce Sweeping College Athlete Bill of Rights in Congress, *Sports Illustrated*, August 3, 2022.

Dellenger, R. (2023) Change Is Coming to the College Football Playoff, *Yahoo Sports*, November 9, 2023.

Deluca, J. and Maddox, C. B. (2012) Fixing the Front Porch? Maryland Move to the Big Ten, In King-White, R. (ed.) *Sport and the Neoliberal University: Profit, Politics, and Pedagogy*, New Brunswick, New Jersey: Rutgers University Press.

Denhart, M. and Ridpath, D. (2011) *Funding the Arms Race: A Case Study of Student Athletic Fees*, Washington, D.C.: Center for College Affordability and Productivity.

Dennie, C. (2012) Conference Realignment: From Backyard Brawls to Cash Cows, *Mississippi Sports Law Review*, Vol.1 (2): 249-280.

Depken II, C. A. and Wilson, D. P. (2006) NCAA Enforcement and Competitive Balance in College Football, *Southern Economic Journal*, Vol.72 (4): 826-845,

Dodd, D. (2023) With New College Subdivision Proposal, NCAA Finally Admits Its Amateurism Model Is Dead, *CBS Sports*, December 5, 2023.

Dodds, E. (2015) The "Death Penalty" and How the College Sports Conversation Has Changed, *Time*, February 25, 2015.

Dosh, K. (2013) *Saturday Millionaires: How Winning Football Builds Winning Colleges,* New York: Wiley.

Dosh, K. (2015) Assistance Funds Pay Tab to Insure Starts, *Sports Business Journal*, January 12, 2015.

Dowling, W. C. (2007) *Confessions of Spoil Sport: My Life and Hard Times Fighting Sports Corruption at an Old Eastern University*, University Park, Pennsylvania: The Pennsylvania State University Press.

Drake Group (2020) *The Drake Group Calls for Congress to Take Strong Action to Protect College Athletes*, West Haven, Connecticut: The Drake Group.

Drozdowski, M. J. (2023) The College Admissions Scandal That Shook Higher Education, *Bestcollege.com blog*, March 21, 2023.

Dunnavant, K. (2004) *The Fifty-Year Seduction: How Television Manipulated College Football, from the Birth of the Modern NCAA to the Creation of the BCS*, New York: St. Martin's Press.

Dure, B. (2015) US College Sports Are a Factory for Olympic Medalists—But For How Much Longer? *The Guardian*,

December 1, 2015.
Durham, M.（2023）DI Board of Directors Increases Benefits for College Athletes, *NCAA Media Center*, April 26, 2023.
Durkin, E.（2019）US College Admissions Scandal: How Did the Scheme Work and Who Was Charged? *The Guardian*, March 13, 2019.
Eggers, A. F., Groothuis, P. A., Redding, P., Rotthoff, K. W., and Solimini, M.（2020）Universities Behaving Badly: The Impact of Athletic Malfeasance on Student Quality and Enrollment, *Journal of Sports Economics*, Vol.21（1）: 87-100.
Ellis, Z.（2013）Report: NCAA Multiyear Scholarships Not Taking Hold in Major Programs, *Sports Illustrated*, April 19, 2013.
Enright, M., Lehren, A. W., and Longoria, J（2020）Hidden Figures: College Students May Be Paying Thousands in Athletic Fees and Not Known It, *NBC News*, March 8, 2020.
ESPN（2012）, U Conn Loses Final Appeal, *ESPN News Services*, April 5, 2012.
ESPN（2015）*Missouri President Tim Wolfe Resigns Amid Student Criticism of Handling of Racial Issues*, November 10, 2015.〈https//www.espn.com/college-football/story/_/id/14089689/missour-tigers-president-tim-wolfe-resigns-amid-racial-unrest〉二〇二四年一月二八日アクセス。
Fain, P.（2006）Congressman's Letter Grills NCAA On Tax-Exempt Status of College Sports, *Chronicle of Higher Education*, October 13, 2006.
Fellin, P.（2006）The Commitment to Participate Rule: The NCAA Fights to Keep the March Madness Ball in Its Court, *Journal of Civil Rights and Economic Development*, Vol.20（2）: 501-530.
Fizel, J. L. and Bennett, R. W.（2016）College Sports, In Brock, J. W.（ed.）*The Structure of American Industry, 13th Edition*, Long Grove, Illinois: Waveland Press.
Flaherty, C.（2022）A Matter of Public Concern, *Inside Higher Ed*. November 20, 2022.
Fleisher III. A. A., Goff, B. L., and Tollison, R. D.（1992）*The National Collegiate Athletic Association: A Study in Cartel*

Behavior, Chicago: The University of Chicago Press.

Fong, A. (2022) Brown Agrees to Pay Over $1Million in Title IX Settlement Following Court Order, *The Daily Pennsylvanian*, November 10, 2022.

Fountain, J. J. and Finley, P. S. (2011) Academic Clustering: A Longitudinal Analysis of a Division I Football Program, *Journal of Issues in Intercollegiate Athletics*, Vol.4: 24-41.

Frank, R. H. (2004) *Challenging the Myth: A Review of the Links Among College,* Miami: Knight Foundation.

Gallup (2020) *A Study of NCAA Student-Athletes: Undergraduate Experiences and Post-College Outcomes,* Washington, D.C.: Gallup.

Ganim, S. (2015) UNC "Fake Classes" Whistleblower to Get $335K in Settlement, *CNN News*, March 17, 2015.

Gaona, D. (1981) The National Collegiate Athletic Association: Fundamental Fairness and the Enforcement Program, *Arizona Law Review*, Vol.23 (3): 1065-1102.

Garthwaite, C., Keener, J., Notowidigdo, M. J., and Ozminkowski, N. F. (2020) *Who Profits from Amateurism? Rent-Sharing in Modern College Sports*, NBER Working Paper, No.27734.

Geiser, S. and Santelices, M. V. (2007) *Validity of High-School Grades In Predicting Student Success Beyond the Freshman Year; High-School Record vs. Standardized Test as Indicators of Four-Year College Outcomes*, Center for Studies in Higher Education, Research and Occasional Paper Series CSHE6.07, Center for Studies in Higher Education, University of California, Berkeley.

Gill, E., Lopiano, D., Smith, B., Sommer, J., Gurney, G., Lever, K., Proto, B., Ridpath, D. B., Sack, A., Thatcher, S., and Zimbalist, A. (2021) *A Continuing Disgrace: Intercollegiate Athletics Race Issue*,West Haven, Connecticut: The Drake Group Education Fund.

Gilson, R. J. (1999) The Legal Infrastructure of High Technology Industrial Districts: Silicon Valley, Route 128 and Covenants Not to Compete, *New York University Law Review*, Vol.74 (3): 575-629.

Goff, B. L. (2004) Effects of University Athletics on the University: A Review and Extension of Empirical Assessment, In Fizel, J. and Fort, R. (eds.) *Economics of College Sports*, Westport, Connecticut: Praeger.

Goff, B. L. , Kim, H. Y., and Wilson, D. P. (2017) Estimating the Market Value of Collegiate Football Players From Professional Factor Share, *Applied Economics Letters* Vol.24 (4): 233–237.,

Golembeski, D. (2022) New NCAA Constitution Ratified, Shifts Power to Universities, *Best Colleges News*, January 28, 2022.

Golen, J. (2021) Memo from NLRB Lawyer Say College Football Players Are Employees, *The Chicago Sun Times*, September 30, 2021.

Graham, D. L. , Pryor, A. L., and Gray, M. (2015) Impact of College Athletics Involvement on African American Male Student–Athletes' Career Development, In Bennett III, R. A., Hodge, S. R., Graham, D. L., and Moore III. J. L. (eds.) (2015) *Black Males and Intercollegiate Athletics: An Exploration of Problems and Solutions*, Bingley, UK: Emerald.

Grant, R. R., Leadley, J. C., and Zygmont, Z. X. (2015) *The Economics of Intercollegiate Sports (Second Edition)*, Hackensack, New Jersey: World Scientific Publishing.

Grimes, P. W. and Chressanthis, G. A. (1994) Alumni Contributions to Academics: The Role of Intercolleiate Sports and NCAA Sanctions, *The American Journal of Economics and Sociology*, Vol.53 (1): 27–40.

Groothuis, P. A., Eggers, A. F., and Redding, P. T. (2019) The Impact of Men's Basketball Probations and the Quantity and Quality of Student Applications and Enrollment, *Applied Economics Letters*, Vol.26 (8):657–660.

Grow, N. (2011) Antitrust and the Bowl Championships Series, *Harvard Journal of Sports and Entertainment Law*, Vol.2 (1): 53–98.

Gurney, G., Willingham, M., Lopiano, D., Porto, B., Ridpath, D. B., Sack, A., and Zimbalist, A. (2015) *Freshmen Ineligibility in Intercollegiate Athletics*, West Haven, Connecticut: The Drake Group.

Gurney, G. , Lopiano, E., Snyder, D., Willingham, M., Meyer, J., Porto, B., Ridpath, D. B., Sack, A., and Zimbalist, A. (2021) *Why the NCAA Academic Progress Rate (APR) and the Graduation Success Rate (GSR) Should Be Abandoned and Replaced with More Effective Academic Metrics*, West Haven, Connecticut: The Drake Group.

Hardig, C. (2023) Is the NCAA Above the Law? *University of Cincinnati Law Review Blog* 〈https://uclawreview-org/2023/04/13/is-the-ncaa-above-the-law〉 二〇二四年三月二四日アクセス。

Harvard Law Review (2017) Recent Adjudications: The Trustees of Columbia University, *Harvard Law Review*, Vol.130:1281-1288.

Harvard Law Review (2021) Sherman Act —Antitrust Law—College Athletics—NCAA v. Alston, *Harvard Law Review*, Vol.125: 471-480.

Hawkins, B. (2010) *The New Plantation: Black Athletes, College Sports, and Predominantly White NCAA Institutions*, New York: Palgrave Macmillan.

Henry, D., Kergides, K., and Sachs, K. L. (2020) The Arrington Settlement and Its Implications: What It Says and What It Doesn't, ⟨https://sportslitigationalert.com/the-arrington-settlement-and-its-implications-what-it-says-and -what-it-doesnt⟩ 二〇二三年一一月五日アクセス。

Henry, H. (2018) *Take Down: Inside the Jan Kemp Affair*, Washington, D. C.: Hue Henry (privately printed edition).

Hobson, W. and Guskin, E. (2017) Poll: Majority of Black Americans Favor Paying Athletes; 6 in 10 White Disagree, *The Washington Post*, September 14, 2017.

Hoffman, J. L. (2012) *Competition and Control in the Gridiron Marketplace: Finding from the Intercollegiate Athletics Leadership Database*, Miami: Knight Foundation.

Hoffman, M. (2016) UC San Diego Students Approve Move to Division I, *Kpbs News*, May 24, 2016.

Holden, J. T., Edelman, M., BakerIII,T. A., and Shumkan, A. G. (2022) Reimaging the Governance of College Sports After Alston, *Florida Law Review*, Vol.74 (3):427-482.

Hording, R. (2022) Calling Time: The Case for Ending Preferential Antitrust Treatment of NCAA Amaterism Rules After Alston, *University of Illinois Law Review*, No.4: 1637-1667.

Horowitz, I. (1994) The Reasonableness of Horizontal Restraints: NCAA 1984, In Kwoka, J. F. and White, L. (eds.) *Antitrust Revolution*, New York: Hapercollins College.

Hosick, M. B. (2009) New Orleans Looks to Reclassify, *NCAA News Archive*, November 12, 2009.

Hosick, M. B. (2011) *DI Board Adopts Improvements in Academic Standards and Student-Athlete Support*, NCAA Media Center, October 27, 2011.

Hosick, M. B.（2016a）*DI Council Adopts Academic Integrity Proposal: Alteration Is Fist Change in Academic Integrity Approach in 33 Years*, NCAA Media Center, April 8, 2011.

Hosick, M. B.（2016b）*DI to Distribute Revenue Based on Academics: New Model to Allow Schools with Higher Graduation Rates, Academic Success to Qualify for More Funds*, NCAA Media Center, October 27, 2016.

Hosick, M. B.（2021）*NCAA Adopts Interim Name, Image and Likeness Policy*, NCAA Media Center, June 30, 2021.

Houston, D. A. and Baber, L. D.（2017）Academic Clustering among Football Student-Athletes and Exploring Its Relationship to Institutional Characteristics, *Journal for the Study of Sports and Athletes in Education*, Vol.11（1）: 66-90.

Humphreys, B. R.（2003）*The Relationship Between Big-Time College Football and State Appropriations to Higher Education*, UMBC Economics Department, Working Paper 03-102.

Humphreys, B. R. and Mondello, M.（2007）Intercollegiate Athletic Success and Donations at NCAA Division I Institutions, *Journal of Sport Management*, Vol.21:265-280.

Hutchinson, M. and Bouchet, A.（2012）*De-Escalation of Commitment Among Division I Athletic Department*, Miami: Knight Foundation.

Ingels, S. J., Dalton, B., and Christopher, E.（2013）*High School Longitudinal Study of 2009（HSLS:09）: First Follow-up*, National Center for Education Statistics（NCES 2014-358）, Washington, D.C.: US Department of Education.

Ingram, M.（2015）UAB to Resume Playing Football in 2017, *USA Today*, July 21, 2015.

Inside Higher Ed.（2015）A Real Incentive or PR? *Inside Higher Ed.*, February 5, 2015.

Jeyarajah, S.（2021）College Athletes at Private Schools Are Employees Who Can Unionize, NLRB General Counsel Says, *CBS Sports*, September 29, 2012.

Jeyarajah, S.（2023）NCAA President Proposes Creation of Subdivision Allowing Schools to Directly Compensate Student-Athletes, *CBS Sports*, December 5, 2023.

Johnson, M.（2015）University of Alabama at Birmingham Football Program Set to Return in 2016, *USA Today*, June 2, 2015.

Johnson, R.（2023）Explaining Johnson v NCAA and What's at Stake in Wednesday's Court Hearing, *Sports*

Illustrated, February 15, 2023.

Jones, W. A.（2015）High-Level Football and Appropriations to Universities: Are Sports-Crazed Representatives Responsive to NCAA Divisional Affiliation? *Journal of Education Finance*, Vol.40（4）: 438-455.

Kahn, L. M.（2007）Cartel Behavior and Amateurism in College Sports, *Journal of Economic Perspectives*, Vol.21（1）: 209-226.

Kaplan, Hecker & Fink（2021a）*NCAA External Gender Equity Review, Phase I: Basketball Championships*, New York: Kaplan, Hecker & Fink LLP.

Kaplan, Hecker & Fink（2021b）*NCAA External Gender Equity Review, Phase II*, New York: Kaplan, Hecker & Fink LLP.

Kaye, J. S.（2010）*Report to the Board of Trustees on the State University of New York*, Skadden, Arps, Slate, Meagher and Flom LLP.

Kays, J. and Phillips-Han, A.（2015）Gatorade: The Idea That Launched an Industry, 〈https://research.ufl.edu/publications/explore/v08n1/gatoreade/html〉二〇二四年一月三〇日アクセス。

Keepfer, S.（2020）14 Football Players Among 19 more Clemson Athletes to Test Positive for Covid-19, *Greenville News*, June 20, 2020.

Kisska-Schulze, K.（2019）This Is Our House: the Tax Man Comes to College Sports, *Marquette Sports Law Review*, Vol.29（2）:347-380.

Klingman, K.（2022）Is This the Golden Age of American Wrestling? *FloWrestling*, June 16, 2022.

Knight Commission on Intercollegiate Athletics（1991）*Keeping Faith with the Student-Athlete: A New Model for Intercollegiate Athletics*,Miami: Knight Foundation.

Knight Commission on Intercollegiate Athletics（1992）*A Solid Start: A Report on Reform of Intercollegiate Athletics*, Miami: Knight Foundation.

Knight Commission on Intercollegiate Athletics（1993）*A New Beginning for a New Century: Intercollegiate Athletics in the United States*, Miami: Knight Foundation.

Knight Commission on Intercollegiate Athletics（2001）*A Call to Action: Reconnecting College Sports and Higher Education*,

Miami: Knight Foundation.
Knight Commission on Intercollegiate Athletics (2009) *Quantitative and Qualitative Research with Football Bowl Subdivision University Presidents on the Costs and Financing of Intercollegiate Athletics*, Baltimore and Corrboro (North Carolina): Art and Science Group.
Knight Commission on Intercollegiate Athletics (2010) *Restoring the Balance: Dollars, Values, and the Future of College Sports*, Miami: Knight Foundation.
Knight Commission on Intercollegiate Athletics and Shugoll Research (2020) *NCAA Division I Governance and Organizational/Competitive Structure Survey*, Miami: Knight Foundation.
Knight Commission on Intercollegiate Athletics (2021a) *Transforming the NCAA D-I Model: Recommendations for Change*, Miami: Knight Foundation.
Knight Commission on Intercollegiate Athletics (2021b) *Achieving Racial Equity in College Sports*, Miami: Knight Foundation.
Knight Commission on Intercollegiate Athletics (2022) *Connecting Athletics Revenues with the Educational Model of College*, Miami: Knight Foundation.
Knight-Newhouse College Athletics Database (various years), Knight Commission on Intercollegiate Athletics and Newhouse School of Public Communication, Syracuse University. 〈https://knghtnewhousedata.org/〉 二〇二四年六月二四日アクセス。
Knott, K. (2024) House Republicans Warn against College Athlete Unions, *Inside Higher Ed.*, March 13, 2024.
Konsky, S. M. (2003) An Antitrust Challenge to the NCAA Transfer Rules, *The University of Chicago Law Review*, Vol.70: 1381-1607.
Kroshus, E., Baugh, C. M., Daneshvar, D. H., Stamm, J. M., Laursen, R. M., and Austin, S. B. (2015) Pressure on Sports Medicine Clinicians to Prematurely Return Collegiate Athletes to Play after Concussion, *Journal of Athletic Training*, Vol.50 (9): 944-951.
Kurrass, B. (2020) The Swelling Tide of Commercialized Amateur Athletics: How Growing Revenues Have Called

Public Attention to NCAA and Its Member Universities' Tax-Exempt Status, *Jeffrey S. Moorad Sports Law Journal*, Vol.27 (2): 285-328.

Kuwana, C. (2022) 50 Years of Title IX: The Defining Moments of Women's Sports, *Sports Illustrated*, June 9, 2022.

Lapchick, R. E. (2023) *The 2022 Racial and Gender Report Cart: College Sport*, The Institute for Diversity and Ethics in Sport, University of Central Florida.

Lane, E., Nagel, J. , and Nets, J. S. (2014) Alternative Approaches to Measuring MRP: Are All Men's College Basketball Players Exploited? *Journal of Sports Economics*, Vol.15 (3):237-262.

Laurenzi, S. (2021) *College Athletes, Prison Labor, and the Right to Employment*, 〈https://medium.com/on_second_thought/college-athletes-prizon-labor-and-the right-to-employment-3438f63cf94〉 二〇二四年三月二四日アクセス。

Lavigne, P. (2015) Lawyers, Status, Public Backlash Aid College Athletes Accused of Crimes, *ESPN News*, June 12, 2015.

Lawson, H. A. and Ingham, A. G. (1980) Conflicting Ideologies: Concerning the University and Intercollegiate Athletics: Harper and Hutchins at Chicago, 1892-1940, *Journal of Sport History*, Vol.7 (3): 37-67.

Lazaroff, D. E. (2007) The NCAA in Its Second Century: Defender of Amateurism or Antitrust Recidivist? *Oregon Law Review*, Vol.86 (2): 329-372.

LeBar, J. and Paul, A. (2011) *College Sports on the Brink of Disaster*, New York: Sports Publishing.

Lederman, D. (2008) Concerns about Clustering, *Chronicle of Higher Education*, November 19, 2008.

Lederman, D. (2011) Bad Apples or More, *Inside Higher Ed.*, February 6, 2011.

Lee, L. (2023) NBA Coach Salary: How Much Do Coaches Get Paid? *Hoop Dojo*, November 22, 2023 〈https://hoopdojo.com/nba-coach-salary〉 二〇二三年一一月一七日アクセス。

Leeds, M. A., Leeds, E. M., and Harris, A. (2018) Rent Sharing and the Compensation of Head Coaches in Power Five College Football, *Review of Industrial Organization*, Vol.52: 253-267.

Lester, R. (1999) *Stagg's University: The Rise, Decline & Fall of Big-Time Football at Chicago,* Urbana: University of Illinois

Press.
Libit, D.（2022）NCAA Reform on Capitol Hill: 6 Questions on the Prospects of Passage,*Sportico*, December 20, 2022.
Lopiano, D., Gurney, G., Porto, B., Ridpath, D. B., Sack, A., Willingham, M., and Zimbalist, A.（2016a）*Institutional Integrity Issues Related to College Athlete Sexual Assault and Other Forms of Serious Violence*, West Haven, Connecticut: The Drake Group.
Lopiano, D., Gurney, G., Polite, F., Porto, B., Ridpath, D. B., Sack, A., and Zimbalist, A.（2016b）*Athletic Governance Organization and Institutional Responsibilities Related to Professional Coaching Conduct,* West Haven, Connecticut: The Drake Group.
Lopiano, D., Blade, J., Gurney, G., Hudson, S., Porto, B., Sack, A., Ridpath, D. B., and Zimbalist, A.（2019）*College Athletes Health and Protection from Physical and Psychological Harm*, West Haven, Connecticut: The Drake Group.
Lopiano, D., Sommer, J.. Gill, E., Gurney, G., Lever, K., Porto, B., Ridpath, D. B., Sack, A., Smith, B., Thatcher, S., Hsu, M., and Zimbalist, A.（2021）*Need for Congress to Initiate a Comprehensive Review of College Athletics*, West Haven, Connecticut: The Drake Group.
Luchs, J.（2010）Confession of an Agent, *Sports Illustrated*, October 18, 2010, pp.62-70.
Mangold, W. D., Bean, L., and Adams, D.（2003）The Impact of Intercollegiate Athletics on Graduation Rates Among Major NCAA Division I Universities: Implications for College Persistence Theory and Practice, *The Journal of Higher Education*, Vol.74（5）540-567.
Marchand, A., Auerbach, N., Mandel, S., and Vannini, C.（2024）As SFP Meetings Resume with ESPN TV Deal on Table, the Battle for Control of the Future Rages, *The Athletic*, February 20, 2024.
Marsigliano, J.（2020）Here's How Much It Cost W&M to Avoid a Title IX Lawsuit, *Williamburg Yorktown Daily*, Novemvber 6, 2020.
Martinez, J. M., Stinson, J. L., Kang, M., and Jubenville, C. B.（2010）Intercollegiate Athletics and Institutional Fundraising: A Meta-Analysis, *Sport Marketing Quarterly*, Vol.19（1）: 36-47.

Martin, L. L., Faxhing-Varner, K., and Hartlep, N. D.（2017）*Pay to Play: Race and the Perils of the College Sports Industrial Complex*, Santa Barbara: Praeger.

Maxcy, J. G.（2004）The 1997 Restructuring of the NCAA: A Transactions Cost Explanation, InFizel, J. and Fort, R.（eds.）*Economics of College Sports*, Westport, Connecticut: Praeger.

McCann, M.（2016）In Denying O'Bannon Case, Supreme Court Leaves Future of Amateurism in Limbo, *Sports Illustrated*, October 3, 2016.

McCormack, A. M.（1992）Seeking Procedural Due Process in NCAA Infractions Procedures: States Take Action, *Marquette Sports Law Review*, Vol.2（2）: 261–293.

McCormick, R. E. and Tinsley, M.（1987）Athletics Versus Academics Evidence from SAT Scores, *Journal of Political Economy*, Vol.95（5）: 1103–1116.

McDowell, A.（2003）Vanderbilt Changes Athletics, *The Gadsden Times*, September 9, 2003.

MceVoy, C.（2005）The Relationship Between Dramatic Changes in Team Performance and Undergraduate Admissions Application, *The SMART Journal*, Vol.2（1）: 17–23.

McGreger, A.（2015）A Brief History of Freshman Eligibility and Race in the NCAA, *Sport in American History*, October 22, 2015.〈https://ussporthistory.com/2015/10/22/a-brief-history-of-freshman-eligibility-and-race-in-the-ncaa〉二〇二四年一月三〇日アクセス。

Meer J. and Rosen, H. S.（2009）The Impact of Athletic Performance on Alumni Giving: An Analysis of Microdata, *Economics and Education Review*, Vol.28:287–294.

Merkle, B.（2023）*The Amenities Arms Race*, New Saint Andres College〈https://nsa.edu/blog/the-amenities-arms-race〉二〇二四年一月八日アクセス。

Mertens, M.（2022）50 Years of Title IX: How One Law Changed Women's Sports Forever, *Sports Illustrated*, May 19, 2022.

Miller, B. C.（2015）"Playoff?! Are You Kidding Me, Playoffs?" An Antitrust Analysis of College Football's New Playoffs Format, *Cardozo Arts & Entertainment*, Vol.33:531–572.

Miller, S. (2022) An Analysis of the Rate of Academic Clusteering and the Types of Majors Chosen by DivisionsI, II, and III Intercollegiate Athletes, *Journal of the Study of Sports and Athletes in Education*, Vol.16 (2): 97–113.

Mixon, F. G. (1995) Athletics Versus Academics? Rejoining the Evidence from SAT Scores, *Education Economics*, Vol.3 (3): 277–283.

Mixon, F. G., TreviŃO, and Minto, T. C. (2004) Touchdowns and Test Scores: Exploring the Relationship Between Athletics and Academics, *Applied Economics Letters*, Vol.11:421–424.

Mondello, M. (2008) The College Football Postseason Mess: Economic Perspectives, In Humphrey, B. R. and Howard, D. R. (eds.) *The Business of Sports*, Westport, Connecticut: Praeger.

Moody, J. (2022) NCAA Adopts New Constitution, Policies for Trans Athletes, *Inside Higher Ed*., January 20, 2022.

Moody, J. (2024) Boosting the Bottom Line Through Athletics, *Inside Higher Ed*., March 21, 2024.

Mulcahy III, R. E. (2020) *An Athletic Director's Story and the Future of College Sports in America*, New Brunswick, Camdenand Newark, New Jersey: Rutgers University Press.

Mulkey, G. E. and Tapuro, A. R. (2023) Pay–for Play: The Status of College Athletes As Employees, *STINSON News and Insights*, April 18, 2023.

Murphy, D. (2022) Only 22 of 130 NCAA FBS–level Schools Say They Have Plan to Provide Allowed Academic Bonus Payments to Athletes This Year, *Inside Higher Ed*,, April 6, 2022.

Murphy, D. and Thamel, P. (2024) NCAA, Power 5 Agree to Let Schools Pay Players, *ESPN Sports*, May 23, 2024.

Murphy, R. G. and Trandel, G. A. (1994) The Relation Between University's Football Record and the Size of Its Applicant Pool, *Economics of Education Review*, Vol.13 (3): 265–270.

Myerberg, P. (2015) UAB Revives Football, but All Momentum Gained in 2014 Is Dead, *USA Today*, June 1, 2015.

Nadkarni, R. and Nieves, A. (2015) Why Missouri's Football Team Joined a Protest Against School Administration, *Sports Illustrated*, November 9, 2015.

Nafziger, J. A. (1983) The Amateur Sports Act of 1978, *BYU Law Review*, Vol.1983 (1): 47–99.

NCAA (National Collegiate Athletic Association) (2013) *So, You're Telling Me There's a Change*, NCAA Extra Point,

Indianapolis: National Collegiate Athletics Association.

NCAA（2015）Academic Progress Rate Explained, NCAA.org, May 19, 2015.〈https://www.ncaa.org.sports/2015/5/19/academic-progress-rate-explained.aspx〉二〇二四年三月一〇日アクセス。

NCAA（2017）*Infractions Panel Could Not Conclude Academic Violations in North Carolina Case*, NCAA Media Center, October 13, 2017.

NCAA（2020）*Estimated Probability of Competing Beyond High School*, Indianapolis: National Collegiate Athletics Association.

NCAA（2021）*2021 Division I Revenue Distribution Plan*, Indianapolis: National Collegiate Athletics Association.〈https://ncaaorg.s3.amazonaws.com/research/pro_beyond/2020RES_ProbabilityBeyondHSFiguresMethod/pdf〉二〇二四年六月一八日アクセス。

NCAA（2022a）*Trends in NCAA Division I Graduation Rates*, Indianapolis: National Collegiate Athletic Association.

NCAA（2022b）*Trends in NCAA Division II Graduation Rates*, Indianapolis: National Collegiate Athletic Association.

NCAA（2022c）*Trends in NCAA Division III Graduation Rates*, Indianapolis: National Collegiate Athletic Association.

NCAA（2022d）*Trends in Division I Athletics Finances,* Indianapolis: National Collegiate Athletic Association.

NCAA（2022e）*Trends in Division II Athletics Finances,* Indianapolis: National Collegiate Athletic Association.

NCAA（2022f）*Trends in Division III Athletics Finances,* Indianapolis: National Collegiate Athletic Association.

NCAA（2022g）*The State of Women College Sports*, Indianapolis: National Collegiate Athletic Association.

NCAA（2023）*Division I Infractions 2021-22 Annual Report*, Indianapolis: National Collegiate Athletics Association.

NCES（National Center for Educational Statistics）（2022）*Digest of Educational Statistics 2022*, Washington, D. C.: US Department of Education.

NLRB（National Labor Relations Board）（2021）, *NLRB General Counsel Jennifer Abruzzo Issues Memo on Employee Status of Players at Academic Institutions*, Office of Public Affairs, National Labor Relations Board.

NLRB（2024）*Trustees of Dartmouth College and Service Employees International Union, Local 560*, Case 01-RC-325633, National Labor Relations Board.

Nelson, D. M. (1994) *The Anatomy of a Game: Football, the Rules, and the Man Who Made the Game*, Newark: Univerisyt of Delaware Press.

New, J. (2014) Fitness without Athletics, *Inside Higher Ed.*,October 14, 2014.

New, J. (2016) Beyond the NCAA Purview, *Inside Higher Ed.*, August 9, 2016.

Nite, C., Washington, M., and Ige, A. (2016) Always in a Fight: The Institutional Work of the National Collegiate Athletics Association (NCAA), *Academy of Management Proceedings* 2016. 〈https://www.kines.umich.edu/sites/default/files/ncaaentrepreneur6.pdf〉二〇二四年五月七日アクセス。

Njuguna, C. (2023) Which College Has the Most Sports Teams in the United States of America? *Sports Brief*, March 3, 2023, 〈https://sportsbrief.com/other-sports/35102-which-college-sports-teams-united-states-america〉二〇二四年二月八日アクセス。

O'Bannon, E. with McCann, M. (2018) *Court Justice: The Inside Story of My Battle Against the NCAA*, New York: Diversion Books.

Orszag, J. M. and Israel, M. (2009) *The Empirical Effects of Collegiate Athletics: An Update Based on 2004-2007 Data*, Indianapolis: National Collegiate Athletics Association.

Orszag, J. M. and Orszag, P. R. (2005a) *The Physical Capital Stock Used in Collegiate Athletics*, Indianapolis: National Collegiate Athletics Association.

Orszag, J. M. and Orszag, P. R. (2005b) *Empirical Effects of Division II Intercollegiate Athletics*, Indianapolis: National Collegiate Athletics Association.

Parkinson, J. R. (2012) Scoundrels: An Inside Look at the NCAA Infractions and Enforcement Processes, *Wyoming Law Review*, Vol.12 (1) 215-236.

Paule-Koba, A. L. (2020) Not Just Power 5 Problems: An Examination of Academic Clustering in FCS Football Problems, *Journal of Contemporary Athletics*, Vol.14, No.2: 147-157.

Pennington, B. (2019) Adding Football Saved One College. Dumping It Boosted Another,*The New York Times*, December 27, 2019.

Peterson-Horner, E. and Eckstein, R. (2014) Challenging the "Flutie Factor": Intercollegiate Sports, Undergraduate Enrollments, and the Neoliberal University, *Humanity & Society*, October 6, 2014, pp.1-22.

Phillips, M. T. (2009) Un-Equal Protection: Preferential Admissions Treatment for Student Athletes, *Alabama Law Review*, Vol.60 (3): 751-782.

Pope, D. G. and Pope, J.C. (2009) The Impact of College Success on the Quantity and Quality of Student Applications, *Southern Economic Journal*, Vol.75 (3) 750-780.

Pope, D. G. and Pope, J. C. (2014) Understanding College Application Decision: Why College Sports Success Matters, *Journal of Sports Economics*, Vol.15 (2): 107-131.

Porto, B., Gurney, G., Lopiano, D., Ridphath, D. B., Sack, A., Willingham, M., and Zimbalist, A. (2015) *Fixing the Dysfunctional NCAA Enforcement System*, West Haven, Connecticut: The Drake Group.

Potuto, J. R., Dillion, C., and Clough, D. (2012) *What's at Our Core? NCAA Division I Voting Patterns vs. Student-Athlete Well-Being, Academic Standards, and the Amateur (Collegiate) Model*, Miami: Knight Foundation.

Powers, E. (2006) The NCAA Responds, *Inside Higher Ed.*, November 16, 2006.

Pretty, K. A. (2014) Droppping the Ball: The Failure of the NCAA To Address Concussions in College Football, *Notre Dame Law Review*, Vol.89 (5): 2359-2390.

Quinn, K. G. (2008) Player Drafts in the Major North American Sports Leagues, In Humphreys, B. R. and Howard, D. R. (eds.) *Business of Sports*,Vol.3, Westport, Connecticut: Praeger.

Ramsey, K. (2023) Breadking Down Hubbarrd v. NCAA Class Action Case, *Business of College Sports*, September 26, 2023. 〈https://businessofcollegesports.com/football/breaking-down-hubbard-v-ncaa-vlass-avtion-case〉二〇二四年五月二八日アクセス。

Rascher, D. A., Tselikov, A., Nagel, M. S., and Schwarz, A. D. (2019) Because It's Worth It: Why Schools Violate NCAA Rules and the Impact of Getting Caught in Division I Basketball, *Journal of Issues in Intercollegiate Athletics*, Vol.12: 226-243.

Reuters (2011) Government Asks Why Playoff Not Used for College Football, *Reuters*, May 9, 2011.

Rick, O.（2018）Is This the Beginning of the End? Small Colleges and Universities Are Questioning the Value of an NCAA Program for Their Student Body, In King-White, R.（ed.）*Sport and the Neoliberal University: Profit, Politics, and Pedagogy*, New Brunswick, New Jersey: Rutgers University Press.

Ridpath, D. B.（2012）*Tainted Glory: Marshall University, the NCAA, and One Man's Fight for Justice*, Bloomington: iUniverse, Inc.

Ridpath, D.B., Porto, B., Gurney, G., Lopiano, D., Sack, A, Willingham, M., and Zimbalist, A.（2015）*Student Fee and Institutional Subsidy Allocations to Fund Intercollegiate Athletics*, West Haven, Connecticut: The Drake Group

Ridpath, D. B., Gurney, G., and Snyder, E.（2015）NCAA Academic Fraud Cases and Historical Consistency: A Comparative Content Analysis, *Journal of Legal Aspects of Sport*, Vol.25（2）:75-103.

Ridpath, B. D.（2018）*Alternative Models of Sports Development in America: Solutions to a Crisis in Education and Public Health*, Athens, Ohio: Ohio University Press.

Roberts, G. R.（2000）Resolution of Disputes in Intercollegiate Athletics, *Valparaiso University Law Review*, Vol.35（2）:431-448.

Roberts, G. R.（2004）Congress Should Give Process Its Due, *NCAA News Archive*, September 27, 2004.

Rogers III, C. P.（2008）The Quest for Number One in College Football: The Revised Bowl Championship Series, Antitrust, and the Winner Take All Syndrome, *Marquette Sports Law Review*, Vol.18（2）: 285-308.

Rosales, J. and Walker, T.（2021）The Racist Beginning of Standardized Testing, *NEA Today*, March 20, 2021.

Rudd, A. and Ridpath, B. D.（2019）Education Versus Athletics: What Will Division I Football and Basketball Players Choose? *Journal of Amateur Sport*, Vo.5（1）: 76-98.

Salzwedel, M. R. and Ericson, J.（2003）Cleaning Up Buckley: How The Family Educational Rights and Privacy Act Shields Academic Corruption in College Athletics, *Wisconsin Law Review*, No.6:1053-1114.

Sander, L.（2010）Education Department Nixes Bush-Era Policy on Title IX Compliance, *The Chronicle of Higher Education*, April 20, 2010.

Sanderson, A. R. and Siegfried, J. J.（2018a）The National Collegiate Athletic Association Cartel: Why It Exists, How

It Works, and What It Does, *Review of Industrial Organization*, Vol.52: 185–209.

Sanderson, A. R. and Siegfried, J. J. (2018b) The Role of Broadcasting in National Collegiate Athletic Association Sports, *Review of Industrial Organization*, Vol.52:305–321.

Savage, H, J. (1929) *American College Athletics*, New York: The Carnegie Foundation for the Advancement of Teaching.

Schad, T. and Berkowitz, S. (2023) Why College Football Is King in Coaching Pay: Even at Blue Blood Basketball Schools, *USA Today*, October 3, 2023.

Schafer, J. W. (2018) NCAA Division I Transfers "Are Now Basically Screwed": The Battle Against the NCAA's Year in Residence Rule in the Seventh Circuit, *Buffalo Law Review*, Vol.66 (2): 481–555.

Schiff, T. (1995) Law v. National Collegiate Athletic Association, *DePaul Journal of Art, Technology & Intellectual Property Law*, Vol.6 (1): 109–114.

Schmit, J. D. (2007) A Fresh Set of Downs? Why Recent Modifications to the Bowl Championship Series Still Draw a Flag Under the Sherman Act, *Sports Law Journal*, Vol.14:219–254.

Segura III, J. and Willner, J. (2019) Athleticism in NCAA D-III: It Ain't Only Football That Matters, *Journal of Sports Economics*, Vol.20 (7): 929–958.

Sergent, J. (2023a) NCAA Conference Realignment Shook Up Big 10, Big 12 and Pac-12: We Mapped the Impact, *USA Today*, September 13, 2023.

Sergent, J. (2023b) Conference Realignment Will Leave Pac-12 in Pieces: See the Decades of Shifting Alliances, *USA Today*, September 13, 2023.

Setran, D. P. (2005) Following the Broad-Shouldered Jesus: The College YMCA and the Culture of Mascular Christianity in American Campus Life, 1890–1914, *American Educational History Journal*, Vol.32 (1): 59–66.

Shannon, B. D. (2018) The Revised NCAA Division I Governance Structure After Three Years: A Scorecard, *Texas A&M Law Review*, Vol.5 (1): 65–103.

Shapiro, B. J. (1983) John Hannah and the Growth of Big-Time Intercollegiate Athletics at Michigan State University, *Journal of Sport History*, Vol.10 (3): 26–40.

Shimabukuro, J. O. and Bradley, D. H.（2014）*The National Labor Relations Board*（*NLRB*）*and the Right of Northwestern University Football Players to Unionize: Background and Related Issues*, R43713, US Congressional Research Service.

Shropshire, K. L.（1997）Colorblind Propositions: Race, the SAT, & the NCAA, *Stanford Law & Policy Review*, Vol.8（1）: 141-157.

Shulman, J. L. and Bowen, W. G.（2001）*The Game of Life: College Sports and Educational Values*, Princeton: Princeton University Press.

Siegfried, J. J. and Burba, M. G.（2004）The College Football Association Broadcast Cartel, *The Antitrust Bulletin*, Fall 2004: 799-818.

Silva, C.（2002）The Racist Origins of the SAT, *Redwood Bark*, June 8, 2022.

Smith, A.（2024）*Congress Debates over NLRB's Classification of Student Athletes as Employees*, Society for Human Resource Management（SHRM）, March 12, 2024,〈https://www.shrm.org:topics-tools/employment-law-compliance/nirb-classification-student-athletes-employees〉二〇二四年三月二四日アクセス。

Smith, J. M. and Willingham, M.（2015）*Cheated: The UNC Scandal, the Education of Athletes, and the Future of Big-Time College Sports*, Lincoln, Nebraska: University of Nebraska Press.

Smith, R. A.（2001）*Play-By-Play: Radio, Television, and Big-Time College Sport*, Baltimore: The Johns Hopkins University Press.

Smith, R. A.（2011）*Pay For Play: A History of Big-Time College Athletic Reform*, Urbana: University of Illinois Press.

Smith, R. D.（2009）College Football and Student Quality: An Advertising Effect or Culture and Tradition, *American Journal of Economics and Sociology*, Vol.68（2）: 553-579.

Smith, R.D.（2015）It Pays to Bend the Rules: The Consequences of NCAA Athletic Sanctions, *Sociological Perspectives*, Vol.58（1）: 97-119.

Smith, R. K.（1987）The National Collegiate Athletic Association's Death Penalty: How Educators Punish Themselves and Others, *Indiana Law Journal*, Vol.62（4）: 985-1060.

Smith, R. K.（1988）Reforming Intercollegiate Athletics: A Critique of the Presidents Commission's Role in the

NCAA's Sixth Special Convention, *North Dakota Law Review*, Vol.64 (3): 423-462.

Smith, R. K. (1991) Little Ado About Something: Playing Games with the Reform of Big-Time Intercollegiate Athletics, *Capital University Law Review*, Vol.20 (3): 567-586.

Smith, T. and Diaz, J. (2023) *Rick Singer, Head of the College Admissions Bribery Scandal, Gets 42 Months in Prison*, NPR.org, 〈https://www.npr.org/2023/01/04/1146837418/rick-singer-sentenced-varsity-blues-college-admissions-bribery-scandal〉 January 4, 2023. 二〇二三年一二月二〇日アクセス。

Solomon, J. (2016) UNC Scandal Forces NCAA to Redefine Its Academic Misconduct Policy, *CBS Sports*, April 8, 2016.

Solomon, J. (2018) The History Behind the Debate Over Paying NCAA Athletes, *Aspen Institution Blog*, April 23, 2008.

Southall, R. M. and Southall C. (2018) The Neoliberal Collegiate Athletic Association's "Nothing Short of Remarkable" Rebranding of Academic Success, In King-White, R. (ed.) *Sport and the Neoliberal University: Profit, Politics, and Pedagogy*, New Brunswick, New Jersey: Rutgers University Press.

Southhall, R. M., Nagel, M. S., Staurowsky, E. J., Karcher, R. T., and Maxcy, J. G. (2023) *The NCAA and the Exploitation of College Profit-Athletes: An Amateurism That Never Was*, Columbia, South Caroline: The University of South Carolina Press.

Sperber, M. (1998) *Onward to Victory: The Crises That Shaped College Sports*, New York: Henry Holt and Company.

Sperber, M. (2000) *Beer and Circus: How Big-Time College Sports Is Crippling Undergraduate Education*, New York: Henry Holt and Company.

Sport Industry Research Center (2016) *NCAA Division I Committee on Infractions: Penalty Consistence*, Sport Industry Research Center, Temple University.

Staples. A. (2017) Why the NCAA Isn't Going to Punish Baylor, *Sports Illustrated*, May 17, 2017.

Statista (2023) *Revenue of Sports*, 〈https://www.statista.com/statistics〉 二〇二三年一二月二四日アクセス。

Staurowsky, E. (2023) Strengthening the Equity in Athletics Disclosure Act to Improve Gender Equity, Transparency and Institutional Accountability in the Future, *Journal of Intercollegiate Sport*, Vol.6（1）: 111–134.

Stinson, J. L. and Howard, D. R.（2004）Scoreboards vs. Mortarboards: Major Donor Behavior and Intercollegiate Athletics, *Sport Marketing Quarterly*, Vol.13:129–140.

Stinson, J. L. and Howard, D. R.（2007）Athletic Success and Private Giving to Athletic and Academic Programs at NCAA Institutions, *Journal of Sport Management*, Vol.21:235–264.

Stinson, J. L. and Howard, D. R.（2008）Winning Does Matter: Pattterns in Private Giving to Athletic and Academic Programs at NCAA Division I–AA and I–AAA Institutions, *Sport Management Review*, Vol.11（1）:1–20.

Stoskopt, A.（2002）Echoes of a Forgotten Past: Eugenics, Testing, and Education Reform, *The Educational Forum*, Vol.66:126–133.

Suggs, W.（2003）Jock Majors: Many Colleges Allow Football Players to Take the Easy Way Out, *Chronicle of Higher Education*, January 17, 2003.

Supreme Court of the United States（1984）*National Collegiate Athletic Association v. Board of Regents of the University of Oklahoma*, No.83–271.

Supreme Court of the United States（2021）*National Collegiate Athletic Association v. Alston et al.* No.20–512.

Sutter, D. and Winkler, S.（2003）NCAA Scholarship Limits and Competitive Balance in College Football, *Journal of Sports Economics*, Vol.4（1）:3–18.

Tatos, T.（2019）An Empirical Evaluation of EADA and NCAA College Sports Financial Data: Applications for Research and Litigation, *Marquette Sports Law Review*, Vol.29 : 411–450.

Tatos, T.（2020）Abuse and Mistreatment of Athletes at U.S. Universities: Legal Implications for Institutional Duty–to Protect, *Texas Review of Entertainment and Sports Law*, Vol.21:1–54.

Thamel, P.（2005）High School for Athletes Is Target of Florida Inquiry, *The New York Times*, November 25, 2005.

Thamel, P. and Wilson, D.（2005）Poor Grades Aside, Top Athletes Get to College on $399 Diploma, *The New York Times*, November 27, 2005.

Thamel, P.（2007）NCAA Names Schools That Miss Its Standards, *The New York Times*, March 6, 2007.

Thamel, P. (2009) At Binghamton, Move to Division I Brings Recognition and Regret, *The New York Times*, February 21, 2009.

Thamel, P. (2010a) Binghamton Avoids Major Sanctions, *The New York Times*, October 19, 2010.

Thamel, P. (2010b) Binghamton Coach Gets $1.2Million to Resign, *The New York Times*, October 29, 2010.

Thamel, P. (2012) After The Scandal, *The New York Times*, March 1, 2012.

Thatcher, S. G., Lopiano, D., Porto, B., Gurney, G., Polite, F., Ridpath, D. B., Sack, A., and Zimbalist, A. (2022) *College Athlete Codes of Conduct and Issues Related to Freedom of Speech and Expression*, West Haven, Connecticut: The Drake Group.

The Week (2015) Confessions of a College Fixer, *The Week*, February 8, 2015.

Thomason, A. (2016) Who's Going to Be Punished for the Worst Academic Scandal Anyone Can Remember? *Chronicle of Higher Education*, April 26, 2016.

Thompson, R. J. (1994) Due Process and the National Collegiate Athletic Association: Are There Any Constitutional Standards? *UCLA Law Review*, Vol.41 (6): 1651-1684.

Thornley, D. (2022) College Football: Proposals for Structural Reform and Antitrust Implications, *Marquette Sports Law Review*, Vol.32 (2) 471-528.

Titus, M. (2017) North Carolina Was Always Going to Get off in the NCAA's "Paper Classes" Investigation, *The Ringer*, October 13, 2017.

Toma, J. D. and Cross, M. E. (1998) Intercollegiate Athletics and Student College Choice: Exploring the Impact of Championship Seasons on Undergraduate Applications, *Research in Higher Education*, Vol.39 (6): 633-661.

Tomasini, N. (2005) An Assessment of the Economic Differences Associated with Reclassification to NCAA Division I-AA, *Sport Marketing Quarterly*, Vol.14:7-16.

Tucker, I. B. and Amato, L. (1993) Does Big-Time Success in Football or Basketball Affect SAT Scores? *Economics of Education Review*, Vol.17 (2): 177-181.

Tucker, I. B. (2005) Big-Time Pigskin Success: Is There on Advertising Effect? *Journal of Sports Economics*, Vol.6 (2):

222–229.

Turner, R. G.（2011）*Statement from Knight Commission on Intercollegiate Athletics on NCAA Reforms Passed Today*, October 27, 2011, Miami: Knight Foundation.

Turner, S. E., Meserve, L. A. and Bowen, W. G.（2001）Winning and Giving: Football Results and Alumni Giving at Selective Private Colleges and Universities, *Social Science Quarterly*, Vol.82（4）: 812–826.

UCSD Tritons（2020）*UC San Diego Formally Joins Big West as Part of Transition to Division I*, July 1, 2020, UCSDtritons.com/news/

University of Washington（1990）*Washington Centennial*, Seattle: University of Washington.

USA Today（2023a）Men's Basketball Head Coach Salaries, *USA Today*, March 8, 2023.

USA Today（2023b）NCAA Finances; Revenue and Expenses by School, *USA Today*（*Online*）, June 14, 2023.

USA Today（2023c）College Football Head Coach Salaries, *USA Today*, October 3, 2023.

US Congress（1978）*NCAA Enforcement Program*, Hearings Before the Subcommittee on Oversight and Investigation of the Committee on Interstate and Foreign Commerce, House of Representatives, 95th Congress, Second Session, February 2, February 28, March 13, March 14, April 17, April 18, June 9, September 27, September 28, and October 4, 1978.

US Congress（1992）*Intercollegiate Sports*, Hearings before the Subcommittee on Commerce, Consumer Protection, and Competitiveness of the Committee on Energy and Commerce, House of Representatives, 102nd Congress, First Session, June 19, July 25, and September 12, 1991.

US Congress（2003a）*Competition in College Athletic Conferences and Antitrust Aspects of the Bowl Championship Series*, Hearing before the Committee on the Judiciary, House of Representatives, 108th Congress, First Session, September 4, 2003.

US Congress（2003b）*BCS or Bust: Competitive and Economic Effects of the Bowl Championship Series On and Off the Field*, Hearing before the Committee on the Judiciary, US Senate, 108th Congress, First Session, October 29, 2003.

US Congress（2004）*Due Process and the NCAA*, Hearing before the Subcommittee on the Constitution of the

Committee on the Judiciary, House of Representatives, 108th Congress, Second Session, September 14, 2004.

US Congress (2005) *Determining A Champion on the Field: A Comprehensive Review of the BCS and Postseason College Football*, Hearing before the Subcommittee on Commerce, Trade, and Consumer Protection of the Committee on Energy and Commerce, House of Representative, 109th Congress, First Session, December 7, 2005.

US Congress (2020a) *Name Image, and Likeness: The State of Intercollegiate Athlete Compensation*, Hearing before the Senate Subcommittee on Manufacturing, Trade, and Consumer Protection of Committee on Commerce, Science, and Transportation, 116th Congress, Second Session, February 11, 2020.

US Congress (2020b) *Compensating College Athletes: Examining the Potential Impact on Athletes and Institutions*, Hearing before the Committee on Health, Education, Labor and Pensions, 116th Congress, Second Session, September 15, 2020.

US Congress (2021a) *NCAA Athlete NIL Rights*, Hearing before the Committee on Commerce, Science, and Transportation, US Senate, 117th Congress, First Session, June 9, 2021

US Congress (2021b) *NCAA Student Athletes and NIL Rights*, Hearing before the Committee on Commerce, Science, and Transportation, US Senate, 117th Congress, First Session, June 17, 2021.

US Congress (2023) *Taking the Buzzer Beater to the Bank: Protecting College Athletes' NIL Dealmaking Rights*, Hearing before the Subcommittee on Innovation, Data, and Commerce of the Committee on Energy and Commerce, 118th Congress, First Session, March 29, 2023.

US Congress (2024) *Safeguarding Student-Athletes from NLRB Misclassification*, Subcommittee on Health, Employment, Labor, and Pensions, and Subcommittee on Higher Education and Workforce of the Committee on Education and the Workforce, House of Representatives, 118th Congress, Second Session, March 12, 2024.

US. Congressional Budget Office (CBO) (2009) *Tax Preference for Collegiate Sports*, CBO Paper No.3005.

US Congressional Research Service (CRS) (2004) *The NCAA and Due Process: Legal Issues*, CRS Report for Congress, RL32529.

US Court of Appeals for the District of Columbia Circuit (1984) *Association for Intercollegiate Athletics for Women, A*

Non-Profit Corporation, Appellant, v. National Collegiate Athletic Association, An Unincorporated Association, Appellee. 735 F.2d 577 (D. C. Cir. 1984).

US Court of Appeals for the District of Columbia Circuit (2004) *National Wrestling Coaches Association v. Department of Education*, No.03-5169.

US Court of Appeals for the Fourth Circuit (1984) *Chaim Arlosoroff v. National Collegiate Athletic Association*, 746 F.2d 1019.

US Court of Appeals for the Ninth Circuit (2015) *Edward C. O'Bannon Jr. v. National Collegiate Athletic Association and Electronic Arts, Collegiate Licensing Company,* No.14-16601 and No.14-17068.

US Court of Appeals for the Sixth Circuit (2004) *Worldwide Basketball and Sport Tours Inc. v. National Collegiate Athletics Association*, No.03-4024.

US Department of Education (2003) *Further Clarification of Intercollegiate Athletics Policy Guidance Regarding Title IX Compliance*, July 2003, Office for Civil Rights, US Department of Education.

US Department of Justice (DoJ) and Federal Trade Commission (FTC) (2016) *Antitrust Guidance for Human Resource Professionals*, October 2016. US DoJ and FTC.

US District Court, South District of New York (2004) *Metropolitan Intercollegiate Basketball Association v. National Collegiate Athletic Association*, 339 F. Supp.2d 545, October 13, 2004.

US District Court, East District of Pennsylvania (2021) *Ralph Trey Johnson, et al. v The National Collegiate Athletic Association, et al.*, Civil Action No.19-5230. August 25, 2021.

Valentin, I. (1997) Title IX: A Brief History, *Holy Cross Journal of Law and Public Policy*, Vol.2:123-138.

Vannini, C. (2022) Why Doesn't College Football Use Helmet Communication Like the NFL? Inside a New System That Could Change That, *The Athletic Online Edition*, March 21, 2022.

Wainstein, K. L. (2014) *Investigation of Irregular Classes in the Department of African and Afro-American Studies at the University of North Carolina at Chapel Hill*, Cadwalader, Wickersham and Taft LLP.

Walsh, C. J. (2007) *Who's No.1? 100-Plus Years of Controversial National Champions in College Football*, Lanham, Maryland:

Taylor Trade.

Wanless, L. and Stison, J. L. (2020) A Contemporary Functional Form for NCAA Division I FBS Contributions: Internal and External Considerations, *Journal of Sport Management*, Vol.34:22-37.

Watson, G. (2015) UAB Reinstates Its Football Program (Updated) *Yahoo Sports*, June 1, 2015.

Watterson, J. S. (2000) *College Football*, Baltimore: The Johns Hopkins University Press.

Weisband, B. (2014) What Would Bear Bryant Be Worth Today? *Saturdaydownsouth* 〈https://www/saturdaydownsouth.com/alabama-football/bear-bryant-worth-today〉 二〇二四年一月三〇日アクセス。

Whelpley, R. (2022) U.S. Senators Propose New Bill to Change NCAA Infractions Process, 〈https://www.conductdetrimental.com/post/u-s-senators-propose-new-bill-to-change-ncaa-infractions-porcess〉 二〇二三年一二月二六日アクセス。

White, G. S. (1981) IVY League Is Forced To Lose Major-Term Football Status, *The New York Times*, December 5, 1981.

Whitford, D. (2013) *A Payroll to Meet: A Story of Greed, Corruption, and Football at SMU (Paperback Edition)*, Lincoln, Nebraska: University of Nebraska Press.

Whitford, D. and Elkind, P. (2013) SMU's Death Penalty: The Recruiting Scandal That Refuses to Die, *Fortune*, August 30, 2013.

Whitney, L. (2015) Apple, Google, Others Settle Antipoaching Lawsuit for $415 Million, 〈https://www.cnet.com/news/tech/tech-industry/apple-google-others-settle-anti-poaching-lawsuit-415-million〉 二〇二四年一月二三日アクセス。

Wile, R. (2024) Will Schools Finally Pay Student-Athletes? *NBC Srpots*, May 25, 2024.

Williams, Jr. C. D. (2015) Making Sense of Amateurism: Juxtaposing NCAA Rhetoric and Black Male Athlete Realities, In Bennett III, R. A., Hodge, S. R., Graham, D. L., and Moore III J. L. (eds.) (2015) *Black Males and Intercollegiate Athletics: An Exploration of Problems and Solutions*, Bingley, UK: Emerald.

Wilson, W. A. (2012) *The Status of Women in Intercollegiate Athletics as Title IX Turn 40*, Indianapolis: National Collegiate

Athletics Association.
Witz, B.（2024）The N.C.A.A.'s Landmark Athlete-Pay Settlement, Explained. *The New York Times*, May 24, 2024.
Wolverton, B.（2006）NCAA Defends Tax-Exempt Status as Congressional Scrutiny of Colleges Increases, *Chronicle of Higher Education*, November 16, 2006.
Wolverton, B. and Newman, J.（2013）Few Athletes Benefit from Move to Multiyear Scholarships, *Chronicle of Higher Education*, April 19, 2013.
Yasser, R. and Fees, C.（2005）Attacking the NCAA's Anti-Transfer Rules as Covenants Not to Compete, *Seton Hall Journal of Sports and Entertainment Law*, Vol.15（2）: 221-252.
Zeiger, M.（2016）UCSD Students Vote To Fund Div. I Sports, *The San Diego Union-Tribune*, May 24, 2016.
Zimbalist, A.（1999）*Unpaid Professionals: Commercialism and Conflict in Big-Time Sports*, Princeton: Princeton University Press.
Zimbalist, A.（2022）*The Drake Group Strongly Supports "College Athletes Bill of Rights" Introduced in the 117th Congress*, West Haven, Connecticut: The Drake Group

索　引

［英文］

[あ行]

[か行]

［さ行］

［た行］

［な行］

［は行］

[ま行]

[や行]

[ら行]

[わ行]

〈著者略歴〉
宮田由紀夫（みやた・ゆきお）
1960年東京都生まれ。1983年大阪大学経済学部卒業、1987年University of Washington（Seattle）工学部材料工学科卒業、1989年Washington University（St. Louis）工業政策学研究科修了（工学修士）、1994年　同経済学研究科修了（経済学Ph.D.）。
大阪商業大学、大阪府立大学勤務を経て、現在、関西学院大学国際学部教授。2025年4月より関西学院大学名誉教授、関西外国語大学教授。
日本経済政策学会副会長
専門：産業組織論、アメリカ経済論
主な著書：『アメリカの産学連携』東洋経済新報社、2003年。『アメリカにおける産学連携と学問的誠実性』玉川大学出版部、2013年。『暴走するアメリカ大学スポーツの経済学』東信堂、2016年。『アメリカにおける資本主義と大学』関西学院大学出版会、2023年。
翻訳：ボック，D.著『アメリカの高等教育』玉川大学出版部、2015年。ガーニー，G.、ロピアノ，D. A.、ジンバリスト，A.著『アメリカの大学スポーツ－腐敗の構図と改革への道－』玉川大学出版部、2018年。

アメリカの大学スポーツとNCAA
大学間の競争・協調・共謀

2025年3月20日　初版第1刷発行

著　者 ―――――― 宮田由紀夫
発行者 ―――――― 小原芳明
発行所 ―――――― 玉川大学出版部
〒194-8610　東京都町田市玉川学園6-1-1
TEL 042-739-8935　FAX 042-739-8940
www.tamagawa-up.jp/
振替　00180-7-26665

装　丁 ―――――― 奥冨佳津枝
印刷・製本 ――― 藤原印刷株式会社

乱丁・落丁本はお取り替えいたします。

ISBN978-4-472-40640-9 C3037